Noch ist Polen nicht gerettet

……… Autoren dieses Heftes:

Sabine Rosenbladt

Andrzej Szczypiorski

Mieczysław F. Rakowski

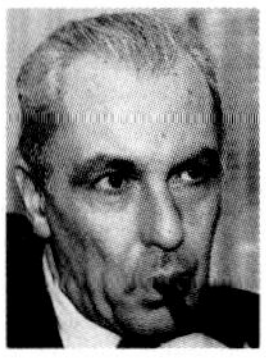

Krzysztof T. Toeplitz

Tadeusz Słobodzianek

Liebe Leserin, lieber Leser,
vor Ihnen liegt ein ganz und gar ungewöhnliches Heft; eigentlich nicht mal verwunderlich, wenn man bedenkt, auf welche Weise Polen über die Jahrhunderte mitgespielt worden ist. Ein Land, das vielem zu trotzen hatte: Aufständen und Besatzern, Teilungen und Kriegen und immer wieder den damit verbundenen unendlichen menschlichen Katastrophen. Fast eineinhalb Jahrhunderte lang war Polen von den Landkarten verschwunden; bei einer solch blutigen Geschichte sind die erst jüngst zu Ende gegangenen vierzig Jahre kommunistischer Herrschaft längst nicht der Tiefpunkt des Elends, das die stolze Nation immer wieder zu verkraften hatte. „Noch ist Polen nicht verloren", die gern gesungene Nationalhymne, gewinnt gerade in diesen Jahren neue Dimensionen. Unser Nachbar im Osten will auf seinem Weg nach Europa nicht noch einmal untergehen müssen.

Ungewöhnlich ist dieses Heft aber auch aus einem anderen Grund: Es konfrontiert uns mit einer einfachen, vielfach unberührten, ja geradezu noch ursprünglichen Welt; einer Welt, die im Westen seit Jahrzehnten schon hinter glitzernden Fassaden untergegangen ist. Der Fortschritt, der das Leben der Menschen auch in Polen bald verändern soll, der Fortschritt wird diese Bilder voll suggestiver Schönheit und archaischer Kraft auch hier bald verschwinden lassen. So gesehen leisten die Fotografen dieser Ausgabe sogar eine Art Spurensicherung.

Und noch auf eine dritte Weise können Sie auf den folgenden 145 Seiten Ungewöhnliches erfahren. An der Arbeit für dieses Heft haben sich nicht nur so bedeutende Schriftsteller wie Andrzej Szczypiorski beteiligt; auch die Gegner von einst schreiben einträchtig nebeneinander und dokumentieren damit das polnische Zukunfts-Szenario: Die Politik der Gegensätze soll endlich von einer Politik des Dialogs abgelöst werden. Adam Michnik, einer der wohl wichtigsten und klügsten Herausforderer des abgelösten kommunistischen Regimes, analysiert für MERIAN Denken, Handeln und Folgen seiner ehemaligen Unterdrücker. Sein früherer Kontrahent, der ehemalige sozialistische Ministerpräsident Mieczysław Rakowski, hat sich gar seines schärfsten Widersachers, des Solidarnosc-Helden und heutigen Präsidenten Lech Wałęsa angenommen. Ein Fazit: Selbst die alten Feinde wollen heute miteinander ein neues, ein gerechteres, ein menschlicheres Polen aufbauen: Michnik und Rakowski, das ist eine auch im Sinne der Bewältigung jüngerer polnischer Geschichte einmalige Paarung. Die beiden zusammengebracht hat Sabine Rosenbladt, seit 1989 MERIAN-Redakteurin und spezialisiert auf Reportagen und Analysen aus dem Osten Europas. Sie hat auch dieses Heft verantwortlich betreut. Ihr Urteil nach mehreren ausführlichen Reisen durch das Land zwischen den Mahlsteinen Deutschland und Rußland: „Noch ist Polen nicht gerettet."

Ihr

Manfred Bissinger

Adam Michnik, Chefredakteur der *Gazeta Wyborcza,* ist ein ebenso brillanter wie streitbarer Kopf in der Auseinandersetzung über die polnische Vergangenheit

INHALT

Warschau: Stadt der ewig wechselnden Gesichter mit bleibender Tradition Seite **34**

Adel: Lust auf Pracht Seite **60**

Staatspräsident Lech Wałęsa: Jahrhundertfigur an der Spitze Seite **66**

Zu Füßen des Warschauer Kulturpalastes, Wahrzeichen für vier graue Jahrzehnte des Kommunismus, wird das Leben von Tag zu Tag bunter. Foto: Jan Riephoff

WIE · WO · WAS

AUF EINEN BLICK

Geschichtsträchtiger Boden: Blick auf die Marienburg an der Nogat Seite **16**

Grenzland: das karge Leben der Leute um Białystok im Wilden Osten Seite **96**

GRUNDIG

HIGH TECH

MADE BY

Grundig Weltempfänger Satellit® 700. Erster tragbarer Weltempfänger mit RDS auf UKW und über 2000 Speichermöglichkeiten.

Der neue Maßstab für tragbare Weltempfänger heißt Grundig Satellit® 700. Seine Technik ist einzigartig: In der ROM-Tabelle sind bereits 9 internationale Sender mit Alternativfrequenzen gespeichert und über Code abrufbar.

Zusätzlich lassen sich über 2000 weitere Speicherplätze frei programmieren. Dazu kommen menuegesteuerte Benutzerführung über das Display, Weltzeit-Timer, Radio-Daten-System (RDS), Stereo-Empfangsmöglichkeit u.v.m.

Der neue Satellit® 700. Die Welt erwartet Sie im Fachgeschäft.

GRUNDIG

Corso

Bedingungsloser Mut: Eine Trompete als Erinnerung an polnische Soldaten, die Panzerbataillone des Feindes tapfer zu Pferd angriffen

Die netten Chaoten von nebenan

Ex oriente lux, ex occidente luxus!

Erzählt nicht von euren Träumen. Vielleicht kommen die Freudianer an die Macht.

Wir haben aus roten Kopfkissenbezügen Fahnen gemacht, während andere aus Fahnen Bettbezüge machten.

Auch im Rahmen des Weltbilds nisten Wanzen.

Nicht alle Abels können sich einen eigenen Kain leisten. Manche müssen mit einem kollektiven vorliebnehmen. *Stanisław Jerzy Lec (1909–1966): „Unfrisierte Gedanken" Epigramme, Satiren, Aphorismen*

Neulich sagte jemand zu mir: „Offenbar mögen Sie die Polen besonders gern – warum eigentlich?" Ich mußte nachdenken, weil ich mir im Grunde nie Rechenschaft darüber gegeben hatte. Aber dann wußte ich die Antwort.

Weil sie erstens so konsequent aufsässig sind. Sie stemmen sich gegen jede übertriebene Autorität. Die Kirche gab ihnen die Kraft, sich gegen die allgewaltige Partei aufzulehnen, aber als die Partei zusammenbrach und sie sich der allmächtigen Kirche als alleiniger Autorität gegenübersahen, da begannen sie sofort, sich gegen Klerikalismus zu wappnen.

Aufsässig übrigens nicht nur in spontaner Reaktion, sondern ganz systematisch und über lange Strecken: Während der Besetzung durch die Nazis, die den Polen jeglichen Besuch höherer Schulen verboten hatten, haben sie es fertiggebracht, im Untergrund 9000 Schüler zum Abitur vorzubereiten und ohne Unterbrechung die sogenannten „fliegenden Universitäten" in Gang zu halten. Auch hat die Solidarność von 1980/81 an Schritt für Schritt von der Regierung Konzessionen erkämpft, so daß die Polen die ersten in Osteuropa waren, die 1989 ihre Freiheit erlangten – aus eigener Kraft.

Zweitens, weil sie so bedingunglos mutig sind, auch wenn dies vielleicht manchmal ganz unsinnig ist. Ich hatte im Krieg oft gehört, die Polen hätten mit ihrer Kavallerie Sturmangriffe gegen deutsche Panzer geritten. Ich hatte diese Geschichte immer für eine Legende gehalten, allenfalls für eine Metapher, aber dann geschah im Jahr 1990 folgendes:

Eine Dame aus Köln rief in Darmstadt beim Deutschen Polen-Institut an und sagte: „Mein Vater ist gestorben, der mir noch kurz vor seinem Tode einen Wunsch mit sehr großer Dringlichkeit ans Herz gelegt hat." Wie sich herausstellte, war der Vater im Krieg gegen Polen Kommandeur einer Artillerieeinheit gewesen. An einem der ersten Kriegstage wurde seine Einheit von einem polnischen Kavallerieregiment angegriffen. Man braucht nicht viel Phantasie, um sich vorzustellen, was dann geschah. Die Bilder sich überschlagender Pferde und zu Tode stürzender Reiter haben den Hauptmann offenbar sein Leben lang verfolgt. Als mahnende Erinnerung an diese Horrorszene hatte er damals eine Trompete – ein polnisches Clairon – vom Schlachtfeld mitgenommen und in seinem Testament verfügt, es solle nach seinem Tode an die Polen zurückgegeben werden. Karl Dedecius, der Chef des Polen-Instituts, teilte der Dame mit, daß er tags darauf nach Warschau reisen werde, woraufhin sie in Köln den nächsten Zug nach Darmstadt bestieg und die Trompete ablieferte, die auf diese Weise sicher in polnische Hände gelangte. Die Polen mögen diese Geschichte nicht, weil sie es verabscheuen, als Romantiker zu gelten – ich finde die Geschichte schön, weil sie etwas Versöhnliches hat, denn auch die beteiligten Deutschen – Vater und Tochter – haben Herz gezeigt.

„Und wie steht es mit der sprichwörtlichen Schlampigkeit der Polen?" fragte mein Gesprächspartner. „Ja, oft sind sie schlampig, und manchmal ist das recht ärgerlich. Ein aus Polen zurückgekehrter Leser berichtete in der *FAZ*, daß bei der Wolfsschanze, dem ehemaligen Führerhauptquartier in Ostpreußen, 15 große Bildtafeln aufgestellt wurden, die Naziverbrechen darstellen, aber keine Tafel, die auf den Widerstand durch Claus Graf Schenk von Stauffenberg an diesem Ort hinweist.

Es habe, heißt es in dem Leserbrief, am Kiosk nur eine Schrift aus dem Jahr 1987 gegeben, in der es heißt: „Die Verschwörung der Generale war eigentlich keine Oppositionsgruppe, sie wollten nur für das beste Ergebnis des verlorenen Krieges wirken."

Diese Lüge der alten Kommunistengarde hätte schon längst ausgeräumt sein können. Daß sie noch im Herbst 1991 verbreitet wird, obgleich die Polen sehr wohl wissen, wie es wirklich war, das ist eine Schlamperei. Marion Gräfin Dönhoff

Die Uhr schlägt. Alle.

Stanisław Jerzy Lec

Corso

Copernich
Copernick
Copernig
Copperinck
Coppernic
Coppernick
Copperniegk
Coppernig
Coppernigk
Cuperinck
Cüpernic
Cupernick
Cuppernick
Kopernig
Kopperingk
Kopperlingk
Koppernich
Köppernick
Koppernick
Koppernig
Koppernigk
Koppernikil
Kuperinck
Kupernick
Kupernigk
Kupperinck
Kupperling

Wie war noch der Name?

Kopernikiade

„Es wäre nun", bemerkt der Göttinger Forscher Dr. Hans Koeppen (Coppin? Coeppling?) in einer zum 500. Geburtstag des 1473 in Thorn geborenen Astronomen erschienenen Festschrift, „sicher wünschenswert, daß man sich gerade im Copernicus-Jahr 1973 auch im Deutschen auf eine einheitliche Schreibweise einigte. Es ist darüber hinaus geradezu ein ‚Treppenwitz der Weltgeschichte', daß die beiden Nationen, die lange Zeit hindurch einen erbitterten Kampf um die Zugehörigkeit des großen Astronomen zu ihrem Volkstum geführt haben, also die Polen und die Deutschen, mit *Kopernik* bzw. im Deutschen neben anderen Formen mit dem besonders beliebten *Kopernikus* Schreibweisen des Namens verwenden, die der Astronom selber nie gebraucht hat, die auch nicht einmal in den zeitgenössischen Dokumenten vertreten sind..." Mein Gott! Wie wäre es, wenn wir Deutsche und Polen uns auf *einen* Namen einigten? *Köppernick? Köpenick!*

Sabine Rosenbladt

Oben die Schreibweisen des Namens Kopernikus in amtlichen Dokumenten seiner Zeit. Sein Hauptwerk: „De revolutionibus orbium coelestium libri VI" (1543)

Grenzüberschreitender Verkehr

Autoklau

Um möglichst schnelles und möglichst viel Geld ging es in einem Wochenendkurs, der im Sommer 1991 im Danziger Hotel Posejdon stattfand. Für 1000 Dollar Teilnehmergebühr plauderten die Lichtgestalten der Unterwelt. Was die ihnen lauschenden Dunkelmänner neben Blankopapieren sowie gefälschten Nummernschildern mit nach Hause nehmen konnten, war die einfache Botschaft: Beim Autoklau *extra muros* sind die Reibungsverluste besonders niedrig. Als der Eiserne Vorhang endlich fiel, war die Richtung klar. Die Automarder kehrten Polonez und Polski Fiat den Rücken und benutzten die Ausfallstraßen nach Westeuropa. Seitdem gehen jährlich allein aus der Bundesrepublik 10000 bis 15000 „auf Dauer verschwundene Fahrzeuge" – so das Amtsdeutsch für gestohlene Wagen – den entgegengesetzten Weg. Im Schlepptau zuckeln deutsche Autohalter, die ihre Teil- oder Vollkasko nicht ohne Rendite gezahlt haben wollen.
Die Autoschmuggler aus Krakau, Danzig, Kattowitz oder Warschau tragen seither in den deutschen Kripoalben das achtunggebietende Etikett „Polnische Automafia". Dahinter verbergen sich Schmugglerringe, die – wenn es stimmt, daß auf Exposition immer Durchführung und Reprise folgen – noch am Anfang ihrer Entfaltung stehen: „Residenten" wachen – und erfüllen dabei alle nur denkbaren Mafia-Klischees – im Gastland über ein abgestecktes Gebiet, und halten die Diebe zusammen. „Kuriere" übernehmen dann den Transport. Konvoifahrten sind am lohnendsten, sitzt doch der Grenzschutz häufig dem „sauberen" Lotsenwagen auf. Eine kleine Gehaltsaufbesserung führt an den polnischen Grenzern

Bilaterale Wirtschaftsbeziehungen der dritten Art: Polens Mafia liebt deutsche Nobelkarossen

Dieser große Gelehrte namens äh – Dings ... stürzte immerhin das geozentrische Weltbild

So bizarr sieht der polnische Starzeichner Stasys Eidrigevičius seinen Landsmann auf dem Stuhl Petri in Rom

vorbei. Ist der Wagen erst „reingewaschen“, kann sich der „Pate“ im Mutterland zufrieden die Hände reiben, liegt doch der Gewinn bei einem Mercedes 500 SL weit über 20000 Dollar, noch höher, wenn der Wagen über polnische Ostseehäfen in den Nahen Osten oder nach Arabien verschifft wird.

Die deutschen Versicherer, die für den Mafia-Deal jährlich mit über 100 Millionen Mark geradestehen müssen, sehen sich bei der Rückführung der Autos einer endlosen Zahl von häufig unerfüllbaren Bedingungen gegenüber – vom zu beschaffenden Autoschlüssel bis zur ins Polnische übersetzten Strafanzeige, gelegentlich auch korrumpierten Ministerialbeamten, die in eingeklagten Fahrzeugen vorfahren. Derzeit verrotten rund 1400 in Polen sichergestellte Autos in Panzerhallen oder auf Parkplätzen, die von der HUK, dem Dachverband der deutschen Autoversicherer, angemietet wurden. Wartungsteams und Wachmannschaften werfen sich ab und an in einem Akt der Verzweiflung den Weitergebildeten aus dem Hotel Posejdon entgegen, jedoch chancenlos. Die Zahl der polnischen Inlandsdiebstähle stieg im Herbst 1991 um 500 Prozent im Vergleich zum Sommer an: Beim Autoklau *intra muros* sind die Reibungsverluste nämlich naturgemäß noch wesentlich niedriger.

THOMAS GEBHARDT

Wolfskiller: Rund 700 Wölfe leben noch in Polen. Die Hälfte davon wird jährlich für etwa 1100 Mark pro Tier gutbetuchten westlichen Jägern zum Abschuß freigegeben. Spitzenreiter bei diesem kurzweiligen Zeitvertreib: die Deutschen

Der Globetrotter Gottes

PAPA POLONIAE

Im Oktober 1978 geschah in Rom etwas ganz Außergewöhnliches, etwas durchaus Sensationelles, weil nie zuvor Dagewesenes: Zum erstenmal seit 456 Jahren wurde ein Nicht-Italiener zum Papst gewählt und, zum erstenmal in der Geschichte des Christentums überhaupt, war es ein Pole.

Karol Wojtyła, vormals Bischof von Krakau, gebürtig aus dem Dörfchen Wadowice, verließ sein zwar grundkatholisch geprägtes, aber erzkommunistisch regiertes Land, um als Johannes Paul II. den Stuhl Petri zu besteigen und als geistiges Oberhaupt über 885 Millionen Katholiken in aller Welt zu herrschen. Das mußte Folgen haben.

Für die römische Kurie selbst war der Pole allerdings wohl nicht die ganz große Überraschung. Johannes Paul I., der Vorgänger, hatte während seines nur 34 Tage dauernden Pontifikats gegenüber seinem Sekretär, dem irischen Bischof Magee, täglich gejammert: „Warum haben sie nur mich gewählt? Warum um alles in der Welt haben sie mich gewählt? Ich werde bald gehen, und dann kommt dieser Ausländer. Der, der mir beim Konklave gegenübersaß.“ Der „Ausländer“ war Kardinal Wojtyła. Er kam nicht nur, er blieb auch.

Vorbei die frömmelnde Introvertiertheit italienisch papistischer Prägung! Statt dessen nun ein schon ulanenmäßig polnischer Offensivgeist, der unter dem wehenden Banner weltfremder Dogmen hinausjettet in eine hoffnungslos überbevölkerte Welt. Dem Katholizismus, der zu seiner Selbstdarstellung immer viel Öffentlichkeit beanspruchte, ist in der Person von Johannes Paul II. ein Naturtalent des Showbusineß zugefallen. Wo sich provinzielle Folklore-Tradition in polnisch ländlicher Naivität, die Liebe zur Schauspielerei (Karol Wojtyła war als Schüler und Student lange Jahre Mitglied einer Theatertruppe) und das ungeheure Interesse der Medien so heftig begegnen, da bleibt kein Rollfeld ungeküßt und da fällt dem Triumphalismus päpstlicher Großveranstaltungen der Jubel der Massen wie von alleine zu. In Polen, versteht sich, ist der populäre Pole natürlich am populärsten: Aus Verehrung und Stolz auf einen Landsmann und katholischen Patrioten, der Glanz und Würde seines hohen Amtes zurückstrahlen ließ auf sein verarmtes

„Was ist der Unterschied zwischen Gott und Wojtyła? – Gott ist überall, aber Wojtyła ist schon dagewesen.“
In der römischen Kurie kursierender Witz

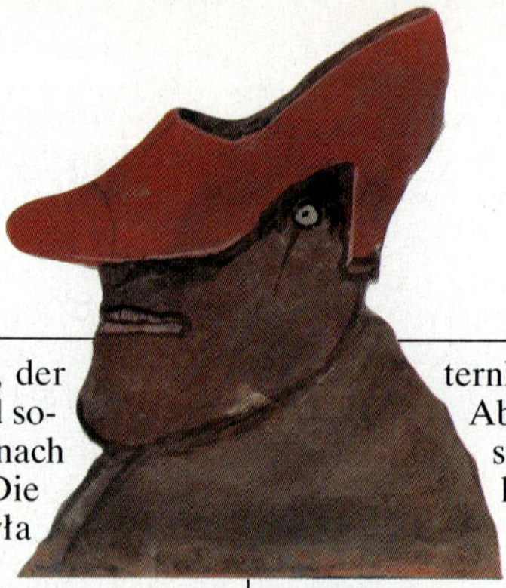

Scherzfrage: Was unterscheidet Karol Wojtyła von gewöhnlichen Männern? Antwort: Gewöhnliche Männer treten auf die Erde und küssen Frauen

und unterdrücktes Volk, der sich mit dem Widerstand solidarisierte und ihn nach Kräften unterstützte. Die Wahl des Karol Wojtyła zum Papst in Rom, so glauben heute viele Polen – und sie glauben ja gerne und fest –, sei es gewesen, die den Anfang vom Ende des Kommunismus, nicht nur in ihrem Lande, eingeläutet habe. PETER KNORR

Andere Zeiten, andere Denkmäler

BISMARCKS ERBE

Ich wurde in Niederschlesien an der ehemaligen Grenze zu Polen geboren und erwachsen. Das Land meines Vaters war 750 Jahre im Besitz der Familie, und ein Großteil meiner Vorfahren sind polnischer Abstammung. Anfang der siebziger Jahre hielt ich mich drei Monate in meinem Elternhaus in Osowa Sień auf, zu deutsch Röhrsdorf. Drei Eigenschaften sind es, die mich an der polnischen Mentalität immer wieder beeindrucken: Toleranz, Stolz und Phantasie. Heute halte ich es mehr denn je für bemerkenswert, daß ich damals in dem Eintausendseelen-Dorf nie als Ausländerin behandelt wurde. Sicher, man sprach von mir von der *Niemka,* der Deutschen, und ich gehörte nicht zu ihnen, obwohl wir eine gemeinsame Heimat hatten. Das hinderte die Bewohner aber nicht, mich als ihren Gast zu empfangen und oft genug gemeinsam mit mir ihre Mahlzeiten einzunehmen. Heute hat ein Feind von meinem Brot gegessen, sagte einmal ein alter Pole, den es als Zwangsarbeiter auf das Gut meines Vaters verschlagen hatte. Dazu lächelte er und prostete mir zu.

Als mir der Direktor des Kombinats voller Stolz Land und Viehzucht zeigte, ließ er mich in seinem dicken Auto zum einen Tor der Ställe hinein- und zum anderen wieder hinausfahren, eine Art Besichtigung, die mir aus meinem Elternhaus nicht vertraut war. Aber ich mußte zugeben, selten so prächtige Milchkühe gesehen zu haben, an deren Haltung nichts auszusetzen war.

Selbst muselmanischer Boden bleibt nicht ungeküßt: der Papst in Ankara

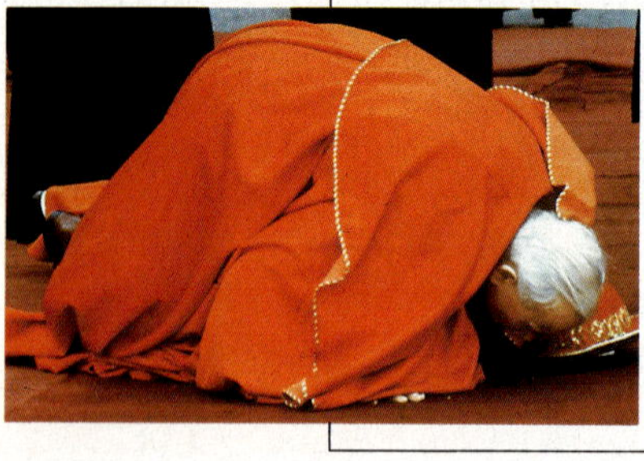

Noch mehr Verwunderung löste bei mir der Platz aus, auf dem meine Urgroßeltern einen Bismarckturm hatten errichten lassen: ein trutziges Machwerk aus Feldsteinen, in dessen Mitte das Profil des ersten deutschen Reichskanzlers eingelassen war, den Blick nach Polen gerichtet, dessen Freund er nie gewesen war. Den Turm gab es nicht mehr. Stattdessen stand auf einem haushohen Sockel ein aus Beton gegossener Zuchtbulle von der Größe eines Güterwaggons. Er ragte über die Kronen der Eichen hinweg in den Himmel hinein als Wahrzeichen preußisch-schwarzweißen Rindviehs, gleichfalls den Blick nach Osten gerichtet, selbstverständlich und jedem Vergleich gegenüber erhaben.

Als ich im September Osowa Sień verließ, war der Sommer vorbei, und die Dörfler machten sich auf in die Pilze. Mir kam der Gedanke, eine kleine Eiche aus dem ehemals väterlichen Wald mit nach Hause zu nehmen. Ich grub sie mit den Händen aus, nicht ahnend, daß ihre doppelt so lange Wurzel pfahlgerade im Boden steckte. Als ich nach einiger Zeit aufsah, stand in gebührendem Abstand ein Kreis Pilzsammler um mich herum, die mit Geduld und Neugier verfolgten, was wohl die Niemka hier 1945 versteckt haben mochte. Unbeirrt setzte ich meine Arbeit fort, bis das Bäumchen ausgegraben war, worauf mir verschmitzt zugewinkt wurde. Am folgenden Tag fand ich an der gleichen Stelle einen Krater mit dem Durchmesser eines Heimtrampolins vor. Und jetzt soll mir noch einer sagen, die Polen seien nicht tolerant, stolz und phantasievoll. LEONIE OSSOWSKI

Eine postkommunistische Karriere

JETZT ODER NIE

Sich selbst bezeichnete er einmal als einen häßlichen, glatzköpfigen Affen mit Elefantenohren. Dieses markante Aussehen und seine Funktion als Regierungssprecher des Kriegsrechts-Gene-

Ich bin mehr Feminist, als ihr glaubt (Papst Johannes Paul II. 1985 zu den schweizerischen Bischöfen)

Wo einst ein Bismarck gen Osten geblickt hatte, fand Leonie Ossowski nun ein ebenso majestätisches, aber doch recht andersartiges Monument vor

Kreuzworträtsel:
Polnische Flugente mit fünf Buchstaben?
PAPST

Corso

rals Wojciech Jaruzelski machten Jerzy Urban 1982 zur meistgehaßten Person Polens und zum beliebtesten Objekt der Karikaturisten. Er wurde wahlweise als Frühstücksei, als Vamp oder als rosa Schweinchen bezeichnet.
Heute, zwei Jahre nach der Wende, ist Jerzy Urban eine der populärsten Persönlichkeiten des Landes. Hinter der überraschenden Sympathiewelle steckt *NIE,* zu deutsch Nein. Das von Urban gegründete Wochenblatt hat auf Anhieb eine Auflage von 500000 Exemplaren erreicht, Tendenz steigend. *NIE* stellt alle Werte in Frage. Nur das Absurde und das Groteske werden ernst genommen. Die Regierung, die Gewerkschaft Solidarität und die Kirche bekommen ihr Fett ab. Vor allem aber nimmt *NIE* Präsident Lech Wałęsa aufs Korn. Da wird eine Briefmarke mit dem Konterfei des Präsidenten abgebildet, und die Unterschrift lautet: „Lecken . . . hinten.“ Da macht man sich über einen Versprecher des Staatsoberhauptes lustig, er würde die Preise am liebsten um 50, gar um 100 Prozent senken. Ist das nicht Kommunismus, was der Große Elektriker da wieder einführen will?
Die ätzenden Satiren in *NIE* tun weh. Am liebsten würde man Urban sofort das Handwerk legen. Doch wie? Schließlich haben die Machthaber von heute immer die Zensur der Kommunisten angeprangert. Also nimmt man die Zeichnung einer nackten Frau mit gespreizten Beinen zum Anlaß – und läßt den Herausgeber Urban der Verbreitung von Pornographie anklagen.
Doch was ist Pornographie? In jedem Kiosk an der Ecke werden heute mit dem Segen des Staates diverse Herrenmagazine verkauft. Der Generalstaatsanwalt hat ein Eigentor geschossen: Die Anklage gegen Urban wird fallengelassen – da helfen auch die flehentlichen Bitten des Angeschuldigten nichts, das hohe Gericht möge ihm doch den Prozeß machen.
Zugegeben: *NIE* balanciert ständig am Rande der Geschmacklosigkeit. Doch die antiautoritäre Tendenz des Blattes kommt bei den gegen die Obrigkeit aufbegehrenden Polen bestens an. Außerdem: Clevere Leute mögen sie. Und Jerzy Urban, Ex-Regierungssprecher der Kommunisten, ist – dank *NIE* – jetzt Millionär.

Andrzej Rybak

Die Polen

Tapfere Polen,/Gott anempfohlen,
Als Christen strenger,/Oft Müßiggänger.
Die meisten halten,/Heilig am Alten
Und jeder schmachtet,/Daß man ihn achtet.
Sie reden offen,/Weinen betroffen,
Sind ausgelassen/Und groß im Prassen:
Zechen und essen/Ohne Ermessen
An vollen Tischen,/Verschwenderischen,
Und alles Morgen/Macht sie nicht sorgen.
Wo sie verweilen,/Kommt's leicht zu Keilen.
Sie schimpfen später/Einen Verräter,
Der ihrem Zeuge/Sich nicht gleich beuge.
Doch sie verachten,/Gefangenschaften,
Sind rechtbeflissen,/Treu dem Gewissen,
Lieben das Wahre,/Fürchten die Pfarre,
Sind unbegierig,/Dafür nicht rührig.
So ist das, bitte,/In Polen Sitte.

Maciej Kazimierz Sarbiewski (1595–1640)

„Bitte hinten lecken!“ Mit recht derbem Humor wurde das Satireblatt *NIE* in Polen populär

Showdown auf der Landstraße

Heldentod

Die Polen sind Europameister. Im Totfahren. Mehr als 7000 Verkehrstote waren in jedem vergangenen Jahre zu beklagen, Tendenz steigend. Im Verhältnis zu den zugelassenen Autos liegen die Polen damit unangefochten an der Spitze im Abendland. Sind sie sonst ganz versessen darauf, sich kollektiv an ersten Rängen von Landsleuten bei internationalen Wettbewerben zu delektieren, so interessiert dieser Rekord niemanden im Lande. Die Presse nicht, die Politiker nicht und auch nicht die Pfarrer als amtliche Verwalter der christlichen Nächstenliebe in einem katholischen Land wie Polen.
Zwar lebt auch zwischen Oder und Bug der Mann am Steuer seinen Frust im Alltag, die Sorgen über steigende Preise, den Ärger mit dem Chef, die Angst vor der eigenen Frau auf dem Gaspedal aus. Aber der polnische Autofahrer sieht sich zugleich in einer Reihe mit den Wider-

Hansdampf in allen Gassen: Jerzy Urban, einst verhaßter Regierungssprecher, heute beliebter Satiriker

Ossi-Ossis: „Auch ein Ossi braucht einen Ossi. Wir sind die Ossis für die deutschen Ossis. Aber auch wir haben unsere Ossis.“
Janusz Reiter, Botschafter Polens in Bonn

Corso

Polens Autofahrer sehen sich als Nachfahren von Kämpfern und Helden: leider auch am Lenkrad

standskämpfern und Helden aus Geschichtsbüchern und Sagen. Widerstand leistet er gegen die unerträglichen Einschränkungen seiner persönlichen Freiheit durch die Obrigkeit, die ihn schikanöserweise auf engen Ortsstraßen nur 60 und vor Schulen gar nur 40 Kilometer pro Stunde fahren lassen will.

Den viel besungenen Heldenmut eines fahrenden Ritters zeigt der Pole, wenn er seine Mitstreiter im Zweikampf auf der Asphaltbahn schneidet, ausbremst oder vor unübersichtlichen Kurven überholt. In der Stadt beweist er Stärke auch dadurch, daß er auf gar keinen Fall auf die Vorfahrt verzichtet oder am Zebrastreifen wegen einer Oma hält. Das Ende, siebentausendmal pro Jahr: Die Hinterbliebenen stellen am Tatort ein Holzkreuz auf. Die Helden rasen täglich daran vorbei – zum nächsten Zweikampf. Thomas Urban

Wunder sind fest eingeplant

Optimisten

Wunder sind in Polen keine Frage des Glaubens, sondern ein Mittel zur Alltagsbewältigung. Was bedeutet, daß das Eintreten des Unerwarteten nichts Überraschendes in sich birgt. Selbst die Wiederkehr des Messias wird stündlich erwartet. Wenn nicht heute, dann sicher morgen. Deshalb sind Charismatiker in Polen so beliebt. Die Enttäuschung über nicht eingetretene Wunder wird rasch von der nächsten Erwartung ersetzt.

So war es mit Stanislaw Tymiński, dem obskuren Präsidentschaftskandidaten, der Arbeit für alle versprach und nach seinem Scheitern das Land verließ.

Und so ist es mit Jeffrey Sachs, 1954 geborener Wirtschaftswunderknabe, Harvard-Professor und seit 1989 ökonomischer Berater der ersten nichtkommunistischen Regierung. Bei Amtsantritt von Premier Tadeusz Mazowiecki betrug die Inflation fast 1000 Prozent, das Land war drastisch überschuldet und galt als nicht mehr kreditwürdig. Adam Michnik, Chefredakteur der *Gazeta Wyborcza* beschrieb die Lage so: „Die Kommunisten haben das Aquarium der polnischen Wirtschaft in eine Fischsuppe verwandelt. Und es ist verdammt schwierig, aus einer Fischsuppe wieder ein Aquarium zu machen.“ Das – ebenfalls tierische – Rezept von Jeffrey Sachs zur Lösung des Problems lautete: „If you're going to cut off a cat's tail, do it with one blow.“

Und siehe da, was niemand erwartet hatte, passierte, das Wunder geschah. Beeindruckt von den Subventionskürzungen für Güter des täglichen Bedarfs, der Freigabe des Kapitalmarkts und der angestrebten Massenprivatisierung von Staatsbetrieben gewährten die westlichen Schuldner eine Kürzung der Verbindlichkeiten um 80 Prozent, das Land wurde quasi über Nacht wieder kreditwürdig. Ein Wunder mit kleinen Mängeln allerdings, denn die Durchschnittseinkommen fror die Regierung bei 130 Mark pro Monat ein, während die Preise behende auf westliches Niveau stiegen.

Die eigentlich Zuständige für Wunder aller Art, die Kirche, wurde Dank der von Jeffrey Sachs inspirierten Wirtschaftsreform nun auch zuständig für Waren aller Art. Eine Fußnote in diesem Gesetzespaket befreit nämlich Religionsgemeinschaften in Polen von Zoll und Steuer. Seitdem tun im Geburtsland des Papstes an die 40 Sekten vorgeblich Gutes. Und ihre Wunder sind, wie eben in Polen üblich, ganz alltäglicher Natur. So gedachte die im Herbst 1991 aus der Taufe gehobene Kirche der Vereinigten Christen, 25 Tonnen Schokolade, 18 Limousinen und 42 Tonnen Imprägnierfarbe zoll- und steuerfrei einzuführen. Begründung des Bischofs: „Die Autos brauchen wir für die Pfarrer, die Schokolade für die Kinder und die Farbe für die Kirchen.“ Oliver Lehmann

Wird er das polnische Wirtschaftswunder bringen? Jeffrey Sachs, Harvar Wunderknabe, wurde als Berater zu Hilfe gerufen

Die Polen – das ist ein Reichtum an physischen Lösungen, eine Vielfalt an Typen, ein Überfluß an Gesichtern; und zudem sieht ein Pole oft so aus, als hätte er die Nase woanders her, ebenso die Ohren und die Sitzfläche.

Witold Gombrowicz

Krzysztof Pawela

Nur für sie bleibt alles beim alten: Gänse, Exportschlager der polnischen Kleinbauern, vor der Kulisse der Burgruine Mirów bei Krakau

Das ländliche Polen, erdverwachsen, hat bisher vielen Neuerungsversuchen getrotzt – inklusive vierzig Jahren Kommunismus. Doch die Wende, erkämpft in den Städten und Industrierevieren, bringt nun harte Jahre des Umbruchs für alle. Das moderne Polen durchlebt jetzt seine

GRÜNDERZEIT

Michael Engler

Hansestadt, Kaufmannsstadt, Stadt mit polnischer wie auch deutscher Vergangenheit: Gdańsk/Danzig könnte zum Symbol neuer Freundschaft zwischen zwei Völkern werden

STOLZES DANZIG, KÖNIGIN DER OSTSEE

Dominanz: Mit neuen Kirche im ganzen Land – hier in Urs now – demonstriert der Klerus s Bedeutung. Vielen Polen wären W nungen lieber

Demut: Die Nonnen am Stran der Ostsee bei Dembki sind eher scheidene Vertreterinnen der G lichkeit, die nach weltlichem Einfluß strebt

Passion: Jedes
ahr zu Ostern wird
in Nordpolen
e Kreuzigung Jesu
Christi von der
nde nachgespielt,
Ausdruck einer
aisch anmutenden
Frömmigkeit

DIE MACHT DES GLAUBENS

Pilgerschaft:
uf Knien verehren
die Gläubigen
ariä Himmelfahrt
in Kalwaria
wska bei Przemyśl
die Heilige
ungfrau, der diese
Wallfahrt gilt

Michał Glinicki

Luxuriös war das Leben in Dörfern wie Skaryszew nie. Doch während für die Städter die Preise horrend klettern, können die Bauern eigene Produkte verkaufen

DAS KLEINE GLÜCK AUF DEM LANDE

Mühsamer Alltag: Die Bauer haben sich nie kollektivieren lass Ihre winzigen Felder bearbeitet in alten Zeiten die ganze Familie recht archaisch

Verfallene Grandeur: Als da Schloß Ujazd erbaut wurde, wa Polens Bauern Leibeigene. Mit d Pferd und der Pflugschar ackern sie noch heute

Majestätises Panorama: Vor der Kulisse der [...]rlichen Gipfel des Pieniny-Gebirges [...] Süden Polens werden per Hand [d]ie Kartoffelfelder abgeerntet

ERHABENE, BEDROHTE NATUR

Verseuchte [U]mwelt: Oberschlesien gilt als die [a]m meisten belastete Industrieregion [Euro]pas. Was in diesen Gärten wächst, ist mit Sicherheit vergiftet

Michael Engler

Landschaften für die Seele: Die Seen Masurens und der Kaschubischen Schweiz – hier bei Chmielno – sind so traumverloren schön, daß man sie nie vergißt

Die Gegenwart konfrontiert die Polen auch mit der sexuellen F zügigkeit des Westens: Grafitto a einem Gemüsestand in Ruda Śląsk Oberschlesien

Versorgung auf polnische Art: Das ganze Land hat sich plötzlich in Paradies für fliegende Händler ver delt, die allerorten ihre Waren feilbieten

Die Zukunft sieht nicht rosig aus für die olnische Industrie: Das bankrotte ßland wird Danzigs Werften kaum och große Aufträge geben können

AUFREGENDE NEUE ZEITEN

Entsorgung ler Vergangenheit: Sogar Stalin-üsten werden noch entdeckt und zu n anderen Relikten des Realsozialis-us in die Museumskeller verbannt

≈ „Das ≑ Kartoffe

∞ Andrzej Szczypiorski

△ Besonders in Westeuropa ist die Meinung weit verbreitet, das kommunistische System sei beim ersten Windhauch der Geschichte wie ein Kartenhaus zusammengebrochen. Das klingt recht pathetisch und zugleich ermutigend, zeugt aber von völlig falschen Vorstellungen von der menschlichen Natur. Man sollte nämlich nicht vergessen, daß das kommunistische System uneingeschränkt geherrscht hat, in Rußland über siebzig, in Polen über vierzig Jahre, allerdings in einer hundertmal sanfteren Form, was wir dem Nationalcharakter der Polen verdanken.

Vor wenigen Wochen erzählte mir ein Bekannter eine lehrreiche Geschichte. Um sie für die jüngeren Generationen und auch für Ausländer verständlich zu machen, muß man vierzig Jahre zurückgreifen. Damals, zur Zeit des finstersten Stalinismus in Polen, entfachten Presse und Rundfunk eine große Propagandakampagne im Zusammenhang mit dem Kartoffelkäfer. Man schrieb, die amerikanischen Imperialisten hätten, besinnungslos vor Haß gegen den Sozialismus und die polnische Nation, auf unsere Ackerfelder den widerlichen Koloradokäfer abgeworfen, der die Kartoffelblätter frißt, was selbstverständlich eine Mißernte verursacht; von daher kämen die Schwierigkeiten bei der Versorgung. Die Imperialisten wollten auf diese Weise den Aufbau der Diktatur des Proletariats verhindern, doch werde ihnen das nicht gelingen.

Einige Zeit später vergaß die kommunistische Propaganda den Kartoffelkäfer und erfand statt dessen eine andere Idiotie, mit der sie versuchte, unsere Gesellschaft zu füttern.

Vierzig Jahre verstrichen, da ging mein Bekannter in der Umgebung Warschaus mit einer schönen, jungen Dame spazieren und raspelte Süßholz. Plötzlich erblickte er auf dem Weg einen würdevoll vorbeikriechenden, äußerst häßlichen Koloradokäfer. Er sagte also: „Sehen Sie, das ist der einst so berühmte Kartoffelkäfer."

Die schöne Dame erstarrte und sagte eisig: „Ich dachte, Sie sind ein intelligenter, denkender Mensch. Ich habe mich geirrt. Wie können Sie an den Unsinn der kommunistischen Propaganda glauben?"

Das ist eine lehrreiche Geschichte über den Sturz des realen Sozialismus. Den Kartoffelkäfer gibt es, obwohl es ihn eigentlich nicht geben dürfte, denn die Kommunisten haben ihn erfunden. Auch die Arbeitslosigkeit gibt es. Es gibt Riesenmengen von Waren auf dem Markt, doch die Leute können sie nicht kaufen, weil sie zuwenig Geld haben.

→ →

Der Kartoffelkäfer ist heutzutage fast überall. War Polen vor dem Kriege reich, prächtig organisiert und tolerant? Hatte es damals eine fortgeschrittene Industrie und Landwirtschaft? Waren die Menschen gebildet, kultiviert, gut erzogen, gut ernährt? Waren die Städte schön, die Dörfer reich, die Technik hervorragend, die Kultur blühend, die Gesellschaft zufrieden? Selbstverständlich, genauso war es früher in Polen. Dann aber kamen die ekelhaften Kommunisten und vernichteten mit Hilfe der Sowjets alles. Deshalb ist es in Polen heute so, wie es ist. Wer aber behauptet, vor fünfzig Jahren hätte Polen nicht zu den führenden Ländern der Welt gehört, es hätte bei uns viele Analphabeten gegeben, die Dörfer seien sehr arm gewesen, die Industrie rückständig, das technische Niveau der Städte kümmerlich, die sozialen Spannungen beträchtlich – der wiederholt angeblich die Beschwörungen der kommunistischen Propaganda.

Die naive Ansicht, mit dem Sturz der kommunistischen Staatsstrukturen sei der Kommunismus ins Nichts abgetreten, steckt in den Köpfen von Millionen Menschen, die trotz allem immer noch in kommunistischen Kategorien denken; sie meinen, jene schreckliche Erfahrung ein für allemal begraben zu haben, während sie in Wirklichkeit bis über beide Ohren darin stecken, weil sie ganz einfach nicht anders denken können, weil es Zeit braucht, bis sie die Welt und auch sich selbst anders beurteilen.

Ein vielsagendes Beispiel für diesen Stand der Dinge ist die in ganz Polen gegenwärtig anzutreffende Politisierung des Denkens. Das kommunistische System hat der Politik eine umfassende Bedeutung verliehen. Sie entschied über alle Probleme des Lebens. Der Mensch war eingespannt in ein Netz der Abhängigkeiten vom Staat, und der Staat ist, besonders unter den Bedingungen des realen Sozialismus, bekanntlich Politik schlechthin. Im Lauf der vergangenen vierzig Jahre wohnte der Pole in einer staatlichen Wohnung, kaufte in einem staatlichen Laden, arbeitete in einer staatlichen Fabrik oder Behörde, fuhr in einen staatlichen Urlaub, schickte seine Kinder in eine staatliche Schule, gehörte den staatlichen Gewerkschaften an, und man kann wohl ohne Übertreibung sagen, er schlief in einem staatlichen Bett, aß staatliches Brot und atmete staatliche Luft.

Es liegt auf der Hand, daß unter derartigen Bedingungen das Verhältnis des Menschen zum Staat sein Zentralproblem wird, daß die Politik sein ganzes bewußtes Leben ausfüllt. Sie nimmt dem Menschen die Lebensfreude und ruiniert seine Selbständigkeit, was die Gestaltung seines persönlichen Schicksals angeht. So wird der Staat zum verhaßten Feind, weil er es ist, der dem Menschen seine Souveränität stiehlt und die Desintegration seiner Persönlichkeit herbeiführt. Der Staat ist ein Fremdelement, er wurde ins Leben gerufen, um den Menschen zu umgarnen, zu unterwerfen und zu seinem Diener zu machen.

Jetzt aber hat sich die Situation geändert, der Kommunismus ist gestürzt, der Staat wirkt schwächer, ja sogar gänzlich wehrlos, man kann ihm also an die Kehle springen und mit ihm abrechnen über das in der Vergangenheit von ihm angerichtete Unrecht, über die Beraubung und Ausbeutung des unterjochten Staatsbürgers.

Wie tief diese Auffassung verwurzelt ist, zeigt die Geschichte eines der Anführer der Solidarność, der

äfer~Theorem + ← →

und andere lehrreiche Geschichten über die Unfähigkeit von Völkern, nach vierzig Jahren Totalitarismus jubelnd die Früchte der Freiheit zu genießen

sich während des Kriegszustandes höchste Verdienste erworben hat. Wegen seiner Untergrundtätigkeit wurde dieser Mann von den Kommunisten zu zwei Jahren Gefängnis verurteilt. Jetzt, im demokratischen Staat, beantragte er vor Gericht nicht nur seine Rehabilitierung, sondern auch materielle Wiedergutmachung. Das Gericht erkannte ihm natürlich eine hohe Entschädigung zu. Dieser Mann aber, der ja ein tüchtiger Verschwörer gewesen war und für ein demokratisches und souveränes Polen gekämpft hatte, kann nicht begreifen, daß er mit seiner Forderung nach materieller Entschädigung nicht gegen *den* Staat antritt, der ihn vor Jahren verfolgt hat, sondern einen Rechtsstreit mit einem völlig anderen rechtlichen und politischen Organismus beginnt, daß er vom demokratischen Polen die Verantwortung für das fordert, was die Kommunisten in diesem Land angerichtet haben und was er selbst noch vor wenigen Jahren als illegal ansah. Im Kopf dieses Mannes bleibt der Staat ganz einfach Staat, das heißt ein feindseliger Apparat, der nicht nur keinerlei Unterstützung verdient, sondern auch kein Verständnis von seiten derer, die ihn vor zwei Jahren mit eigenen Händen geschaffen haben.

Vierzig Jahre lang redete die kommunistische Propaganda den Arbeitern der großen staatlichen Fabriken ein, sie, gerade sie, seien die Herrscher der Volksrepublik, die Arbeiterklasse sei in Übereinstimmung mit der wissenschaftlichen Weltanschauung für Ziele von besonderer Bedeutung bestimmt, denn sie würde zum Demiurgen der Geschichte. Diese Erziehung wurde von den Arbeitern weder verspottet noch gar verworfen. Im Gegenteil, sie verlangten viele Jahre hindurch, daß die offiziell propagierten Grundsätze im täglichen Leben verwirklicht würden. Wenn also die polnischen Arbeiter der Großindustrie mit der kommunistischen Partei ein Hühnchen zu rupfen hatten – und so war es ohne Zweifel –, dann nicht aus dem Grunde, daß die Partei Leninsche Dummheiten über die besondere Rolle der Arbeiterklasse daherschwatzte, sondern weil sie das eine verkündete und das andere im Alltag praktizierte.

Heute scheint es ziemlich selbstverständlich, daß die Arbeiter, die gegen die Kommunisten kämpften, angefangen mit der blutig unterdrückten Empörung in Posen 1956 bis zum Sturz des Systems 1989, vor allem die Verwirklichung der jahrelang heuchlerisch und unredlich verkündeten kommunistischen Parolen und Programme forderten. Ich glaube, die Ursachen zahlreicher Spannungen im Polen von heute sind gar nicht so schwer zu erklären, wie es manchen unbeteiligten Beobachtern scheinen mag.

Es gibt nämlich in diesem Lande Millionen Menschen, die überhaupt keine Lust haben auf Kapitalismus und Marktwirtschaft, weil Kapitalismus und Marktwirtschaft an den Menschen ganz andere Forderungen richten, eine ganz andere Lebensweise von ihm verlangen, ein anderes Verhalten, eine andere Mentalität; und das alles wirkt auf viele Menschen fremd, schwierig, ja sogar abstoßend. Churchill hat einmal gesagt, die Demokratie sei etwas Mangelhaftes, man müsse sie jedoch akzeptieren, weil sich die Menschheit bisher nichts Besseres ausgedacht habe. Selbstverständlich hatte Churchill recht. Doch ist es immer einfacher, die vorgefundene Welt zu akzeptieren, als tätig Anteil an der Schaffung einer Wirklichkeit zu nehmen, die so viele sichtbare Fehler, Schwächen und Mängel hat. Die neue Wirklichkeit ist zweifellos besser als die vorangehende, zweifellos aber ebenso unbefriedigend – und kann auch die Ansprüche und Wünsche der Menschen nicht befriedigen, die jahrzehntelang von einer idealen Wirklichkeit geträumt haben und jetzt bitter enttäuscht werden. Die geistigen Landschaften Polens sind kompliziert, sie können sogar recht undurchsichtig erscheinen, weil es in ihnen viele unklare, ja verschattete Stellen gibt, wo man nur mit größter Mühe die Konturen von Ansichten, Meinungen und Urteilen erkennen kann. Es gibt zum Beispiel viele Mißverständnisse hinsichtlich der Freiheit. Daran ist nichts Neues, denn die Menschen verstehen ja die eigene Freiheit nie, sie ist für sie stets Herausforderung oder Bürde oder ganz einfach das Fehlen dessen, was sie begehren. Unter den polnischen posttotalitären Bedingungen werden diese Mißverständnisse hinsichtlich der Freiheit indessen zum gesellschaftlichen Dilemma.

Jahrzehntelang war ich als Schriftsteller und Staatsbürger zutiefst davon überzeugt und habe meine Meinung zu dieser Sache auch bis heute nicht geändert, daß die Freiheit des Worts und die Freiheit des Reisens zu den fundamentalen aller menschlichen Freiheiten gehören. In meinem Fall kann es nicht anders sein, weil ich jahrelang das Opfer der staatlichen Zensur war; ich hatte keine Chance, meine Ansichten frei auszusprechen, und war, abgeschnitten von der Welt, zur Provinzialität verurteilt, ich konnte mein literarisches Instrumentarium nicht weiterentwickeln, war also im Grunde nicht imstande, meinen schriftstellerischen Beruf wie es sich gehört auszuüben. Nicht ohne Grund folgerte ich deshalb, die Aufhebung der Zensur sowie das Recht jedes Staatsbürgers auf einen Paß in der eigenen Tasche – das seien die wichtigsten Früchte der Freiheit.

Wie sich jedoch herausstellte, waren das für Millionen anderer Bürger meines Landes nicht so wesentliche Fragen. Die Zensur gibt es nicht mehr, und jeder hat seinen Paß in der Tasche, aber das hat den Bereich der Freiheit nach dem Verständnis des polnischen Bauern, des Arbeiters, ja sogar des Chirurgen keineswegs erweitert.

Der Arbeiter fühlt sich nicht als freier Mensch, weil ihn die Arbeitslosigkeit immer stärker bedroht, die er nur als legendäres und eher exotisches Problem kannte, und seine scharfen Proteststreiks, die noch vor wenigen Jahren unter den Bedingungen des kommunistischen Systems Erste Parteisekretäre

× Ich glaube heute, daß den Menschen di

stürzten, haben heute keinen größeren Einfluß auf den Verlauf der Geschehnisse. Dieser Arbeiter wählt sich für den Urlaub nicht Frankreich, und von der Tatsache, daß er alles sagen darf, was ihm gefällt, wird sein heimischer Suppentopf nicht voller. Der Bauer fühlt sich im Stich gelassen von der staatlichen Verwaltung, die im alten System bei vielen wirtschaftlichen Tätigkeiten für ihn einsprang, etwa beim Ankauf der Agrarprodukte, bei der Verteilung von Saatgetreide und Kunstdünger, und die über die festen Vorzugspreise im gesamten landwirtschaftlichen Sektor wachte. Der Bauer konnte die Kommunisten zwar nicht leiden, hat die Regierung aber nie der Verschwörung gegen die Landwirtschaft beschuldigt, was heute fast in jedem Dorf an der Tagesordnung ist. Natürlich zeugt das für Kleinlichkeit und Gruppenegoismus, aber die Tatsache bleibt bestehen, daß das Dorf ein unfreundliches Verhältnis zu den Marktveränderungen demonstriert, denn der Bauer sagt, der Markt sei zwar frei, er selbst jedoch habe seine Freiheit als Produzent verloren.

Der Arzt in Polen kämpft tagtäglich mit tausend Mängeln, nicht nur organisatorischen und technischen, sondern mit den elementaren Mängeln im Bereich der medizinischen Arbeit – er kann sich nicht für einen freien Menschen halten. Manchmal muß er furchtbare, fast shakespearehafte Entscheidungen treffen, wen er retten kann und wem er seine Hilfe versagen muß – aus Mangel an medizinischen Geräten, z. B. für die Nierendialyse, oder an ganz banalem Verbandsmaterial, an chirurgischen Fäden, Einwegspritzen, Herzmitteln usw. So ein Arzt hat seinen Paß längst ganz tief in der Schublade vergraben und die Freiheit des Worts zum Teufel gejagt.

Vor fast hundert Jahren schrieb der russische Politiker Stolypin an Tolstoj: „Herr Graf, ich bin zu dem Schluß gekommen, daß die Armut die schlimmste Form der Unfreiheit ist." Man müßte eigentlich seiner Verwunderung darüber Ausdruck geben, daß Stolypin solche Worte an Tolstoj schrieb, nicht aber Tolstoj an Stolypin. Möglicherweise steckt darin jedoch ein tieferer Sinn. Immerhin war Tolstoj ein idealistischer Denker, der auch bei der Beurteilung des russischen Volkes gewissen Illusionen erlag, Stolypin dagegen ein kühler Politiker, der sehr gut wußte, was los war, weil er jeden Morgen sorgfältig die Berichte der Geheimdienste über die Stimmungen auf der Straße las.

Die Armut ist zweifellos ein schlechter Ratgeber und ungerechter Richter, doch solange es sie gibt, sollte man nicht erwarten, daß sich die Menschen wirklich der Freiheit erfreuen und ihre Wohltaten nutzen können. Mehr noch, ich persönlich meine, daß die Freiheit mehr geschätzt wird, wenn es sie nicht gibt, als zu Zeiten, da man sie im Übermaß besitzt. Das bedeutet nicht, daß ich für die totalitäre Erfahrung des Kommunismus optiere. Es bedeutet nur soviel, daß in der Situation der Unterdrückung und des Kampfes um die Freiheit die politischen Optionen einfach, die moralischen Entscheidungen sauber sind und die Sehnsucht der Menschen auf der Hand liegt. Später wird fast alles viel komplizierter. Doch die Situation in Polen ist nicht so verworren, daß man sie nicht analysieren könnte. Allem Anschein zum Trotz verläuft die Trennungslinie nicht zwischen denen, die in letzter Zeit mehr der populistischen Rhetorik des Präsidenten Wałęsa zuneigten, und denen, die lieber auf die gemäßigten Anschauungen Mazowieckis und seiner Bundesgenossen hörten, sondern zwischen den Anhängern Wałęsas und Mazowieckis einerseits und andererseits denen, die genug haben von den mit der Schaffung des freien Marktes verbundenen Härten. Denn viele Menschen verlieren jetzt die Privilegien, die sie im früheren System besaßen, und bekommen, von Sorgen abgesehen, nichts. Ich meine hier nicht die früheren Funktionäre des Parteiapparats, sondern etwa die Bauern, die von den Subventionen im System des realen Sozialismus profitierten, heute aber auf Gnade oder Ungnade dem Markt ausgeliefert sind. Ich meine auch die Arbeiter, die mit jedem Tag als soziale Gruppe an Bedeutung verlieren, weil sich unter den neuen Bedingungen herausgestellt hat, daß der Stolz des alten Systems, die Schwerindustrie, ganz einfach ein Klotz am Bein der Gesellschaft ist; je schneller sie bankrott macht, desto besser für Polen.

Es gibt jedoch Politiker in Polen, die hartnäckig wiederholen, die größte Bedrohung für die demokratischen Reformen und die Festigung des freien Markts sei die alte, postkommunistische Nomenklatura. Solche Politiker nehme ich nicht ernst, weil sie an Geister glauben. Die postkommunistische Nomenklatura gibt es zwar noch – übrigens ausschließlich in der Welt des kleinen und mittleren Business –, aber erstens ist ihr Einfluß gering, weil sie die politische Macht verloren hat und über zu beschränkte Mittel verfügt, um nach wirtschaftlicher Macht greifen zu können, und zweitens gehören die Leute, die früher Funktionäre des Systems waren, heute aber an Geld gekommen sind, zu den eifrigen Verfechtern der gegenwärtigen Situation: was psychologisch auf der Hand liegt, denn nur sie erlaubt ihnen, ihren jetzigen Wohlstand auch zu genießen.

Aber gerade deshalb finden die Parolen der politischen Geisterbeschwörer hier und da im Publikum Gehör. Es geht nämlich um ein weiteres, aus der kommunistischen Vergangenheit mitgebrachtes Hirngespinst, das falsch verstandene Prinzip des sozialen Egalitarismus. Der egalitäre Betrug ist besonders ruinös in einem Land des Neubeginns, wo ein Markt erst entsteht, wo sich die neuen sozialen Beziehungen erst bilden, wo in Zukunft, gewissermaßen aus dem Nichts auftauchend, eine Mittelklasse entstehen soll.

Der Egalitarismus ist ein schönes und kluges Prinzip, wenn er sich auf die gleichen Chancen bezieht, wird aber zerstörerisch, wenn er entscheiden soll über eine für alle gleiche Existenz. Chancen

leichheit mehr gefällt als die Freiheit

muß man jedem garantieren, was er jedoch aus seinem Leben macht, ist eine andere Sache.
Der soziale Schirm muß ausgespannt sein über den Köpfen der Schwächsten, der Kranken oder der am schlechtesten für die Selbständigkeit Vorbereiteten, ganz gleich aus welchem Grund sie behindert sind, wenn sie ihn nur nicht selbst verschuldet haben.
Auf dem egalitären Betrug basierte fast das gesamte System der relativ gleichmäßigen Verteilung des Elends, wie es der reale Sozialismus betrieb. Und wahrscheinlich deshalb konnte er sich auf der Erde so lange halten. Es ist doch nicht wahr, daß der Kommunismus sich ausschließlich auf den Terror der Geheimpolizei und die Angstpsychose stützte. Das ist eine weitere Illusion oder vielmehr ein bewußter Betrug. Selbstverständlich ist es heute sehr viel leichter, die Existenz jenes Systems mit der Behauptung zu rechtfertigen, daß im realen Sozialismus alles das Werk der Partei und ihrer elenden Hintermänner war, die Nationen hingegen daran nicht teilhatten, ja eigentlich überhaupt nicht anwesend waren. Natürlich ist das eine Fälschung, weil man die Hälfte der Welt nicht jahrzehntelang ohne gesellschaftliche Einwilligung regieren kann. Und diese Einwilligung hatten die kommunistischen Diktaturen. In Polen war sie relativ schwach, weniger dauerhaft, sehr launisch, sehr wechselhaft wie alles in diesem herrlichen Land der Individualisten; doch geht es nicht an zu behaupten, man habe die Polen vierzig Jahre lang unbarmherzig bei der Kehle gepackt, man habe sie terrorisiert, deshalb hätten sie eine zwar trotzige, aber nachgiebige Haltung eingenommen. Das wäre eine Verneinung der ganzen polnischen Tradition und Geschichte. Die Polen verstehen es, sich zu empören, und haben nie irgendeine noch so unwichtige Gelegenheit versäumt, ihren Herrschern zu zeigen, daß sie sie geringschätzen und verachten.
Und trotzdem hat das System des realen Sozialismus beunruhigend lange gedauert.
Jeder kann natürlich so tun, als wisse er nichts über die Geschichte des 19. und 20. Jahrhunderts. Aber wenn ein Politiker dieses Spiel versucht, ist er entweder ein Dummkopf oder ein Betrüger. Der Kommunismus als Weltanschauung war zweifellos ein großer Irrtum, als Praxis des kollektiven Lebens wurde er zum großen Verbrechen, aber als Traum von einer besseren Welt, als Sehnsucht der Behinderten, Gedemütigten und Erniedrigten bildete er in über hundert Jahren der Geschichte Europas und der Welt einen mächtigen Prüfstein. Der Kartoffelkäfer existiert. Es existierte die kapitalistische Ausbeutung im 19. Jahrhundert, Friedrich Engels schrieb keine Phantasien und Lügen über die Lage der Arbeiterklasse in England, und Maxim Gorki sog sich das schreckliche Schicksal seiner Helden nicht aus den Fingern. Das taten auch weder Honoré de Balzac noch Émile Zola, weder Gerhart Hauptmann noch Fjodor Dostojewski, weder Brecht noch Anna Seghers. Mit einem Wort, der Kommunismus als großer Versuch, die Welt gerechter einzurichten, kam nicht von ungefähr. Heute eine solche Meinung kundzutun, ist wenig populär und riecht sogar nach Provokation. Ich bin jedoch alt und sage gern, was ich denke. Nie war ich Kommunist, nie hatte ich für den Kommunismus andere Gefühle übrig als Verachtung und tiefen Abscheu. Aber ich weiß, daß es auf der Welt, auch in meinem Land, Scharen von Menschen gab, die mit diesem System Hoffnungen, Illusionen, Träume und Erwartungen verbanden. Und diese Menschen dachten nicht ausschließlich an ihre eigene Karriere oder ihre Bequemlichkeit, sie bewegte vielmehr eine altruistische Idee, sie wünschten nämlich, ihre Nächsten aus der Armut zu befreien, aus der Demütigung und der Kraftlosigkeit, die der europäische Kapitalismus einst nach links und rechts ausgestreut hatte.

»Ich glaube, daß den Menschen die Gleichheit mehr gefällt als die Freiheit, und um die Gleichheit zu erreichen, sind sie bereit, unter gewissen Umständen auf die Freiheit zu verzichten. Sie sind aber nicht im selben Maße bereit, auf die Gleichheit zu verzichten, um sich statt dessen der Freiheit zu erfreuen. Das ist der Grundstein, auf dem das zunächst mächtige, später immer mehr verfallende Gebäude des Weltkommunismus errichtet wurde.
Der egalitäre Wunschtraum durchdringt heute die polnische Gesellschaft. Das ist um so beunruhigender und bedroht um so mehr die demokratischen Reformen, als es gewisse Bewegungen und Gruppierungen gibt, die auf diesem Hirngespinst ihr politisches Süppchen zu kochen wünschen. Gleichzeitig aber ist der polnische Kapitalismus zu jung, zu schwach und deshalb auch zu aggressiv in seinen unreifen und manchmal geradezu komischen Formen, um eine breite gesellschaftliche Zustimmung zu erlangen. Diese Unterstützung ergibt sich nicht aus der Akzeptanz der neuen Ordnungen, sondern aus der Ablehnung, ja sogar der dramatischen Negierung der vorangehenden Ordnungen.
Das ist kein dauerhaftes System, und daher meine Unruhe beim Gedanken an die Zukunft und den Erfolg der großen Reform, die doch ohne Beispiel ist in der Geschichte. Und trotzdem, wenn man den polnischen Alltag betrachtet, muß man entschieden mit Galilei sagen: Eppur si muove!
Auf die Frage, ob ich ein Optimist bin, antworte ich immer, man könne nicht in Polen leben, ohne Optimismus zu beweisen, weil hier alles dem Menschen zu widersprechen scheint; und der Mensch überwindet doch immer das, was in ihm nicht zutiefst menschlich ist.

ANDRZEJ SZCZYPIORSKI, *Jahrgang 1924, wurde weltberühmt durch Bücher wie „Die schöne Frau Seidenman" und „Eine Messe für die Stadt Arras" (beide deutsch 1988). Der Schriftsteller, Essayist und Politiker, zu Kriegsrechtszeiten 1981–82 interniert, lebt in seiner Geburtsstadt Warschau.*

Warschau

Von Krzysztof T. Toeplitz mit Fotos von Guido Mangold

Es heißt, man müsse sich, um ein Land oder eine Stadt beschreiben zu können, dort entweder zehn Tage oder aber zehn Jahre aufhalten; alles, was zwischen diesen beiden Zeiträumen liegt, trübe nur das Bild. Noch schwieriger aber, denke ich, ist die Situation eines Menschen, der, wie ich, in der Stadt, die er beschreiben soll, sein ganzes Leben verbracht hat. Dinge, die dem Neuling ungewöhnlich vorkommen, sind für mich ganz natürlich; was aber der Tourist vielleicht gar nicht registriert, kann bei mir unendliche Assoziationen auslösen.

Es gibt zahlreiche Bücher über Warschau, Erinnerungen, Gedichte, Erzählungen; und die Varsaviana, die mein Vater sorgsam sammelte, bilden einen beträchtlichen Teil des polnischen Schrifttums. Die Verfasser dieser Arbeiten bemühen sich gewöhnlich, ihre Leser davon zu überzeugen, daß Warschau eine ungewöhnliche und – wie kaum eine andere – von den Widrigkeiten des Schicksals gebeutelte Stadt ist, zugleich aber fähig, diesem jeden Augenblick mit Trotz, Mut, Freiheitsliebe und Gefühl für Humor entgegenzutreten. Aus den meisten Beschreibungen läßt sich folgern, Warschau sei nicht nur ein realer, konkreter Punkt auf der Landkarte, sondern auch ein bestimmter Geisteszustand oder Charakter seiner Bewohner. Solche Texte ärgern mich, zugegeben, oft durch ihre Sentimentalität; andererseits machen sie den – wenn auch ungeschickten – Versuch, zu erläutern, was am Phänomen Warschau trotz aller Wirklichkeit irrational wirkt.

Es gibt tatsächlich nur wenige Städte auf der Welt, die, total vernichtet wie das antike Karthago, imstande waren, wiederzuerstehen – und nicht nur ins Leben zurückzukehren, sondern darüber hinaus auch noch ihre historischen Schätze und Erinnerungen so sorgsam zu rekonstruieren, als seien sie nie zerstört worden. Für Ausländer ist es geradezu unbegreiflich, daß die Warschauer Altstadt, eine Nachbildung des mittelalterlichen Stadtkerns, in Wirklichkeit noch kein halbes Jahrhundert alt ist; daß die klassizistischen Häuser und Palais aus dem 18. Jahrhundert an den Straßen Nowy Świat und Krakowskie Przedmieście, der früheren Hauptverkehrsader der Hauptstadt, in Wirklichkeit jünger sind als die wenigen aus der Vorkriegszeit übriggebliebenen Wohn- und Mietshäuser und Geschäftsgebäude.

Sooft ich es mit jemandem zu tun habe, der zum ersten Mal nach Warschau kommt, scheint diese Rekonstruktion auf ihn den größten Eindruck zu machen:

Am Bankenplatz stehen herrenlose Hochhäuser herur der letzten Herrscher kratzt man Stalins Namen ab: D war schon immer Warschaus Antwort auf die Schreck

n den Statuen
:tvolle Umgang mit dem Absurden
r Geschichte

als nirgendwo sonst in dieser Größenordnung anzutreffende technische Leistung ebenso wie als psychologisches Phänomen, was die Einstellung und Denkweise der hier wohnenden Leute angeht. Denn was empfinden, was *wollen* Menschen, die sich bei vollem Bewußtsein dafür entschieden haben, auf den Ruinen, die der Zweite Weltkrieg an dieser Stelle Europas hinterließ, etwas zu erbauen, das in Wirklichkeit die Illusion der von keiner Katastrophe unterbrochenen, harmonischen Abfolge der Stadtgeschichte ist? Gleich nach dem Krieg, als sich die Frage stellte, ob und wie man Warschau, den wichtigen Verkehrsknotenpunkt in diesem Teil Europas, wiederaufbauen sollte, fehlte es nicht an Städteplanern, die vorschlugen, seine komplette Zerstörung als eine Art historische Chance für den Bau einer modernen Stadt mit breiten, geräumigen Straßen und rationeller Bebauung zu verstehen und auf diese Weise viele offenkundige Fehler zu korrigieren, die das Vorkriegs-Warschau aufwies. Diese Argumente wurden jedoch völlig verworfen, und so machte man sich mitten im 20. Jahrhundert mit der ungeheuren Anstrengung einer ganzen Gesellschaft – denn der Wiederaufbau Warschaus wurde zum Ziel der gesamten Nation, nicht nur der Warschauer selbst – an den Aufbau mittelalterlicher, schmaler Häuser, dunkler Höfe und Gassen, baute Straßen, die eher für Pferdefuhrwerke geeignet waren, als für Autos und Busse. Ohne sich dieses in erster Linie psychologische Phänomen, diesen besonderen Geisteszustand bewußt zu machen, ist es, glaube ich, schwierig, Warschau zu verstehen, sowohl das frühere als auch das moderne. An seiner Basis liegt die aus der Geschichte der Stadt wie auch der des ganzen Landes abgeleitete unaufhörliche Suche nach Dauerhaftigkeit und Sicherheit. Warschau und seine Bewohner gelten als aufbrausend, unruhig und bereit zu verzweifelten Aktivitäten; symbolisch dafür sind die Aufstände im 19. Jahrhundert, die immer in Warschau begannen, aber auch das Schicksal der Stadt im Krieg und die dramatischen Ereignisse danach bis in die Gegenwart.

Schön und doch verwirrend: Während andere Völk ihrer zerstörten Städte Neues bauten, ließen die Pol in originalgetreuer Kopie nach Canaletto-Skizzen n

f den Trümmern
ch dem Krieg ihr altes Warschau
ferstehen

In Wirklichkeit jedoch verbirgt sich unter dem Schein unaufhörlicher Unruhe, tief am Grunde des Denkens und Empfindens der Warschauer der Traum von einem geordneten und stabilisierten Leben, das Tradition kennt und sich rund um bekannte und verläßliche Orte sammelt. Der Warschauer spottet über den konservativen Traditionalismus zum Beispiel Krakaus, einer Stadt, die seit Jahrhunderten mit Warschau in irrationaler Fehde liegt; aber er beneidet sie insgeheim darum, daß der Krakauer Marktplatz, die Wehrmauern tatsächlich noch jene Orte sind, wo man im 13. Jahrhundert den Angriffen der Tataren widerstand, und auch darum, daß Sofa, Sessel oder Stuhl in Krakauer Wohnungen Möbelstücke vom Großvater oder Urgroßvater sind und das Café am Marktplatz wirklich jenes Café ist, wo die Helden der literarischen und künstlerischen Bohème des Fin de siècle zu sitzen pflegten. Legt man also an die Fürsorglichkeit im Umgang mit den Überresten der Vergangenheit den Maßstab der Psychologie, könnte man von einer Art Kompensationskomplex sprechen. Tradition, Dauerhaftigkeit, Beständigkeit sind ganz einfach deshalb begehrte Ziele, weil es sie hier nie gab oder es gab davon so wenig, daß sie nicht zu etwas Natürlichem und Selbstverständlichem oder gar Gewachsenem in Warschau werden konnten.

Die Anfänge Warschaus sind unklar. Historiker behaupten, es habe hier ein Fischerdorf an der Weichsel gegeben, das im 14. Jahrhundert Stadt wurde und 1413 Hauptstadt der masowischen Herzöge. Im Vergleich mit der Hauptstadt von damals, mit Krakau, war es weit im Osten gelegen, fast eine Grenzstadt. 1596 verlegte der polnische König Sigismund III. aus der schwedischen Dynastie Wasa die Hauptstadt seines Landes hierher, und die Tatsache, daß die erste Zerstörung Warschaus in den Jahren 1655–56 ausgerechnet durch die Schweden erfolgte, während eines Krieges um die polnische Thronfolge, ist nicht das erste Paradoxon in der Geschichte Warschaus. Ein anderes ist das Faktum, daß die großartigste Epoche der Stadt, aus

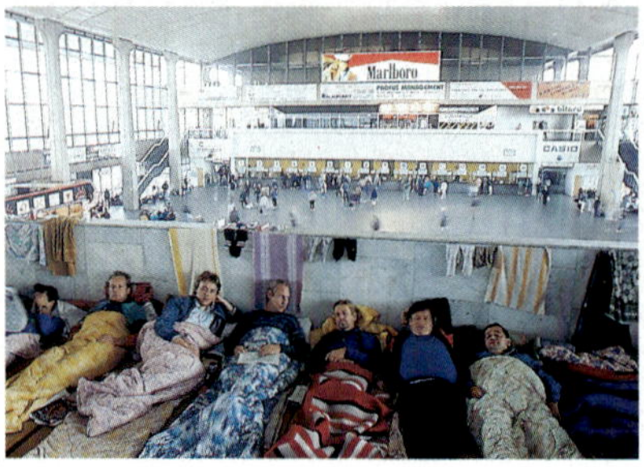

K*onfusion befällt den Reisenden: Wo liegt Warscha*
In welchem Stil ist es erbaut? Das mondäne Hotel v
Eisenbahner, graue Hochhaussilos – ergibt dies Puzz

entrum?
m Kulturpalast, der Streik der
nen Sinn?

der ihre prächtigsten Gebäude stammen – der klassizistische Park und das Schloß Łazienki oder das von Antonio Corazzi erbaute Palais auf dem Bankplatz – die letzten Jahrzehnte des 18. Jahrhunderts waren, also die Niedergangszeit des polnischen Staates, die mit der mehr als hundertjährigen Teilung endete. Der letzte polnische König Stanisław August Poniatowski war bis ans Ende seiner Regierung ein Wohltäter Warschaus, er ließ für die letzten Gelder aus seinem Staatsschatz italienische und deutsche Architekten kommen.

Nach dieser glanzvollen Periode erlebte Warschau den Abstieg in Stufen. Für einen Augenblick war es noch die Hauptstadt des winzigen, von Napoleon geschaffenen Herzogtums Warschau und nach dem Wiener Kongreß die des Königreichs Polen mit dem russischen Zaren als König; doch gegen Ende des 19. Jahrhunderts, nach dem Zusammenbruch des mißglückten Aufstandes von 1863, war es zu einer unbedeutenden Gouvernementsstadt am fernen Westrand des russischen Zarenreichs herabgesunken. Auch damals blieb die Stadt freilich nicht von Paradoxa verschont: Isaac Bashevis Singer beschreibt in einem seiner Romane, wie Warschau sich nach dem Aufstand von 1863 trotz der nationalen Trauer in eine moderne Stadt zu verwandeln begann, indem es sich Gaslaternen, gepflasterte Fahrbahnen und Bürgersteige zulegte.

Die Phasen der Zerstörung Warschaus in diesem Jahrhundert begannen mit der dreiwöchigen Belagerung 1939, während der das Königsschloß weitgehend ausbrannte. Dann wurde 1943 das jüdische Getto dem Erdboden gleichgemacht, das im Zentrum der Stadt lag und von 450000 Menschen bewohnt gewesen war. Nach dem Aufstand von 1944 schließlich wurde die ganze Stadt systematisch Haus für Haus zerstört und niedergebrannt.

Diese wenigen Tatsachen genügen, um zu verstehen, warum wir Warschauer ein so starkes Bedürfnis nach Kontinuität und Bodenständigkeit haben. Charakteristisch ist dabei eines: Wenn wir die unübersehbare Menge Warschauer

Warschaus sehr souveräner Sinn für Humor zeig
In der Börse, ehemals der Sitz der Partei, im Zirku
wie im unbrauchbaren Stadion, heute Mekka für all

:h allerorten:
n Powiśle, der nie benutzt wurde,
: Kleinhändler

Erinnerungen, Tagebücher und Romane lesen, haben wir den Eindruck, als wäre in jedem dieser Texte von einer anderen Stadt, von anderen Orten, ja sogar von anderen Sitten und Gebräuchen die Rede. Fast jede Generation von Warschauern ist nämlich überzeugt, daß es das „wahre" Warschau nicht mehr gibt, daß dieses mit der Jugend ihrer Väter verschwunden ist. Mehr noch, auch die jetzt in der ganzen Welt verstreuten „wahren" Warschauer gibt es nicht mehr und das ist noch dazu beinahe wahr. Man muß sich nämlich klarmachen, daß jede der hier erwähnten historischen Katastrophen einen ungeheuren Wechsel in der Zusammensetzung der Stadtbevölkerung verursachte. Das jüdische Vorkriegs-Warschau ist spurlos verschwunden; ein Großteil der ausgesiedelten polnischen Bevölkerung ist nach dem Krieg nicht wieder zurückgekehrt, was unter anderem die typische Vorstadtfolklore Warschaus hat aussterben lassen; dagegen lockte der Wiederaufbau nach dem Krieg und die ihn begleitende Industrialisierung Menschen aus anderen Regionen an, auch vom Lande, über die man sich zuflüsterte, sie züchteten ihre Schweine in den Badezimmern der neuen Wohnblocks. Ein rätselhafter Zug dieser zugezogenen Bewohner ist ihr Bedürfnis, ja ihre Fähigkeit zu unerhört schneller Angleichung. Die Kinder der Neu-Warschauer aus den kleinen masowischen Dörfern ringsumher wurden blitzschnell zu „wahren" Warschauern, die auf die nächsten Ankömmlinge herabschauten.

In Warschau zu leben bedeutet, auf Fließsand zu leben. Denn trotz allen Strebens nach Dauerhaftigkeit und Kontinuität läßt sich der Fluß der Ereignisse nicht aufhalten. Ein kleines, aber vielsagendes Beispiel: Es gibt in Warschau, ganz im Zentrum, einen Platz, der Sächsischer Platz hieß und neben dem Park mit demselben Namen lag; er sollte an die Könige aus der sächsischen Dynastie auf dem polnischen Thron erinnern. Dieser Platz nun hieß allein in der Zeit meiner Erinnerung nacheinander Sächsischer Platz, Marschall-Piłsudski-Platz, Siegesplatz und dann wieder Piłsudski-Platz. Und nicht nur der Sächsische Platz, jede zweite Straße der Stadt hat ihren Namen geändert, ändert ihn oder wird ihn ändern, ganz nach den politischen und historischen Umständen. Durch die Stadtmitte läuft eine Verkehrsader, die nach dem Krieg gebaut und nach dem marxistischen Funktionär Julian Marchlewski benannt wurde. Vor kurzem hörte ich den Dialog einer Frau mit einem Taxifahrer:

„Wo ist die Papst-Johannes-Paul-II.-Straße?"

„Was denn? Ach, Sie meinen die Marchlewski-Straße ..."

Zu Anfang der fünfziger Jahre beschloß Josef Stalin dem im Wiederaufbau befindlichen Warschau ein Geschenk in Gestalt eines gewaltigen, vielstöckigen, natürlich nach ihm benannten Kulturpalastes zu machen. Das Gebäude entstand im Stadtzentrum und war dort von Anfang an ein Monstrum, dafür aber ein treues Abbild der Moskauer Hochhäuser. Deshalb versuchen Warschaus Architekten seit Stalins Tod alles, um das unbequeme Geschenk zu verdecken, erfolglos übrigens. Jetzt hat die Geschichte selbst ironisch das Kapitel Kulturpalast mit einer Pointe versehen: Auf dem Platz davor, der einst als der größte Platz Europas gepriesen wurde, macht sich heute – mitten im Stadtzentrum! – ein kolossaler Flohmarkt breit, auf dem russische Schmuggler und Flüchtlinge ihre ärmlichen Waren feilbieten. Für sie ist dies schon der „Goldene Westen".

Der beinahe alltägliche Umgang mit solchen absurden Situationen ist die Quelle einer nicht recht greifbaren, aber fundamentalen Eigenschaft der Warschauer: ihres spezifischen, mit spöttischem Relativismus durchsetzten Sinns für Humor. In entscheidenden Augenblicken sind sie zu pathetischen Taten fähig, im Alltag aber pflegen sie eine herablassend-ironische Distanz zu den großen und kleinen Ereignissen in ihrem Umfeld und deren Wechselhaftigkeit. Zweifellos ist das eine Geste der Selbstverteidigung, die den Umgang nicht nur mit den großen Volten der Geschichte erleichtert, sondern auch mit den kleinen Alltagsabsurditäten, die dieser Stadt oft widerfahren. In den Reiseführern und Bildbänden über Warschau findet man – und das ist richtig – viele schöne und beachtenswerte Stellen erwähnt, leider aber nicht die drei Punkte, die vielleicht am besten zeigen, wie die große und erhabene Geschichte der polnischen Hauptstadt an das Absurde und geradezu Unbegreifliche grenzt.

Der erste ist der Zirkus in Powiśle, einem Stadtteil nahe der Weichsel, gedacht als Wohn- und Erholungsviertel. Irgendwann Ende der sechziger Jahre wurde hier mit dem Bau eines modernen, verglasten Gebäudes auf kreisrundem Grundriß begonnen, das einen Zirkus beherbergen sollte. Der Bau dauerte eine Zeitlang. Als das Gebäude fertig war, stellte sich jedoch heraus, daß es für einen Zirkus total ungeeignet war, weil man die Tiere nicht unterbringen konnte. Ein großer Skandal folgte, der Architekt, angeblich ein Bulgare, floh überstürzt und unter Zurücklassung seines Autos. Man beschloß, den Zirkus in ein Kulturzentrum mit Bühne, Café und Diskothek umzuwandeln. Man berief eine Direktion, einen künstlerischen Beirat, zu dem auch ich eingeladen wurde, und als wir einen sehr schönen Plan für das Wirken dieses Zentrums ausgearbeitet hatten, kam eine Inspektion von der Feuerwehr und stellte fest, wenn dieses Gebäude in Brand geriete, würden die Pfeiler, die die Decke trugen, alsbald einstürzen, ohne den Zuschauern Zeit zur Flucht zu lassen. Daraufhin wurde der Zirkus geschlossen, die Glasscheiben mit Holz verschalt, und so steht er nun schon mehr als zwanzig Jahre.

Die zweite seltsame Stelle, die einen Begriff vom Warschauer Umgang mit dem Absurden gibt, ist das „Stadion des Jahrzehnts" am Ostufer der Weichsel. Es wurde im Jahr 1955 zum Gedenken an zehn Jahre Nachkriegszeit errichtet, und sein Amphitheater ist aus den in ganz Warschau zusammengekarrten Trümmern aufgeschüttet. Es sollte ein ungewöhnlich modernes Sportzentrum wer-

Unstillbare Sehnsüchte nach Tradition und Dau
in vielen Warschauer Ritualen, nicht nur beim festliche
der alte Traum vom ruhigen, geordneten Leben bewe

den, mit Spielfeld, Aschenbahnen, natürlich mit einer Ehrentribüne. Nach den ersten Sportveranstaltungen stellte man jedoch fest, daß sich über dem Stadion merkwürdige Luftzirkulationen entwikkelten; es ist dort, obwohl es keine gedeckten Tribünen gibt, einfach stickig, und die Sportler können nicht normal atmen. Heute wird es deshalb als Markt benutzt, jedes Wochenende schlagen an die 60000 Kleinhändler ihre Stände mit Trödel auf.

Das dritte merkwürdige Objekt Warschaus ist ein großes Hochhaus am Bankenplatz, das von den Warschauern wegen seiner Fassade aus goldfarbenen, undurchsichtigen Scheiben „der Goldzahn" genannt wird. Heute sieht dieser Goldzahn ganz manierlich aus, in seinem Erdgeschoß wird, wie ich beobachtet habe, ein Ausstellungsraum für Honda vorbereitet. Doch seine Geschichte ist höchst seltsam. In den siebziger Jahren hat jemand mit dem Bau begonnen. Nach Fertigstellung der riesigen Metallkonstruktion wurde die Arbeit plötzlich unterbrochen. Das Skelett stand jahrelang leer, und man fragte sich schließlich, wer dieses Gebäude errichtet hatte und wozu. Die Presse schaltete sich ein, und es erwies sich: Niemand wußte etwas. Bei der Stadtverwaltung fanden sich keinerlei Papiere, kein Eigentümer meldete sich. Wie sich zeigte, war das begonnene Gebäude im Herzen Warschaus herrenlos. Ich weiß nicht, wie der Fall zum Schluß entschieden worden ist, offensichtlich vollendet irgend jemand nun den Bau; so etwas kann wirklich nur in Warschau passieren.

Und da soll man sich wundern über den ironischen Warschauer Witz.

An dieser Stelle allerdings nähern wir uns einer heiklen Frage, angesichts derer auch die witzigsten Warschauer ihren Humor verlieren: Ist Warschau eine schöne Stadt?

Antoni Słonimski, Poet und Satiriker, war wohl einer der am meisten „warschauerischen" Schriftsteller, die ich gekannt habe. Er besaß einen durchdringenden analytischen Verstand und ein mörderisches Gefühl für Humor. Irgendwann nun in der zweiten Hälfte der fünfziger Jahre verließ die später sehr bekannte amerikanische Journalistin Flora Lewis Warschau. Das Ehepaar Słonimski war mit dem Ehepaar Lewis befreundet; einige Monate nach ihrer Abreise bekam Słonimski einen Brief von ihr, der ihn aufforderte, Warschau zu verlassen. Słonimski zeigte mir voller Empörung einen Satz, den ich bis heute nicht vergessen habe: „Come to us. What is that feeling that you have about this ugly city of yours?"

Für die Mehrzahl der Warschauer, selbst für Realisten wie Antoni Słonimski, ist der Gedanke, Warschau sei eine *ugly city*, eine häßliche Stadt, geradezu absurd. Zumindest wird der Gast, der die repräsentativen und sozusagen postkartenhaften Gegenden im Zentrum der Stadt verläßt und sich auf eigene Faust in Warschau umschaut, bald Konfusion befallen, völlige Ratlosigkeit. Rundum stellen sich Fragen, auf die er keine Antwort weiß: In welchem Stil ist Warschau erbaut? Wo befindet sich sein Zentrum? Wie wirken die einzelnen Stadtteile zusammen, ja sogar die einzelnen Straßen, die zwar benachbart sind, aber doch völlig verschieden wie die unzähligen Teile eines schlecht zusammengefügten Puzzles?

Ich weiß nicht, wer als erster die Beobachtung formuliert hat, eine grundlegende Besonderheit Warschaus sei es, daß in einer Stadt, die an einem großen Fluß, der Weichsel, liegt, dieser Fluß eigentlich völlig abwesend ist. Er fließt irgendwo abseits, und die Stadt wendet ihm den Rücken zu. Paris, London, Budapest, Prag haben ihre Uferboulevards, die schönsten „Wohnzimmer" sozusagen, Warschau aber ignoriert seinen Fluß. Mehr noch, die Weichsel ist nicht nur nicht die Wasserschlagader der Stadt, sondern macht obendrein den Eindruck einer Grenze zwischen zwei Kulturen. Das Warschau auf dem Westufer ist mehr oder weniger ein Spiegelbild der Formen, Traditionen und Sitten, die man auch in Paris, Wien oder Berlin antreffen kann; das am Ostufer gelegene Praga dagegen, formal ein Teil Warschaus, orientiert sich nach Osten hin, in Richtung Brest, Minsk, Wiatka, Moskau. Langsam taucht hier die charakteristische schmutziggelbe Putzfarbe auf, und selbst die Pferdefuhrwerke sehen anders aus, mit hohen Holzbügeln und Gabeldeichseln, wie sie heute auch noch in der Ukraine, in Weißrußland und Rußland in Gebrauch sind. Warschau ist also eine gewissermaßen entzweigebrochene, eine Hauptstadt, die zugleich Grenzstadt ist. Die Stadt ist sich gewissermaßen instinktiv darüber im klaren, daher rührt auch ihr ungewöhnlicher, schwer zu begreifender Brückenkult. Die Einweihung jeder neuen Brücke über die Weichsel – und alle außer den neuesten waren zu irgendeinem Zeitpunkt der stürmischen Geschichte zerstört, in die Luft gesprengt oder bombardiert worden – wird zum unerhört festlichen Ereignis, das mehr Emotionen weckt als anderswo; es wirkt wie der dramatische Versuch, die Grenzen zuzuschütten, die beiden Ufer miteinander zu versöhnen.

Abends leert sich Warschau. Es genügt, einen Blick auf den Stadtplan zu werfen, um zu verstehen, warum. Kilometerweit entfernt vom Zentrum, das zugleich der Salon Warschaus ist, erstrecken sich seine „Schlafzimmer", die Wohnviertel Ursynów, Służew, Nowe Bródno; unordentlich verstreute Stadtteile aus monotonen, vorfabrizierten Blöcken. Hierher kehrt man zurück nach der Arbeit, von hier aus bricht man morgens wieder auf. Die vom Wohnungsmangel erzwungene, durch den schnellen Bevölkerungszuwachs bedingt eilige, häßliche Standardbauweise schafft oft nicht einmal Straßen und Plätze, sondern nur Blocks, deren Numerierung kaum zu erfassen ist. Das ist zweifellos jene *ugly city*, von der Flora Lewis geschrieben und was Antoni Słonimski so empört hatte.

Das Warschau von heute befindet sich im Stadium einer Umgestaltung. Sie wird diesmal geprägt von der hektischen Geschäftigkeit des freien Marktes. Überall tauchen neue Läden auf, manche überraschend elegant, obwohl in ihrer Nachbarschaft noch graue, seit langem nicht renovierte Mietshäuser stehen. Doch steckt in diesem Gegensatz etwas Vital-Optimistisches. Kein Zweifel – für eine neue Generation von Warschauern entsteht ein neues Warschau, selbstverständlich das einzig wahre.

DR. KRZYSZTOF T. TOEPLITZ, *geboren 1933, ist Professor an der Filmakademie Lodsch, Kolumnist der Zeitschrift* Polityka *und Chefredakteur der Tageszeitung* Nowa Europa. *Toeplitz lebt in Warschau.*

ffenbart sich
mesterbeginn der Universität:
e Menschen hier

Warschau 1941: Ein Kind stirbt den Hungertod, Alltag im Getto. Passanten gehen vorbei. Warschau 1991: das Foto – ein Denkmal für Minuten auf der Jana Pawla II.

DAS **SCHWEIG**

Vor fünfzig Jahren zogen die Deutschen eine Mauer um einen Warschauer Bezirk. Wer dahinter lebte, war todgeweiht: Eine halbe Million Juden wurde ausgelöscht. Wo damals das Getto war, stehen heute Neubauten, wogt der Großstadtverkehr. Wie an das Unfaßbare erinnern? Günther Schwarberg suchte im heutigen Warschau nach Spuren der entsetzlichen Vergangenheit, der Fotograf Guido Mangold konfrontierte die Gegenwart mit historischen Bildern

N DER **HÄUSER**

8 MAJA 1943

Ein Gedenkstein in der Miła-Straße: Hier befand sich die Kommandozentrale des Getto-Aufstands. Das SS-Foto zeigt das brennende Getto nach der Niederschlagung des Aufstandes 1943

Rymarska 12
CERT SYMFONICZNY
SZYMON
PULLMAN

Warschau, Żelazna-Straße. „Mit geschlossenen Augen stand die Frau vor der Wand", erinnerte sich der Fotograf von 1941. „Sie wirkte, als würde sie im nächsten Augenblick tot umfallen."

DAS **SCHWEIGEN** DER **HÄUSER**

Von Günther Schwarberg

Wo war das Getto, wie weit reichte es? Erkennen kann man es nicht mehr – oder nur noch an wenigen Spuren wie diesem Rest Gettomauer in einem Hinterhof der Sienna-Straße

Diesen Spaziergang wirst du im Leben nicht wieder vergessen. Nehmen wir mal an, du wohnst in der Złota-Straße im Holiday Inn. Złota, die Goldstraße. Das Zimmer, die Dusche, ein gutes Frühstück, du kennst das alles von anderen Städten. Standard, nicht nur in Warschau.

Geh die Stufen vom Holiday Inn hinunter, dann siehst du den Warschauer Zentralbahnhof vor dir. Geh ein Stück nach rechts, dann stehst du in der größten Totenstadt der Welt. Aber woran solltest du es merken? Hier wohnt eine neue Schicht Lebender über der Schicht der Toten. Es ist fünfzig Jahre her, da war hier das Warschauer Getto. Du weißt, eine halbe Million Menschen ist hier gestorben, ermordet, in den Tod deportiert worden. Ihre Stadt wurde zerstört. Es gibt keinen jüdischen Wohnbezirk in Warschau mehr, hat Jürgen Stroop damals nach Berlin gemeldet. Der Mann war im Zivilberuf Katasterbeamter in Detmold und im Krieg General der Waffen-SS. Er hat recht behalten: Es gibt keinen jüdischen Wohnbezirk mehr. Über die Trümmer ist eine neue Stadt gebaut worden. Wohnblocks in Großplattenbauweise. Schäbig. Heruntergekommen. Wenig Farbe. Die Spuren der früheren Häuser und der früheren Menschen sind verschwunden. Was denkst du, wer hat einst an diesem Platz gelebt, wo du heute morgen aufgestanden bist und gefrühstückt hast?

Hier hat die Familie Szczupak gewohnt. Sechs Menschen. Mutter und Vater, zwei Töchter, zwei Söhne. Zufällig hat einer von den sechsen überlebt. Er heißt Stefan Szczupak und wohnt in Hamburg, ist Autohändler. „Geboren bin ich 1922 in der Złota Nummer 34. Złota heißt Gold. Aber wir hatten keins. Mein Vater war Mechaniker. Die Miete war zu hoch für meine Eltern, dann sind wir zur Żelazna 32 gezogen, Ecke Sienna. Am 1. September 1939 morgens haben wir im Radio gehört: Krieg ist ausgebrochen. Meine Mutter hat angefangen zu weinen, aber ich habe gesagt: Ach was, das geh schnell vorbei, das bedeutet gar nichts. Alle ware traurig, außer mir. Nach drei Wochen waren di Deutschen in Warschau. Später mußten wir innerhal der Stadt immer wieder umziehen: Nowolipki, Kroch malna, Zamenhofa. Jede paar Monate mußte ma umziehen."

Umziehen mußten sie, weil die Juden immer enge zusammengedrängt wurden. 450000 Menschen au 307 Hektar. Sechs, acht, zehn Personen in einen Raum. Immer gab es Deportationen, immer kame neue Juden. Die Deutschen hatten hier das Gett eingerichtet. Du fragst, wo es beginnt, wie groß es ist woran du es erkennen kannst. Erkennen kannst du e nicht. Die Grenzen sind nicht markiert. Von jüdische Kultur ist nichts geblieben. Fast nichts. Die Paläste i Warschau sind liebevoll restauriert, der Rynek Stare go Miasta, die Fontäne im Sächsischen Garten. Da jüdische Warschau ist nicht wieder erstanden aus de Zerstörung. Bis zum Einmarsch der deutschen Trup pen war es die größte jüdische Stadt Europas.

Zunächst gehst du über eine neue große Straße, di Jana Pawla II., benannt nach dem polnischen Papst Wenn du sie überquert hast, und du mußt weit gehe zu einem Übergang, geht auf der anderen Seite di Złota weiter. Ladenbauten, mehrstöckige Wohnhäu ser. Ein Durchgang bei Nummer 60. Geh hinein. I Hinterhof ein kleines Stück Gras, eine Kinderschau kel, Hundedreck. Und ein Stück rote Ziegelmaue drei Meter hoch. Reste von Stacheldraht, danebe eine Fernsehantenne. Eine kleine Informationstafe eine Ausnahme, erzählt dir: Dies ist der Überrest de Warschauer Gettomauer. Übriggeblieben ist sie nu weil sich hier jemand eingenistet hat. Hier bildet di Mauer einen Winkel, und aus dem Winkel ist ei kleines Gebäude geworden, ein Dach darüber, zw vergitterte Fenster. Wohnte hier niemand, wäre auc sie wohl verschwunden.

NUR **NOCH STEINE** ALS **ZEUGEN**

Die Gettostraßen waren so überfüllt, daß man sich nu mit Mühe durch die Menge drängen konnte. Heut sind sie leer. Wenn du ein bißchen weitergehst zu Prosta, findest du mehrstöckige Wohnblocks. Eine

Was weiß die Świerczewski-Straße noch vom tausendfachen Sterben hier, vom alltäglichen Tod, der nur fünfzig Jahre zurückliegt? Ein Rikschafahrer hat überlebt: Wer fragt ihn?

ıat die Hausnummern von 2 bis 14. Die Adresse kenne ch. Hier hat einmal ein Mann aus meiner Heimatstadt elebt. Was heißt gelebt? Geherrscht hat er hier. Ich omme aus Vegesack, das ist nördlich von Bremen, ınd er hat in Vegesack ein Textilgeschäft gehabt. Der Aann hieß Walter Többens. In meiner Heimatstadt veiß keiner, daß dieser Textilhändler Többens wähend des Krieges hier ein Zweiggeschäft hatte, so önnte man das nennen. Aber die Wahrheit ist es ıicht. Er hat hier große Fabriken gehabt, hat eherrscht über zehn-, zwanzigtausend Juden wie ein Allmächtiger. Sie durften bei ihm arbeiten, wenn sie ıre Nähmaschinen mitbrachten in die Textilfabrik öbbens in der Prosta. Dafür bekamen sie eine ırbeitsbescheinigung, und die rettete eine Zeitlang ır Leben vor dem Transport nach Treblinka.

ch fand eines Tages im Archiv der polnischen Kriegsverbrecherkommission die Kopie eines Briefes om 4. Mai 1943, gerichtet „An den Schef W. öbbens, Hier". Er war von der „Schneiderin Aspis eonora, Arbeiterin der Fa. W. C. Többens" und ieß: „Es wendet sich eine unglückliche Mutter mit er heißen Bitte an Sie, den nachfolgenden paar eilen Ihre Aufmerksamkeit zu schenken. Mein Sohn spis Marian war seit Juli 1942 als Gärtner im Werk III er Fa. W. C. Többens beschäftigt. Er war als fleißiger nd pflichtgetreuer Arbeiter bekannt. Am 30. November 1942 wurde er auf dem Wege zur Arbeit stgehalten und nach Lublin geschickt, wo er bisher efindet sich. Ich wende mich mit der heißen Bitte an ie, meinen Sohn von Lublin nach Poniatowa zu mir erholen." Többens? War das der Vegesacker Textilındler? Er war es.

oniatowa ist ein winziges Dorf bei Lublin, nicht weit vom Konzentrationslager Majdanek. Dorthin aren die Produktionsstätten von Többens verlagert orden, als in Warschau am 19. April 1943 der Gettoufstand begann. Die Menschen waren mitverlagert orden, wenn sie nicht gleich von Warschau aus nach ublin kamen, das heißt nach Majdanek ins Gas. Als b sich, wie die Schneiderin Aspis Leonora das aubte, jemand noch dort „befindet" und zu ihr eschickt werden könnte. Sie hat wohl in ihrem Leben nichts mehr vom Schicksal ihres Sohnes erfahren. Denn 18 Monate später, am 3. November 1943, wurde sie zusammen mit allen anderen 15000 Juden in der Többens-Fabrik Poniatowa erschossen. Man nannte diesen Tag das „Erntefest". Die Ernte fuhr Walter Többens nach Hause. Tausende Maschinen und ein paar Millionen Mark. Damit baute er sein kleines Textilgeschäft in meiner Heimatstadt Vegesack zu einem großen Textilgeschäft aus. Aber das weiß ja niemand. Und hier in Warschau in der Prosta-Straße weiß es auch niemand mehr. Keine Tafel steht am Haus, nur das Nummernschild „Prosta 2/14". Es ist eines der Schilder, deretwegen ich tagelang durch das Getto laufe. Oder sollte man es besser vergessen?

Zwei Straßen weiter ist die Krochmalna. Hier ist einmal ein Nobelpreisträger zur Schule gegangen. Isaac Bashevis Singer: „Unsere Wohnung in der Krochmalna 10 hatte einen Balkon, auf dem ich oft viele Stunden stand und nachdachte . . . Die Häuser hier schienen noch höher als anderswo zu sein. Das Gedränge, Gestoße und Geschrei erinnerten mich an das Feuer, das ich einige Wochen zuvor in Radzymin gesehen hatte, und ich glaubte felsenfest, hier in Warschau sei auch ein Feuer ausgebrochen . . ." Zehn Jahre seines Lebens hat Isaac Bashevis Singer in der Krochmalna gewohnt, ist dort in den Cheder gegangen, die jüdische Schule, hat mit 22 Jahren zu schreiben angefangen, ist zu seinem Glück 1935 nach Amerika ausgewandert. Dort hat er 1978 für seine Bücher den Nobelpreis für Literatur erhalten. Zurückgelassen auf der Krochmalna hat er eine ganze Welt, die es heute nicht mehr gibt und die er in seinen Büchern weiterleben läßt: „Es gibt Menschen auf dieser Welt, die schon als gute Menschen geboren werden. Zu ihnen gehörte Reb Ascher, der Milchmann . . . Wenn mein Vater in finanziellen Schwierigkeiten war und die Miete nicht zahlen konnte, schickte er mich zu Reb Ascher, um das Geld zu leihen. Und Reb Ascher sagte nie nein. Ohne eine Miene zu verziehen, griff er in seine Hosentasche und holte eine Handvoll Geldscheine und Silbermünzen hervor. Doch beschränkte er sich nicht nur darauf, meinen Vater zu unterstützen. Er gab nach allen Seiten.

DER **TOD** HATTE **EIN** **GESICHT**

Dieser einfache Jude, der sich mit großer Mühe durch ein Kapitel der Mischna quälte, lebte sein Leben lang auf der höchsten ethischen Stufe. Was andere predigten, setzte er in die Tat um . . . Ich weiß nicht, ob er die Besetzung Warschaus durch die Nazis noch erlebt hat. Wahrscheinlich ist er vorher gestorben. Aber es waren Juden wie er, die in die Vernichtungslager geschleppt wurden. Mögen diese Erinnerungen ein Denkmal sein für Ascher und für Menschen wie ihn, die wie Heilige lebten und als Märtyrer starben."

Wer denkt heute noch an Reb Ascher? Wer an Isaac Bashevis Singer, der 87 Jahre alt wurde und am 24. Juli 1991 starb? Die Krochmalna Nummer 10 ist jetzt Teil eines Hochhauses mit vielen Wohnungen. Plattenbau. Das Haus, das dem kleinen Singer hoch zu sein schien, noch höher als anderswo, hatte damals fünf Stockwerke. Heute hat es sechzehn.

Ein älterer Herr fragt mich freundlich, wen ich hier suche. Singer, sage ich. Singer? fragt er. Ja, den Nobelpreisträger. Er schüttelt den Kopf. Erzählt mir, daß er hier an der Ecke Krochmalna und Waliców seit 21 Jahren wohnt, als die Hochhäuser fertig waren. Sie wurden zwischen 1968 und 1970 gebaut. Der Herr ist Pensionär, war früher im Außenhandel tätig, viel im Ausland, in Wien, in Frankfurt, in Hamburg, in Düsseldorf. Er ist herumgekommen, kennt die Welt. Singer, sagt er, habe ich nie gehört. Nobelpreisträger soll er sein? Ja, antworte ich. Der Jude Singer. Ach so, sagt er. Er ist nicht unfreundlich, zieht höflich seinen Hut und geht dann.

Hinter dem Haus, das damals hier stand, hat man den ersten Verhungerten gefunden. „Jemand aus der Krochmalna-Str. ist heute im Hof vor Hunger gestorben", notierte Adam Czerniakow am 5. April 1940 in sein Tagebuch. Ein Jahr später hätte er einzelne Verhungerte gar nicht mehr notieren können. Da starben jeden Tag 150 Menschen auf der Straße.

Auf einmal findest du doch noch einen jüdischen Namen an einem Geschäft: Doppelstejn. Ein Getränkeladen in der Chłodna Nummer 18. Diesen Ort hast du sicher schon einmal auf alten Fotos gesehen: Erinnerst du dich an die menschenvolle Holzbrücke, über die man von einem Teil des Gettos zum anderen gelangen konnte? Vom großen ins kleine Getto? Di Brücke führte nicht über eine Bahn oder über ei Wasser, sie führte über andere Menschen. Obe Juden, unten Nichtjuden. Viele Jahre später hat ein Warschauer Jüdin, die sich mit dem falschen Name Krystyna Zywulska retten konnte und die jetzt al Schriftstellerin in Düsseldorf lebt, in ihrem Buc „Tanz, Mädchen" diese Brücke beschrieben: „Unte der Brücke fließt kein Fluß. Unter ihren Böge wimmelt es von einer Art Menschen, die verschiede sind von allen anderen. Der Kontrast, der zwische der Welt besteht, die von der Brücke geteilt wird, un denen, die unter ihr wohnen, ist ebenso schrecklic wie absurd . . . Ich bleibe stehen. Wir beugen uns beid über das Geländer, sehen in die Tiefe, als sähen wi dem reinen Wasser eines fließenden Baches nach Unten tut sich nichts Besonderes. Und gerade das is das Besondere. Da sind zwei solide aussehend Herren. Sie erzählen sich etwas. Einer sieht auf di Uhr, sie beschleunigen ihre Schritte. Am Kios kaufen sie eine Zeitung. Eine Kirchturmuhr schlägt.

Das war hier, wo Doppelstejn heute Getränk verkauft und wo gerade jetzt die Kirchturmuh wieder schlägt. Neben Doppelstejn ein Haus mit eine schönen Jugendstilfassade, die in all der Zerstörun erhalten geblieben sein muß und gerade gestriche wird. Unten jedenfalls, aus Geschäftsgründen, den hier ist eine *Apteka*, eine Apotheke. In diesem Hau hat Czerniakow gewohnt bis zum 23. Juli 1942, als e seinen letzten Brief schrieb: „Sie verlangen von mi mit eigenen Händen die Kinder meines Volke umzubringen. Es bleibt mir nichts anderes übrig, als z sterben." Er vergiftete sich mit Zyankali im Büro de Jüdischen Gemeinde.

Du gehst und gehst und gehst. Tagelang könntest d durch die Geschichte des Gettos gehen, die ein Geschichte der Menschheit ist und der Unmenschlic keit. Hier an der Ecke der Mordechaja Anielewicz die früher die Gesia hieß, und der Zamenhofa, d haben die Juden Jakub Lejkin erschlagen. Das war a 29. Oktober 1942 und die Rache dafür, daß diese Mann, der einmal Rechtsanwalt gewesen war, a stellvertretender Leiter des jüdischen Ordnungsdie

Hier, vor dem Gettodenkmal in der Zamenhof-Straße, beugte Willy Brandt das Knie. Doch wer von uns kennt noch die Namen der jüdischen Helden des Widerstands, wer erinnert sich an sie?

NIEMALS DÜRFEN WIR **VERGESSEN**

tes mit den Deutschen zusammenarbeitete. Er rganisierte die Deportationen nach Treblinka. Nur iner von denen, die bei dem Totschlag dabei waren, t am Leben geblieben: Bolek, der jüdische Leichen-äger. Er lebt heute in Lübeck vom Handel mit pielautomaten: „Ich wohnte Zamenhofa 38, gegen-ber der letzten jüdischen Gemeinde von Warschau. uch die jüdische Polizei hatte ihr Büro genau egenüber. Ich war dabei, als ein Verräter von der idischen Polizei exekutiert wurde. Lejkin hieß der. r wohnte Ecke Gesia und Zamenhofa."

n der Zamenhofa, benannt nach dem Erfinder des speranto, dem Augenarzt Dr. Ludwig Lazarus amenhof, findest du heute wohl keinen Juden mehr. lier steht das große Denkmal für die Opfer des ettos, vor dem Willy Brandt niedergekniet ist. Seit em 19. April 1988 – es hat 45 Jahre gedauert – stehen ier auch Gedenksteine für die jüdischen Helden: für lordechai Anielewicz, Arie Wilner, Frumka Plotnik-a, Janusz Korczak, Itzhak Katzenelson. Kennst du re Namen? Korczak vielleicht, der mit seinen idischen Waisenkindern ins Gas von Treblinka ging. atzenelson vielleicht, dessen Lied du gehört hast: Auf dem Wagen liegt das Kälbchen, liegt gebunden it dem Strick ... Donai, Donai, Donai". Aber die nderen? Frumka Plotnicka zum Beispiel wirst du aum kennen. Sie war die Tochter eines reichen aufmanns aus Plotnick in der Nähe von Pinsk. Mit rer Schwester Chana brachte sie Botschaften aus en verschiedenen Gettos. Legendäre, todesmutige chwestern. Nun steht dort der schwarze Syenitstein it Frumkas Namen. Mit weißer Farbe quer darüber holprigem Deutsch, „Jude zum Gas". Als ob sie icht längst tot wäre: Erschossen wurde sie 1943 bei inem Kampf im Getto von Będzin. Zwanzig solche hwarzen Steine. Und auf vielen Hakenkreuze. Sie ihren zum „Umschlagplatz" an der Stawki-Straße. lier war der Danziger Bahnhof, und hier wurden amals die Menschen in Waggons gepfercht zum ransport nach Treblinka. Von dort kamen die Züge er zurück. Jahrzehntelang nach dem Krieg stand auf em Umschlagplatz eine Tankstelle. Die vier abgesäg-n Anschlüsse der Zapfsäulen sind noch zu sehen.

Umschlagplatz: Fünfhunderttausend sollen von hier ins Gas transportiert worden sein. Fünfhunderttausendmal dieses Gesicht. Und andere Gesichter. Verschwunden hinter einer Zahl?

Seit 1988 immerhin gibt es hier ein Denkmal: Ein schmaler Durchgang zu einer Marmorwand. Hier mußten sie durch auf dem Wege vom Leben zum Tod. Auf der Wand stehen Namen. Man kann keine halbe Million Namen auf einer Wand unterbringen. So stehen hier symbolisch 400 jüdische Vornamen. Dawid, Mordechai, Natan, Itzhak, Blumel, Deborah. Quer darüber ein Hakenkreuz und mit weißer Farbe „Juden". Als müßten sie noch einmal getötet werden.

Ein Sträßchen biegt von der Zamenhof-Straße ab, die Nalewki. Aus dem Haus Nummer 9 dröhnt laut das Radio: eine katholische Messe. Hier sind damals die ersten 53 Juden gestorben. Sie waren von den Deutschen als Geiseln genommen worden, um eine Kontribution von 300000 Zloty einzutreiben. Als das Geld nicht rechtzeitig abgeliefert worden war, schrieb Adam Czerniakow in sein Tagebuch: „28. XI. 39. Dr. Kluge verkündete, daß die 53 Bewohner der Nalewki-Straße 9 erschossen wurden. Nähere Angaben über den Ort, an dem sie beerdigt wurden, lehnte er ab (9 Uhr morgens). Um 11 Uhr die Familien in der Gemeinde ... Im Beisein eines Ratsmitglieds rief ich sie herein ... Eine schwer zu beschreibende Szene. Danach außer der Reihe immer wieder ein anderes Opfer. Dann Verwünschungen an meine Adresse. Um halb 2 verließ ich die Gemeinde. Die Opfer klammerten sich an die Droschke. Was hätte ich denn für sie tun können?"

Geh ein paar Schritte weiter, und du kommst zum Zygelboim-Platz. Weißt du, wer Szmul Zygelboim war? Ein Jude, im Dezember 1939 aus Polen nach London entkommen. Von dort versuchte er, den Kampf gegen die Judenmörder zu organisieren. Mit wenig Erfolg. Als die freie Welt dem Tod seiner Schwestern und Brüder im Getto so apathisch zusah, schrieb er am 11. Mai 1943 einen Abschiedsbrief an Władysław Raczkiewicz und an Władysław Sikorski, die Repräsentanten der polnischen Exilregierung in London: „Hinter den Mauern des Warschauer Gettos rollt jetzt der letzte Akt einer Tragödie ab, die in der Geschichte ohne Beispiel ist. Gewiß tragen die Mörder im Grunde genommen selbst die Verantwortung für die Ausrottung des gesamten polnischen

Die Grenzen des Gettos im September des Jahres 1941. Die grauen Linien kennzeichnen das heutige Straßennetz

Judentums; indirekt aber erstreckt sich diese Verantwortung auch auf die übrige Menschheit, auf die Völker und Regierungen der Alliierten, denn sie haben nicht einmal den Versuch unternommen, solche Verbrechen zu verhindern oder ihnen ein Ende zu bereiten. Indem sie unbeteiligt zuschauten, wie hilflose Millionen gemarterter Kinder, Frauen und Männer ermordet wurden, haben sich diese Nationen auf die gleiche Stufe mit den Verbrechern gestellt ... Ich kann aber auch nicht weiterleben, wenn dort noch der Rest des polnischen Judentums, zu dem zu gehören auch ich die Ehre habe, umkommt ... Ich hoffe jedoch, daß mein Tod vielleicht dazu beitragen wird, jene aus ihrer Lethargie wachzurütteln, die selbst jetzt – im letzten Augenblick noch – vermöchten, die wenigen noch in Polen am Leben gebliebenen Juden zu retten." Heute erinnert dieser kleine Park an ihn. Viele jüdische Straßen- und Parknamen gibt es ja in Warschau nicht.

Auf dem Zygelboim-Platz wird die Kanalisation erneuert. Man kann hineinsehen in den Untergrund, eine schmale Leiter führt vom Kanaldeckel zum Schacht. Da sind sie damals hineingeklettert in den stinkenden Schmutz, die jüdischen Kämpfer. Haben Gewehre und Molotow-Cocktails von der arischen Seite ins Getto geholt. Jürgen Stroop, der Katasterbeamte aus Detmold, meldete darüber am 20. April 1943 in einem Fernschreiben nach Berlin: „Es wurde der Aufenthalt von Juden in der Kanalisation festgestellt. Die vollkommene Unterwassersetzung wurde durchgeführt, damit Aufenthalt unmöglich."

Geh weiter, du kommst zur Miła-Straße. Wohnblocks wie überall. Ein hochgelegener Gedenkstein: der ehemalige Eingang zum Bunker der jüdischen Widerstandsbewegung unter der Miła-Straße Nummer 18. Hoch, so hoch lag damals der Schutt des zerstörten Gettos. Am 8. Mai 1943 entdeckten die Stroop-Truppen diesen Bunker. Zwei Stunden dauerte der Kampf. Jurek Wilner forderte alle zum gemeinsame Selbstmord auf. Als erster erschoß Lutek Rotbla seine Mutter und dann sich selbst. 24 Jahre alt war de Anführer der Juden, Mordechai Anielewicz. Ach Tage später meldete Jürgen Stroop im Fernschreibe nach Berlin: „Das ehemalige jüdische Wohnvierte Warschaus besteht nicht mehr. Mit der Sprengung de Warschauer Synagoge wurde die Großaktion un 20.15 Uhr beendet."

Du möchtest gern wissen, wo sie gestanden hat un was heute dort steht? Siehst du das Hochhaus an Bankenplatz mit den blauen Fenstern? Wo die Groß Synagoge Warschaus gestanden hat, da baut ma heute diesen Klotz. Die große jüdische Nissenbaun Foundation will in einem der vielen Stockwerke dor einen kleinen Synagogenraum einrichten. Aber so man das? Es gibt Streit in der kleinen jüdische Gemeinde Warschaus: eine Synagoge, zusammen mi Büros und Firmen, das geht nicht.

Laß uns zurückgehen zum Hotel. „Juden abtreiben" steht auf polnisch im Durchgang zum Hinterhaus i der Leszno 11, daneben ein durchgestrichener Juden stern. Auf dem Kabelkasten im Innenhof an de Leszno, Ecke Orla, genau dort, wo der deutsch Textilfabrikant Többens eine zweite Fabrik hatte haben sie einen Galgen mit Davidstern gemalt. An de Elektoralna, vorn an einem Fenster ein Hakenkreu und das Wort „Nazifront". Die Einschüsse im Mauer werk stammen noch von den damaligen Nazis. Weiß du, was Polens Staatspräsident Lech Wałęsa zu seine Entschuldigung gesagt hat, nachdem er die beide Politiker Bronisław Geremek und Adam Michni aufgefordert hatte, sich „zu ihrer jüdischen Abstam mung" zu bekennen? „Dieser eine Satz ist mir un glücklicherweise entschlüpft, als ich schon sehr müd war." Und weißt du, was Wałęsas Konkurren Stanisław Tyminski einem polnischen Reporter ge schenkt hat? Eine grellbunte Mickymaus-Puppe mi einem Minitonband. Das sagte: „Du verdammte Jude, Du Arsch!"

Das war ein Spaziergang. Magst du noch zu Aben essen? So einen Spaziergang wie heute, den hat a seinem 43. Geburtstag der Hotelier Heinrich Jöst au Langenlonsheim gemacht. Der war Amateurfotogra Er machte mit seiner Rolleiflex 140 Fotos des Gettos und diese Bilder konnte er nie in seinem Leben wiede aus dem Gedächtnis löschen. Heinrich Jöst war z dieser Zeit deutscher Feldwebel im Warschaue Vorort Praga. „Ich wollte wissen, was hinter de Gettomauer vorgeht. Vorher hatte ich von allden nichts gewußt, obwohl ich doch ein erwachsene Mensch war." Er fotografierte Straßenhändler un Leichenträger, sterbende Kinder und gut gekleidet Frauen. „Manche Händler hatten auch Lebensmitte zum Beispiel Knoblauch oder Kartoffeln, aber imme nur ein paar Stück. Auch einzelne Bündel Selleri habe ich gesehen." Er wurde nicht angebettelt, das fie ihm auf. Nicht einmal von denen, die nicht mehr lang zu leben hatten. „Es war wohl, weil ich die deutsch Uniform trug. Nach Hause habe ich von diese Erlebnissen nichts geschrieben. Ich wollte mein Angehörigen nicht in Verlegenheit bringen. Abe man denkt ja automatisch: Herrgott, was ist da eigentlich für eine Welt?"

Zum Geburtstag hatte er Freunde eingeladen. E wollte mit ihnen im Hotel Bristol essen gehen. Aber a diesem Abend schmeckte ihm nichts mehr.

GÜNTHER SCHWARBERG, *Jahrgang 1926, hat sich a Redakteur des* Stern *einen Namen gemacht mit seine Artikeln und Büchern zum Thema Faschismus (u. „Der letzte Tag von Oradour", „Der Juwelier vo Majdanek"). Er lebt in Seevetal bei Hamburg.*

Spars. Miele Trockner sucht Tätigk. in Ihrem Haush. Gehaltsvorst.: DM 40,– im Jahr.

Btx ✱ 63800 #

Nichts ist schwieriger, als gutes Personal zu finden. Wir hätten da glücklicherweise gerade jemanden für Sie – fleißig und besonders ***sparsam:*** *Einen Kondenstrockner, der nur 2,3 kWh für 5 kg Wäsche benötigt (geschleudert bei 1.400 U/min). Bei 22 Pf pro kWh und ca. 82 Wäschen kostet Sie das gerade mal 40 DM im Jahr. Stellenangebote nehmen der Fachhandel und die Fachabteilungen der Warenhäuser entgegen.*

Miele

Die Entscheidung fürs Leben.

WARUM KHOMEINI FÜ

Pluralismus oder Fundamentalismus, Rache oder Versöhnung, Hexenjagd o

Unentwegt haben wir uns in all den Jahren der Diktatur in den Kreisen der demokratischen Opposition die Frage gestellt, was nach dem Kommunismus kommen werde. Wie würden sich die Beziehungen zwischen den Regierenden, die von der Gesellschaft durch eine dicke Mauer getrennt waren, und uns gewöhnlichen Leuten gestalten, aus denen man Puppen gemacht und sie ihrer Rechte beraubt hatte?

Eine Erfahrung jener Zeit war Demütigung und Machtlosigkeit. Solche Gefühle wecken das Bedürfnis nach Rache. Oftmals haben wir uns Gedanken gemacht, wie es denn sein werde, wenn wir denen, die damals unsere Unterdrücker waren, in die Augen sehen würden. Diese Frage stand im engen Zusammenhang mit einer anderen, nämlich der strikt politischen, wie man den Kommunismus abschütteln solle.

In der ersten Phase galt es, die Methode zu bestimmen. Wie sollte man vorgehen? Sollte man sich bemühen, den Bereich der Freiheiten zu erweitern, indem man an verschiedene Gruppen und Fraktionen innerhalb der kommunistischen Partei appellierte? Oder im Gegenteil: sollte man bewußt auf diese Strategie verzichten und unabhängige Institutionen, eine Gesellschaft mündiger Bürger, aufbauen?

KOR, das Komitee zur Verteidigung der Arbeiter, entstand am 23. September 1976. Es war die erste Institution, die sich entschloß, öffentlich aufzutreten, obwohl sie vom kommunistischen Staat nicht legalisiert war. In der Grauzone zwischen stillschweigender Duldung und offener Verfolgung seitens der Machthaber konstituierte sich die demokratische Opposition.

Die Kommunisten waren eine Welt, deren Existenz wir aus ganzem Herzen ignorierten. Es interessierte uns nicht mehr, was uns die kommunistische Zensur erlaubte. Wir verließen die ehrwürdigen offiziellen Zeitschriften zugunsten unabhängiger Blätter, die primitiv auf Vervielfältigern gedruckt wurden. Es waren zwei Welten: die eine groß und mächtig; die andere schwach, unterdrückt und mit einer einzigen Legitimation versehen – dem Glauben an die Macht der Wahrheit.

Der August 1980 leitete eine neue Etappe ein. Aus kleinen Gruppen und Strukturen entwickelte sich eine Millionenbewegung, die nun plötzlich als faktisch anerkannter Widerpart dem totalitären Staat gegenüberstand. Das Zusammenleben der Welt der formalen Macht (*pays legal*) und der Welt der Landesrealität (*pays reel*) gestaltete sich unterschiedlich, bis es am 13. Dezember 1981 nach der Verhängung des Kriegsrechts endgültig zu Ende ging. Doch allein die Tatsache, daß zwischen August 1980 und Dezember 1981 diese zwei Welten zusammenleben und miteinander verhandeln konnten, brachte neue psychologische Erfahrungen mit sich.

In den ersten Jahren nach der Verhängung des Kriegsrechts wurde diese Erfahrung abgelehnt. Die Rhetorik der kommunistischen Macht wurde auf aggressive Weise repressiv, die der Opposition manichäisch-moralistisch. Die Kommunisten sahen in den Solidarność-Leuten die Verkörperung von Anarchie, Destruktion und fremden Spionagediensten. Die Untergrundbewegung sah in der kommunistischen Macht moralisches Übel, nackte Gewalt und sowjetisches Mandat. In dem Streit, wie weit sich das kommunistische System reformieren lasse, hatten schließlich die Panzer das letzte Wort gehabt.

Ein Dialog war nicht mehr möglich. Es begann eine lange und harte Zeit, in der es im Untergrund fortzubestehen galt.

Der Streit um den Ausweg aus dem Kommunismus ging jedoch weiter. Es war nämlich ein Streit darum, ob es ausschließlich die Perspektive eines revolutionären Wandels und der Konfrontation zweier Gewalten, der staatlichen und der revolutionären, gebe, oder ob auch ein Szenario evolutionärer Umgestaltung denkbar sei, wonach stufenweise demokratische Grundsätze auf dem Wege von Kompromissen wiederhergestellt werden könnten. Die, die an einen Kompromiß glaubten, mußten gleichzeitig voraussetzen, daß die Urheber des Kriegsrechts fähig sein würden, die eigene Vergangenheit zu leugnen. Die, die an keine Kompromisse mit den Kommunisten glaubten, mußten wiederum annehmen, daß es früher oder später zu einer Konfrontation kommen würde, in der die Gewalt entscheiden würde.

Ich persönlich glaubte nicht an die Möglichkeit eines Kompromisses mit der Mannschaft, die in Polen das Kriegsrecht verhängt hatte. Ich war der Ansicht, daß sie zurücktreten müsse, um den Ausgangspunkt für einen positiven Wandel zu schaffen. Deshalb griff ich besonders leidenschaftlich Jaruzelski und Kiszczak an, die Hauptverantwortlichen für den Militäreinsatz im Dezember 1981.

Im Frühling und Sommer 1988 kam es zu Streiks und später zu Gesprächen, die dann zum Runden Tisch führten. Der Runde Tisch war seinem Wesen nach ein großer Kompromiß, der über ein System von mühseligen Vereinbarungen den Weg zur demokratischen Umwandlung ebnete. Ich kann nur rätseln, welche Ziele die Kommunisten verfolgten. Ich vermute aber, daß die völlige

mich kein Vorbild ist

r Strich": Adam Michnik beschreibt die Bewältigung der Vergangenheit

Abgabe der Macht damals ihr Vorstellungsvermögen total überforderte. Ich nahm an den Gesprächen am Runden Tisch teil, und es war für mich offensichtlich, daß diese Gespräche die totale psychologische Feindschaft durchkreuzten, die jahrelang die Beziehungen zwischen Staatsmacht und Opposition gekennzeichnet hatten. Am Runden Tisch nahmen Menschen Platz, die einander früher nicht ausstehen konnten, aber verstanden, daß man nur durch Kompromisse und den Aufbau neuer demokratischer Strukturen im Interesse Polens weiterkam. Es erwies sich also, daß es trotz aller Feindschaft etwas Gemeinsames gab, nämlich die Sorge um den Staat und das Volk.

Für mich war das, ich gebe es zu, ein großer Schock. Ich fand, daß Jaruzelski, der ein Symbol des Kriegsrechts war und dafür die Verantwortung trug, ein beispielloses Kunststück fertigbrachte: Derselbe Mann, der Polen in die Diktatur geführt hatte, führte es jetzt am Runden Tisch auch wieder heraus. Wahrscheinlich haben der Zufall und ein Zusammentreffen von Umständen eine Rolle gespielt, aber man kann ihm auch den bewußten Willen nicht absprechen, die Politik der Panzer durch eine Politik des Dialogs zu ersetzen. Ein Kompromiß zwischen Diktatur und Demokratie mußte zu Spaltungen in beiden Lagern führen. Im Lager der Diktatur gab es Hardliner, die der Meinung waren, daß sich Polen noch auf die alte Art und Weise regieren lasse. Sie versuchten die Politik des Runden Tisches zu blockieren.

Doch auch im demokratischen Lager hielten nicht wenige allein schon die Tatsache, daß mit den Kommunisten geredet wurde, für unmoralisch und dumm.

Die Parlamentswahlen nach dem Runden Tisch brachten Solidarność einen überwältigenden Sieg. Sofort stand auch das Problem der Macht auf der Tagesordnung. Die Kommunisten waren der Ansicht, daß die Vereinbarungen des Runden Tisches die Fortsetzung ihrer Regierung bedeuteten. Die Meinungen innerhalb von Solidarność waren geteilt. Ich gehörte zu jenen, denen die Kontinuität der kommunistischen Macht absurd erschien. Ich fand, daß die Gesellschaft diese Macht abgelehnt hatte und ihr Wille respektiert werden mußte. Doch im Lager der Solidarność hielt der Streit lange an. Ich erinnere mich sehr gut an die Reaktion meiner Freunde, als ich im Juli 1989 einen Artikel unter dem Titel „Euer Präsident, unser Premierminister" veröffentlichte. Ich schlug damals vor, eine Regierung unter der Leitung eines Ministerpräsidenten aus dem Solidarność-Lager zu bilden. Staatspräsident sollte dagegen ein Vertreter der alten Ordnung werden: eine Art Pakt also für die neue Etappe der demokratischen Umwandlungen in Polen. Ein Donnerwetter ging von allen Seiten auf mich nieder. Man beschuldigte mich politischer Streitsucht und der Mißachtung geopolitischer Realien. Man warf mir vor, die einfache Tatsache nicht zu begreifen, daß der jahrzehntelang von den Kommunisten kontrollierte Machtapparat die Politik der Solidarność-Regierung unmöglich und unwirksam machen werde. Ich aber fand, daß man die Spaltung innerhalb der alten Macht vertiefen solle und versuchen müsse, all jene, die imstande seien, die neuen Umstände zu akzeptieren, zu Verbündeten der Demokratie zu machen. Ich vermute, daß ein ähnlicher Gedanke Tadeusz Mazowiecki vorschwebte, als er als erster nichtkommunistischer Ministerpräsident eine Politik proklamierte, die später als die Politik des „dicken Trennungsstriches" bezeichnet wurde. Sie wurde zum Gegenstand besonders brutaler und demagogischer Angriffe. Ich aber war Anhänger dieser Politik und bin es geblieben.

Ich denke, daß Polen so den Weg für den lawinenartigen Prozeß ebnete, der sich im ereignisreichen Jahr 1989 vollzog. Heute, zweieinhalb Jahre später, erkennt man manches klarer als damals. Die Parlamentswahlen in meinem Lande fanden am gleichen Tag statt wie ein historisches Ereignis in China: Am 4. Juni verkündeten die Polen der Welt und sich selbst, daß sie keine kommunistische Regierung haben wollten. Und an demselben 4. Juni erklärten chinesische Kommunisten der Welt und dem eigenen Volk, daß sie die mit Gewehren an sich gerissene Macht weder abgeben noch einschränken wollten, auch nicht unter dem Druck der großen Demonstrationen auf dem Platz Tiananmen in Peking.

In Polen siegte der Geist der Verhandlungen und der freien Wahlen. In China siegte der totalitäre Geist des kommunistischen Staates. Das Blut auf dem Tiananmen-Platz war ein bedrohlicher Kommentar zu dem, was in Polen geschah. Man kann die These vertreten, daß in Polen Tiananmen nicht möglich gewesen wäre und die Kommunisten auch mit dem Einsatz von Gewalt keine Chance gehabt hätten, wieder an die Macht zu kommen. Das ist ein Streit, der unentschieden bleiben muß.

Ich dachte 1989, daß der Prozeß, der sich in Polen vollzog, sein großes Vorbild im spanischen Modell des Übergangs von der Diktatur zur Demokratie hatte. Doch ich konnte mir damals auch ein anderes Szenario ausmalen, das ich „iranisch" nannte: Es wäre durchaus denkbar gewesen, daß in Polen

– nach dem Muster des alten Schah-Regimes, dem eine Macht gefolgt war, die schnell zu einer neuen Diktatur ausartete und auf Rache, Gewalt und fundamentalistischem Glauben beruhte –, ein auf religiösen Grundsätzen basierender Staat aufgebaut werden würde. Das „iranische Modell“ hieß eine Revolution von konservativem Charakter, quasi nach bolschewistischem Vorbild. Iran hatte seinen Streit um den „dicken Trennstrich“ erlebt, und die islamischen Fundamentalisten hatten gesiegt. Der spanische Weg zur Demokratie setzte dagegen voraus, daß sich *alle* politischen Kräfte auf gemeinsame Spielregeln einigten. So hatte man dort blutigen Abrechnungen vorgebeugt und allen, die sich der demokratischen Ordnung anpassen wollten, diesen Weg auch anstandslos ermöglicht.
Ein großer spanischer Schriftsteller, einst Kommunist und Konspirator, später ein Mann der Linken und Kulturminister, Jorge Semprun, meinte, daß für eine totalitär regierte Gesellschaft der *einzige* Weg zum normalen Leben über den Versuch führt, einen politischen Schlußstrich unter den heißen und kalten Bürgerkrieg zu ziehen. Es gab einfach keine andere Wahl. Spanien, das einen blutigen Tribut gezahlt hatte, mußte das Prinzip akzeptieren, daß nun Menschen miteinander lebten, die sich früher gegenseitig umgebracht hatten. Es mußte ausdrücklich gesagt werden, daß der Krieg nun zu Ende sei. Trotzdem gab es natürlich Leute, die mit Hilfe von Terror und militärischen Verschwörungen die alte Franco-Ordnung wiederherstellen wollten. Ein Kompromiß bedeutet nämlich stets, daß alle, die aus der Diktatur ihre Daseinsberechtigung ableiten, den Boden unter den Füßen verlieren.
Ich fürchtete natürlich, daß auch in Polen, im Militär und im Sicherheitsapparat, Leute zu Wort kommen könnten, die sich mit dem Ende des Kommunismus nicht abgefunden hätten. Ich hatte Angst, daß diese frustrierten, verunsicherten und bewaffneten Gruppen für die junge Demokratie gefährlich werden könnten.

Mir war es vorstellbar, daß sich die Kommunisten in den bestehenden Strukturen auf die Lauer legen würden, um bei günstiger Gelegenheit erneut nach der Macht zu greifen. Manche, die ähnliches fürchteten, schlugen daher scharfe Angriffe auf die Leute der alten Strukturen und Säuberungsaktionen vor. Immer lauter wurden auch Stimmen, die das Bedürfnis nach Abrechnung betonten. Es kamen Thesen über die „unvollendete Revolution“ und die Notwendigkeit einer „Beschleunigung“ auf. Es tauchte das Gerücht auf, daß es eine Verschwörung der „Rosaroten“ mit den „Roten“, also der Anhänger des „dicken Striches“ mit den ehemaligen Kommunisten gebe. Absurde Verschwörungstheorien machten die Runde, zynische Manipulationen des menschlichen Bewußtseins. In der Popularität solcher Thesen spiegelte sich der pathologische Moralismus aus der Zeit des Kriegsrechts wider. Damals war Politik eine Sache moralischer Schwarzweißmalerei: Engagierte man sich für die Konspiration, so erklärte man sich für das moralisch Gute und gegen das moralisch Böse. Gut war Solidarność, böse die Kommunisten.
Nun kehrte man in einer ganz veränderten Lage wieder zum alten Schema zurück. Statt nach Kompromißstrategien für den Aufbau der Demokratie zu suchen, lebten die alten – und übrigens durchaus verständlichen – Ressentiments wieder auf. Wieder einmal zeigt sich: Die Erinnerung erwies sich als stärker als die Hoffnung.
Und die Kommunisten? Ein großer Teil der Nomenklatura-Apparatschiks machte jetzt Geschäfte. Ich hielt das insofern für eine positive Entwicklung, als in dem Marktwirtschaft genannten Spiel diese Leute nun den Weg ins normale Leben wiederfinden konnten. Natürlich hatten viele ihr Vermögen auf unehrliche Weise angehäuft, doch das einzige Mittel im Kampf gegen Unehrlichkeit sind in einem Rechtsstaat Rechtsverfahren. Deshalb hielt ich daran fest, daß niemand allein wegen seiner Zugehörigkeit zur alten Nomenklatura diskriminiert werden dürfe, wenn man ihm nicht beweisen könne, daß er Straftaten begangen und das Recht gebeugt habe.
Die Gegner des „dicken Striches“ behaupteten das Gegenteil: Das größte Übel seien Nomenklaturafirmen, die Kommunisten ermöglichten, in Wohlstand zu leben und ihren Einfluß zu bewahren. Denen es damals schlecht ging, ginge es heute noch schlechter, und die, denen es gut ging und die für den Verfall der polnischen Wirtschaft verantwortlich seien, lebten heute im Überfluß! Da man mit dieser Ungerechtigkeit im Rahmen normaler Rechtsverfahren nicht fertig würde, sei ein Gesetz gegen die Kommunisten notwendig! Und so schlugen ausgerechnet die unerbittlichsten Antikommunisten vor, sich eines rein bolschewistischen Instruments zu bedienen: Das Prinzip, eine gewisse Kategorie von Menschen zu entrechten, ohne ihnen ihre Schuld zu beweisen, wurde im Rußland der Revolution bei den sogenannten „Lischenze“ angewandt. Dies waren Leute des früheren Regimes, denen im Staat des siegreichen Proletariats die Bürgerrechte aberkannt wurden.
Wohin würde die „Kommunisten-raus“-Idee führen? Sie würde zu einem Instrument im Kampf um die Macht werden. Sie würde es nämlich erlauben, Staatsämter weiterhin ungestraft nicht nach Kompetenz, sondern nach Zugehörigkeit zu der politischen Gruppe zu besetzen, die gerade an der Macht ist. Es würde reichen, sich als ehemaliger Oppositioneller oder eifriger Katholik zu erklären, um ein besserer Kandidat für ein Amt zu werden als der Nachbar, der Mitglied der PVAP, der kommunistischen Partei, war. Über Kompetenz müßte dabei nicht gesprochen werden.
Diese Idee wird jetzt dazu benutzt, die Anhänger des „dicken Striches“ als angebliche Nomenklatura-Beschützer anzugreifen. Die Bevölkerung, dem plötzlichen Schock der neuen

Marktwirtschaftsregeln ausgesetzt, sucht nach Schuldigen. Es war nicht schwer, den Leuten einzureden, daß dies die regierenden Anhänger des „dicken Striches“ seien, die die Prominenten von gestern und ihre Privilegien beschützten und viele in Armut leben ließen. Man versuchte, populistische Aggressionen gegen Reiche als antikommunistische Emotionen darzustellen. Ich glaube nicht, daß so was auf die Dauer funktioniert. Denn der Markt ist kein System, das Gleichheit und Gerechtigkeit verspricht. Der Markt verspricht Kreativität, Effektivität und Chancenreichtum. Doch die fehlende Gleichheit empfanden die Polen als ihnen persönlich zugefügtes Unrecht. Besonders benachteiligt fühlten sich die Arbeiter der großen Industriebetriebe, die Hochburgen der Solidarność waren. Sie hatten mit ihrem Kampf den Weg für die demokratische Wende geebnet.

Doch gerade diese Arbeiter, die in ineffektiven und zur Pleite verurteilten Unternehmen beschäftigt waren, fielen nun dem Systemwandel zuerst zum Opfer. Man suchte also nach Schuldigen und verwies hartnäckig auf die Anhänger des „dicken Striches“, die es nicht zuließen, daß politische Jagden auf kommunistische Hexen veranstaltet wurden.

Die Verteidiger des „dicken Striches“ verfochten zwei fundamentale Grundsätze: erstens das Prinzip, auf Rache und Haß den gestrigen Feinden – den Kommunisten – gegenüber zu verzichten, und zweitens das Prinzip des Rechtsstaates, in dem jeder, der ein Vergehen begangen hat, bestraft werden muß, doch einer, dem nichts bewiesen worden ist, nicht diskriminiert werden darf.

Für die Anhänger des „dicken Striches“ war klar, daß ein Führungswechsel stattfinden mußte. Offen blieb jedoch die Frage nach dem Wie dieses Wechsels: Sollte er denn nur darauf beruhen, daß an die Stelle der Kandidaten, die nach einer politischen Couleur eingesetzt wurden, nun andere treten, die nach einer neuen politischen Couleur eingesetzt werden?

Alle, die vom Kommunismus verfolgt wurden, meldeten sich jetzt zu Wort und forderten Wahrheit und Gerechtigkeit, Wiedergutmachung und finanzielle Entschädigung. Zählen wir einige Themen auf. Der Streit um die Reprivatisierung: Sollte man Fabriken und Land den früheren Besitzern zurückgeben? Wenn ja: ab welchem Stichdatum? Das Problem der Abrechnung: Wie viele Leute im Machtapparat waren gestern Agenten der Geheimpolizei? Auf diese Weise wurde viel Angst ausgelöst, und zwar nicht nur vor Gegenwart und Zukunft, sondern auch vor der Vergangenheit.

Als besonders schwierig und kompliziert entpuppte sich dabei das Spitzelproblem – eine von diesen Streitfragen, die wohl immer offen bleiben werden. Denn die Öffentlichkeit hat natürlich das Recht zu wissen, ob der Kandidat für einen Abgeordnetensitz eine reine Weste hat oder als geheimer Mitarbeiter erpreßbar für Menschen des alten Regimes sein könnte. Dramatisch ist dabei jedoch, daß sich heute keine redliche Liste von Spitzeln mehr erstellen läßt.

Der „dicke Strich“ war ein Versuch, nicht zuzulassen, daß das politische Leben zu einer permanenten Jagd auf tatsächliche oder angebliche Agenten des Sicherheitsapparates wurde. Der „dicke Strich“ war auch das politische Streben, eine demokratische Ordnung aufzubauen, ohne nach hinten zu blicken. Zwar blickt man immer zurück, wenn man sein ganzes Leben und sich selbst verstehen möchte, unabhängig von der Philosophie des „dicken Striches“. Es geht jedoch um das Größenverhältnis.

Große gesellschaftliche Umwandlungen, und eine solche ist der Weg vom Kommunismus zur Demokratie zweifellos, haben ihren Preis. Die Philosophie einer radikalen Revolution hat auch ihren Preis, nämlich Gewalt, Unrecht und Rache, denen nicht unbedingt die Schuldigsten zum Opfer fallen. Ihren Preis hatte auch die Evolution, die nach dem Prinzip des „dicken Striches“ durchgeführt wurde. Der Preis war, daß viele Schuldige nicht ermittelt wurden, daß man sie nicht beim Namen nannte und daß sie nicht bestraft wurden.

Es bleibt also zu fragen, welche von diesen Strategien sich für Polen als lohnender erwiesen hat. Ich persönlich hege keinen Zweifel daran, daß der „dicke Strich“ es den Polen erlaubte, die ersten zwei Jahre der demokratischen Ordnung ohne gewaltige Haßexplosionen zu überstehen. Diese Philosophie der Öffnung wird ein fester Beitrag Tadeusz Mazowieckis und seiner Mitarbeiter zum Aufbau eines toleranten Polen bleiben.

Ich ging vor kurzem auf dem Tiananmen-Platz spazieren. Die Menschen, von denen es dort wimmelte, können doch das blutige Massaker vor zwei Jahren nicht einfach vergessen haben? Ich dachte darüber nach, was mit den Leuten geschehen wird, die heute China regieren. Ich dachte an solche Männer wie Ceauşescu, Schiwkoff, Janajew und die Prominenten der kommunistischen Tschechoslowakei, die heute im Gefängnis sitzen, und ich dachte an ungarische und polnische Kommunisten, solche wie Pozsgay und Jaruzelski, die selbst daran teilnahmen, einen Weg zur Demokratie zu bauen, und die darum heute ohne Angst durch die Straßen ihrer Städte gehen können.

Es stimmt, daß sie durch den Mechanismus des „dicken Striches“ beschützt wurden. Er sollte die Zeit, in der ein Oppositioneller einfach vernichtet wurde, von einer Zeit trennen, in der der Dialog mit der Opposition ein natürlicher Bestandteil des politischen Lebens ist. Gewalt zieht Gewalt nach sich. Haß gebärt Haß. Rache gebärt Rache. Der „dicke Strich“ sollte diesen Teufelskreis durchbrechen. Doch keine Lösung ist endgültig. Deshalb provoziert der „dicke Strich“ immer wieder Fragen und schwebt im Ungewissen.

Adam Michnik, *Jahrgang 1946, saß als führender Solidarność-Intellektueller mehrere Jahre im Gefängnis. Der Chefredakteur der Tageszeitung* Gazeta Wyborcza *ist einer der wichtigsten politischen Opinionleader Polens. Er lebt in Warschau.*

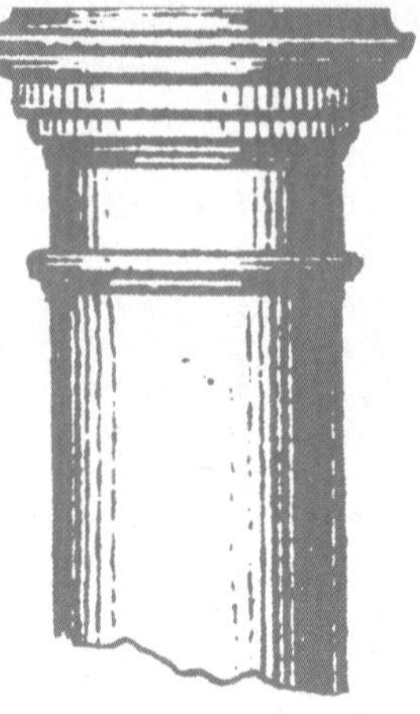

Stefan Dietrich

VOLL AUF ADEL

Vor dem Krieg gehörte ihnen das halbe Land: Polens Aristokraten, enteignet und verarmt, träumen von neuer Pracht. Tomasz Tomaszewski fotografierte sie

Xawery Krasicki weiß genau, was die Stunde jeweils geschlagen hat. „Kommen Sie auf einen Whisky?" fragt er durchs Telefon. – „Gern, ich dachte so um fünf." – „Also dann auf einen Tee", korrigiert er leicht indigniert. Unwandelbar wie die Gesetze der Physik sind die Hausregeln des polnischen Landadels, und nichts hat den 82 Jahre alten Xawery Krasicki von der strengen Beachtung der Etikette abbringen können; nicht die Verbannung aus den familieneigenen Palästen, nicht die Demütigungen kommunistischer Blockwarte und nicht der Abstieg vom begüterten Landedelmann zum kleinen Angestellten der staatlichen Fotoagentur CAF. Alles hat man ihm und seinesgleichen nehmen können, aber nicht den Stolz, mit dem er einen der klangvollsten Namen der polnischen Aristokratie trägt, und auch nicht jenes Geheimwissen um die Stunde, zu welcher am Whisky geschnuppert werden darf, den zu trinken man sich nicht mehr leisten kann.

Hinter den zugezogenen Gardinen der Dreizimmerwohnung im Warschauer Stadtteil Muranów – die böse Welt bleibt auch tagsüber meistens ausgesperrt – werden Jugenderinnerungen hervorgekramt und mit vergilbten Fotos illustriert. Schloß Guzów unweit von Warschau, ein im 19. Jahrhundert der französischen Renaissance nachempfundener Prunkbau, war vor dem Krieg die Behausung der Krasickis gewesen. Frau Krasicka, die als geborene Sobańska einem erst nach den polnischen Teilungen zu Reichtum aufgestiegenen Geschlecht entstammt, hatte es nebst einer gutgehenden Zuckerfabrik mit in die Ehe gebracht. Außer Guzów hatte man noch eine feine Adresse in Warschau und, als Sommerresidenz, ein malerisch gelegenes Krasicki-Schloß aus dem 14. Jahrhundert an der polnisch-ukrainischen Grenze.

Das schöne Leben dauerte bis zum Sommer 1944, als in Warschau der Aufstand der Untergrundarmee gegen die deutschen Besatzer losbrach und ein General von Wrede in Guzów Quartier nahm. „Den General von Wrede haben wir später in Moskau wiedergesehen", erzählt Frau Krasicka munter plaudernd, als habe es sich um ein Rencontre an der Côte d'Azur gehandelt. In Wirklichkeit fand die Begegnung in einer Dependance des NKWD-Gefängnisses Lubjanka statt. Die Sowjets hatten die Spitzen der in ihre Hände gefallenen polnischen Aristokratie gemeinsam mit ihren prominentesten deutschen Gefangenen, darunter General Friedrich von Paulus, den Verlierer von Stalingrad, inhaftiert. Von Wrede habe ihnen noch Fotos von dem Anwesen gezeigt, das er ihnen weggenommen hatte, und sein Adjutant, ein gewisser Krupp von Bohlen, habe bei ihnen regelmäßig den Zellenboden gewischt. Sehr gesprächig sei er aber nicht gewesen, bemerkt Herr Krasicki noch mit einem vorwurfsvollen Unterton.

Das schwabbelweiche Sofa, auf dem der Gast zur vorbestimmten Stunde seinen Tee mit Gebäck einnimmt, scheint unter der Last solcher Umwälzungen noch mehr nachzugeben: Eingezwängt zwischen einem kniefeindlichen Couchtisch, vollgestopften Regalen und einer wackligen Stehlampe sinke ich immer tiefer in die Untergangsszenerie ein, während Frau Sobańska-Krasicka sich für die „abscheulichen Vorfahren" an den Wänden entschuldigt. Es sind die kümmerlichen Überreste einer Ahnengalerie, die rechtzeitig vor dem Krieg bei „Onkel Sapieha", dem damaligen Erzbischof von Krakau, in Sicherheit gebracht worden waren. Die besseren Stücke haben die Krasickis längst ans Nationalmuseum verkauft, teils aus schierer Existenznot, teils weil sie sowieso durch keine normale Zimmertür mehr gepaßt hätten. Ansonsten haben die Krasickis kaum etwas gerettet. Drei Kaffeelöffel und eine Gabel sind ihre einzigen Erinnerungsstücke an Schloß Guzów, in dem heute die Verwaltung eines Staatsgutes residiert.

Jemand hat gezählt, daß bei Kriegsende auf dem heutigen Territorium Polens noch mehr als zwanzigtausend Adelspaläste bewohnbar, wenn nicht gar unversehrt waren. Fünfundvierzig Jahre später kam die Gesellschaft der polnischen Großgrundbesitzer bei einer Bestandsaufnahme auf etwa achthundert mehr oder weniger erhaltene Anwesen. Die anderen wurden geplündert, niedergebrannt, verwohnt und so lange als Steinbrüche benutzt, bis nichts mehr von ihnen da war. Insofern ist der erschütternde Zustand ehemals deutscher Rittergüter in Ostpreußen und Pommern nur Teil einer weit größeren Tragödie.

Auch die polnischen Großgrundbesitzer, zumal die aus dem Osten, können ein Lied singen von Gewalt und Vertreibung. Bei den meisten von ihnen schlug das Schicksal zweimal zu. Die Familie Plater etwa, polonisierte Nachfahren eines im 13. Jahrhundert mit dem deutschen Schwertbrüderorden nach Livland gekommenen deutschen Rittergeschlechts, wurde 1941 von den Deutschen aus ihrem Gutshof bei Kielce in Zentralpolen hinausgeworfen, durfte aber immerhin noch im Verwalterhäuschen logieren. 1945 wurden sie auch von dort verjagt. Ein Ukas der Kommunisten verbot es den enteigneten Grundbesitzern bei Strafe, sich ihren Gütern auf weniger als dreißig Kilometer zu nähern.

Teresa Plater, eine Nachfahrin jener Emilia Plater, nach der in Polen viele Straßen benannt sind, weil sie als „polnische Jeanne d'Arc" am Aufstand von 1830/31 gegen Rußland teilgenommen hatte, treffen wir in der Krakauer Gesellschaft der Großgrundbesitzer. Ihre aufrechte Haltung drückt

Gräfin Anna Branicka-Wolska wurde 1944 mit ihrer ganzen Familie in die Sowjetunion deportiert. Jetzt möchte sie zumindest einen Teil ihres väterlichen Erbes wiederhaben: den erlesenen Palast von Wilanów bei Warschau, ein etwas kleineres Versailles

Vom einst stattlichen Landsitz der Familie Dunin in Głębowice sind nur Ruinen geblieben: Das 1826 erbaute Schloß wurde nach dem Krieg zerstört. Trotzdem will Piotr Dunin wieder Besitzer werden

Stolz aus, ihre Augen leisen Argwohn. „Wozu fragen Sie mich nach den alten Geschichten", bricht es mittendrin aus ihr hervor, „die gehen doch nur mich noch etwas an. Ich kann Ihnen auch gar nichts Besonderes erzählen." Gar nichts Besonderes war es für eine behütet aufgewachsene Gutsbesitzerstochter, nach dem Krieg als Verkäuferin anzufangen und zusammen mit der Mutter und zwei fremden Familien eine Dreizimmerwohnung in Krakau zu teilen. Dank der Revolutionsheldin Emilia blieb Teresa Plater von den Nachstellungen und Schikanen verschont, denen die Zamoyskis, Potockis und andere Träger berühmter Namen ausgesetzt waren. Sie durfte das Konservatorium besuchen und fand eine Anstellung beim Chor der Krakauer Philharmonie.

Vielen ihrer Standesgenossen ist es schlechter ergangen. Jeder, der mehr als 50 Hektar sein eigen nannte – in den ehemals deutschen Gebieten lag die Grenze bei hundert Hektar – wurde per Dekret entschädigungslos enteignet. Er konnte von Glück sagen, wenn man ihn noch einen Pferdewagen mit persönlichen Habseligkeiten beladen ließ. Mehr als hundert Hektar besaßen vor dem Krieg etwa 18000 Familien; viele von ihnen erheblich mehr. Tausend Hektar waren keine Seltenheit. Einigen wenigen war es sogar gelungen, Ländereien von hundert- bis zweihunderttausend Hektar über die Zeit der Teilungen zu retten. Dabei war die Masse des Adels – und die zählte schon im 18. Jahrhundert nach Hunderttausenden – alles andere als reich. Die *Schlachta* hob sich äußerlich kaum von den freien Bauern ab. Von denen unterschied sich der Kleinadel nur durch seine Tracht, die Form seiner Häuser (war die Hütte auch noch so ärmlich, so mußte sie doch ein Säulenportal haben) und durch das Privileg, an der Adelsversammlung teilnehmen zu dürfen, die den Herrscher im alten Königreich wählte.

Das gerade machte die Besonderheit der polnischen Gesellschaft aus, daß die Zugehörigkeit zum Adelsstand nicht über den Besitz definiert wurde, sondern nur über die Herkunft. Traditioneller Kinderreichtum führte dazu, daß sich vor der Französischen Revolution fast jeder zehnte Pole zu den Wohlgeborenen zählen durfte. Mit zunehmender Verarmung der Adeligen wurde aber auch Bildung ein immer wichtigeres Mittel, sich aus der Masse herauszuheben. Wer konnte, ließ seinen Kindern eine herausragende Schulbildung angedeihen und schickte sie zu reichen Verwandten in den Westen. Das hat sich bis in die Gegenwart hinein erhalten. Fremdsprachenkenntnisse und gewandtes Auftreten trifft man auch heute noch bei den aller äußeren Attribute ihres Standes beraubten Adeligen sehr häufig an.

AUF ETIKETTE WIRD AUCH HEUTE NOCH VIEL WERT GELEGT

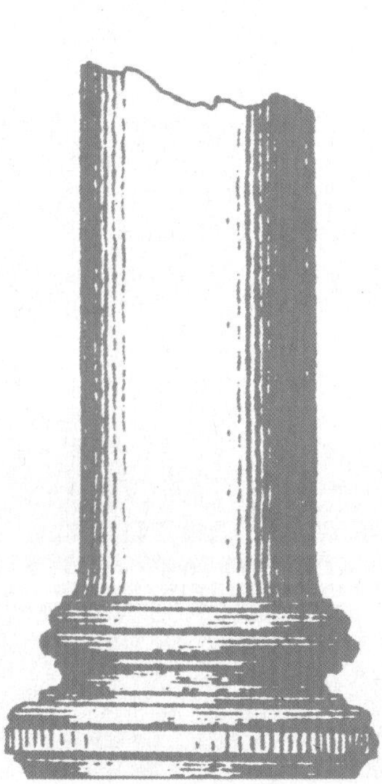

Einmal wöchentlich kommen die ehemaligen Großgrundbesitzer in einer ehemals großbürgerlichen Etagenwohnung am Rande der Krakauer Altstadt zusammen, die den Freunden der Jagiellonen-Universität gehört. Der Großteil der Mitglieder ist wie Teresa Plater im vorgerückten Alter. Man trifft sich zu Vorträgen, sucht Rat in Entschädigungsangelegenheiten und wärmt sich aneinander – eine Versammlung ehemals bunter Vögel im grauen Gefieder des Alters. Fast alle, die durch die Kommunisten enteignet wurden, haben Rückerstattung beantragt. Auch Teresa Plater erhebt Ansprüche auf ihr elterliches Gut, das heute, allen Zierrats entkleidet, von den Augustinerinnen als Blindenheim geführt wird. Nicht, daß sie daran dächte, auf ihre alten Tage dorthin zurückzukehren, wo ihre Wiege stand: Es geht ihr nur um die prinzipielle Anerkennung ihres Besitztitels. Die wenigsten glauben, daß sie tatsächlich etwas wiederbekommen. Die Regierung hat ihnen in dieser Hinsicht bisher auch wenig Hoffnungen gemacht.

Privatisierungsminister Lewandowski hat einmal grob überschlagen, was es kosten würde, die alten Besitzverhältnisse wiederherzustellen und kam auf elf Milliarden Dollar. Gäbe er den Krasickis, deren drei Anwesen wie durch ein Wunder in schützende Hände gerieten und erhalten blieben, ihr Eigentum zurück, dann müßte er zunächst die bisherigen Nutznießer abfinden, die das Geraubte in gutem Glauben vom Staat übernahmen und in seine Erhaltung investierten. Als nächstes müßten die vielen anderen Enteignungsopfer, die nur noch vor den Ruinen ihrer Kindheit stehen, zumindest finanziell für den Verlust entschädigt werden. Und was würde der Minister dann den Millionen Landsleuten sagen, die nie zu den Besitzenden gehörten, aber ebenfalls offene Rechnungen mit den Kommunisten haben und mit gleichem Recht nach einer Kompensation für zerstörte Karrieren, entgangenes Lebensglück und behördliche Drangsalierungen verlangen? Die Regierung jedenfalls kam zu dem Schluß, daß eine Rückgabe enteigneter Güter nur in Ausnahmefällen möglich sei und symbolische Entschädigung nur dort gewährt werden könne, wo die Kommunisten gegen ihre eigenen Willkürgesetze verstießen, denn auch das gab es.

Desydery Chlapowski ist da anderer Meinung. Was der Staat enteignet und behalten habe – nicht das unter die Bauern aufgeteilte Land –, das müsse er jetzt wieder herausgeben, wenn es mit rechtsstaatlichen Dingen zugehen solle, sagt der Regionalvorsitzende der Krakauer (Ex-)Großgrundbesitzer. Solange sich die Regierung um eine klare Entscheidung in der Eigentumsfrage herumdrücke, kämen auch die ausländischen Investoren nicht ins Land,

Xavery Krasicki, aus edelstem polnischen Hochadel, lebt heute in einer Warschauer Dreizimmerwohnung. Von all seinen Gütern hätte der 82jährige Graf nur eines gern wieder: Schloß Lesko im Südosten Polens

Eine Hochzeit in Weiß auf dem früheren Landsitz ihrer Familie wünscht sich die 20jährige Kunststudentin Aba Rudzińska: Das im maurischen Stil erbaute Schlößchen aus dem 18. Jahrhundert in Osiek bei Krakau ist vernachlässigt, doch vergleichsweise gut erhalten

argumentiert Chlapowski, der ein Jahr vor dem Krieg als frischgebackener Jurist die Verwaltung des väterlichen Guts bei Posen übernommen hatte und vor einigen Jahren als Ingenieur in einem staatlichen Werk für Kunstdiamanten aus dem aktiven Berufsleben ausgeschieden ist. Das Leben seines Vaters beendete ein deutsches Erschießungskommando wenige Tage nach der Einnahme Polens. Sein Gut sah Chlapowski später als biologische Versuchsstation der Akademie der Wissenschaften wieder. Bekäme er es zurück, würde er es gern an die Akademie weiterverpachten. Der Leiter der Versuchsstation, Professor Wolski, hat größtes Verständnis für seinen Freund Chlapowski, da er in einer ähnlichen Lage ist. Durch seine Frau, eine gebürtige Branicka, ist er rechtmäßiger Erbe des Schlosses Wilanów in Warschau, das mit seiner Gemäldegalerie und den Parkanlagen im französischen und englischen Stil zu den größten Touristenattraktionen der polnischen Hauptstadt gehört.

Dieser Fall hat in Polen mehr Staub aufgewirbelt als irgendein anderer, besonders nachdem Frau Branicka-Wolska sich hinter den Staatspräsidenten Wałęsa geklemmt hatte, um einen Teil ihrer früheren Liegenschaften in der Umgebung des barocken Lustschlosses wiederzubekommen. Wałęsa stimmte der langjährigen Solidarność-Aktivistin spontan zu und fertigte nach Gutsherrenart ein Billett aus, in dem die zuständige Behörde angewiesen wurde, Frau Branicka-Wolska die gewünschten Objekte zu überlassen. Einem kleinen Bezirksangestellten der Stadt Warschau blieb es vorbehalten, den Staatspräsidenten darauf hinzuweisen, daß er sich über das geltende Recht nicht ohne weiteres hinwegsetzen könne, auch wenn es von den Kommunisten geschaffen worden sei. Für den Spott brauchte die Geschädigte nach diesem Reinfall nicht mehr zu sorgen. Auf einmal wurde sie öffentlich daran erinnert, daß die Branickis im 19. Jahrhundert nur durch Willfährigkeit gegenüber der russischen Teilungsmacht zu Reichtum und in den Besitz des ehemals königlichen, von dem „Türkenschlächter" Jan Sobieski erbauten Schlosses gekommen seien. Und hatte nicht Frau Branicka-Wolskas Vater vor dem Krieg Stücke aus dem Fundus von Wilanów zwecks Geldbeschaffung verscherbelt? In den Augen des heutigen Museumsdirektors hat sich die Familie damit nicht nur rechtlich, sondern auch moralisch als Treuhänder nationaler Kulturgüter disqualifiziert.

Gerade den großen Familien bläst der Wind der öffentlichen Meinung ins Gesicht, und das ist nicht nur eine Folge von 45 Jahren kommunistischer Indoktrination. Die Historiker haben über die Magnaten, die Oberschicht der besitzenden Aristokratie, schon im vorigen Jahrhundert ein vernichtendes Urteil gesprochen. Es lautete nicht ganz zu Unrecht auf „schuldig am Untergang Polens". Daß die Magnaten alles daransetzten, ein starkes Königtum in ihrem Lande zu verhindern, während ringsherum in Preußen, Rußland und Österreich der Absolutismus aufblühte; daß sie sich und ihr Land um materieller Vorteile willen in zunehmende Abhängigkeit von auswärtigen Mächten brachten und daß sie Staat und Recht wie Privateigentum behandelten, wird ihnen bis heute angekreidet. Während der kleine und mittlere Adel aktiv an den polnischen Aufständen im 19. Jahrhundert und auch am Widerstand im Zweiten Weltkrieg beteiligt war, lieferte die Hocharistokratie Beispiele von Wendigkeit und Beflissenheit gegenüber den Okkupanten. So war es schon vor dem Krieg verdächtig, allzuviel Besitz über die Teilungszeit hinweggerettet zu haben. Dennoch gelang es den Großgrundbesitzern, die überfällige Landreform zu verschleppen. Den 18000 Großagrariern, die mehr als 40 Prozent der polnischen Wälder und Felder besaßen, standen Hunderttausende landloser Bauern gegenüber. Daran erinnern sich die Enteigneten weniger gern. Stanisław Załuski, einer der ihren, beginnt seine Memoiren mit den Worten: „Denke ich an meine Kindheit zurück, die in der Mitte der Zwischenkriegszeit begann, so mutet mich jene Welt an wie das Land, in dem Milch und Honig fließen, ein exotisches Arkadien, in dem mein Vater die Früchte seiner Arbeit erntete und das Volk in Treue zu Gott, Vaterland und seinem Herrn lebte."

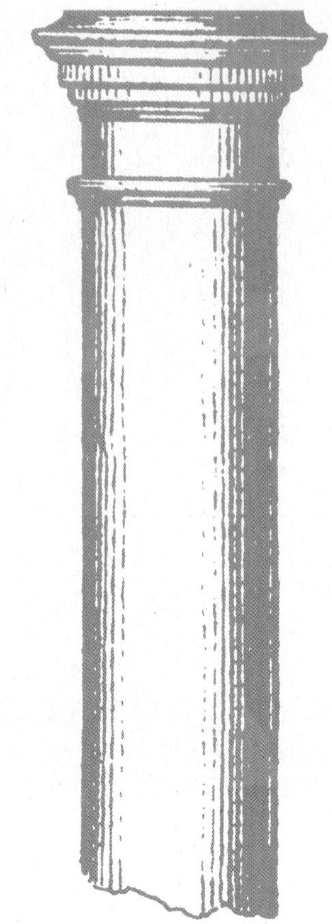

DAS MEISTE IST KAPUTT

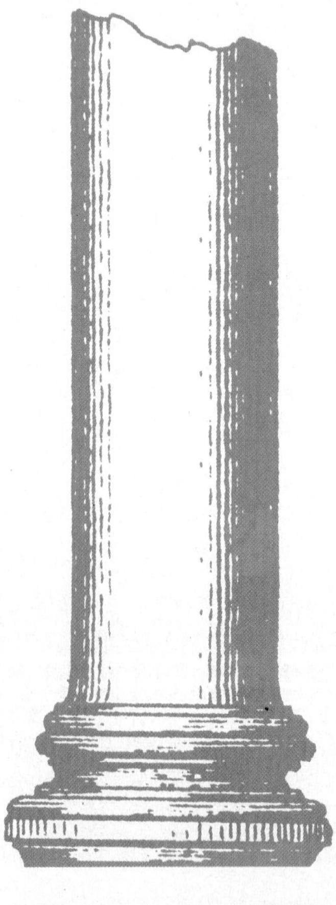

Frei von solcher Larmoyanz ist Jan Zamoyski, das 16. Oberhaupt seiner Dynastie. In achtzig Jahren hat er die Höhen unermeßlichen Reichtums – die Ländereien der Zamoyskis waren vor dem Krieg so groß wie die Flächen von Berlin, Hamburg und Bremen zusammen – und die Abgründe sowjetischer und polnischer Gefängnisse durchmessen, ohne daran zu zerbrechen. Von seinem Stand hat er keine sonderlich hohe Meinung. „Das Kapitel der Großgrundbesitzer ist abgeschlossen", stellt der Graf nüchtern fest. Die Geschichte wiederhole sich nicht.

Doch wie sie sich nicht wiederholt, ist eine historische Pointe für sich: Gewählter Bürgermeister seiner Vaterstadt Zamość, einem von seinen Vorfahren erbauten Juwel der Renaissancebaukunst im Südosten Polens, ist seit den ersten freien Kommunalwahlen vom Mai 1990 Jan Zamoyskis Sohn Marcin, das 17. Glied einer der großen Dynastien Polens.

STEFAN DIETRICH, *Jahrgang 1946, war von 1986 bis 1991 Korrespondent der* Frankfurter Allgemeinen Zeitung *in Warschau.*

Marcin Zamoyski, im Zivilberuf Kameramann und Sproß eines der reichsten Adelsgeschlechter Polens – die Familie besaß allein 170000 Hektar Grundbesitz –, ist nach Zamość, der Stadt seiner Vorfahren, zurückgekehrt: als ihr erster gewählter Bürgermeister

Fünfzig Zimmer und 2500 Quadratmeter Wohnfläche hat der Puget-Palast in Krakau. Erbe Jerzy Donimirski baut ihn jetzt in ein „Businеß Center" um. Das Kapital hat der 31jährige zum Teil als Architekt in Amerika verdient

Guido Mangold

ALLEIN DREIZEHNMAL „MANN DES JAHRES“, TRÄGER VON FRIEDENSPREISEN UND EHRENDOKTORHÜTEN, IST DER STAATSPRÄSIDENT LECH WAŁĘSA – AUCH „UNSER LECHU“ GENANNT – DIE JAHRHUNDERTFIGUR AN DER SPITZE SEINES LANDES

DER GROSSE ELEKTRIKER

EINE HOMMAGE VON MIECZYSŁAW F. RAKOWSKI

Er ist Doktor honoris causa von mindestens 17 Hochschulen: In Frankreich haben ihm allein drei Universitäten diesen ehrwürdigen Titel verliehen, in den Vereinigten Staaten die renommierte Columbia University und die noch berühmtere Anstalt Yale. In Polen wurde unser Held von zwei Hochschulen ausgezeichnet – der Danziger Universität und der Kopernikus-Universität in Thorn. Nur die deutschen Universitäten fehlen noch auf dieser Liste solch ehrenvoller Donationen.

Der Mann bekam vier Friedenspreise: die Freiheitsmedaille der USA (1981), den Friedenspreis der schwedischen Tageszeitung *Arbetet* (1981), den norwegischen Preis der Freien Welt (1982) und last not least den Friedensnobelpreis (1983). Weitere Auszeichnungen waren u. a. der Internationale Preis der Liebe und der Europäische Preis der Menschenrechte. Der Ehrentitel „Mann des Jahres“, verliehen durch große europäische und andere Zeitschriften, schmückte ihn nicht weniger als dreizehnmal. Er ist Ehrenbürger von elf ausländischen Städten, darunter New York, Chicago, Genua und Osaka. Und wieder ist darunter keine deutsche Stadt.

Wer ist dieser Jäger von Ehrendoktortiteln, Preisen, Auszeichnungen und höchsten Orden, die ihm von Staatsoberhäuptern überreicht werden? Es ist natürlich Lech Wałęsa, seit Dezember 1990 Präsident der Republik Polen, gewählt in freien Wahlen.

Die Historie der polnischen Präsidenten stellt ein ziemlich tragisches Kapitel in der Geschichte des Landes dar. Der erste Präsident des souveränen Polen nach 123 Jahren Besatzungszeit, Gabriel Narutowicz, wurde bereits eine Woche nach dem Amtsantritt 1923 von einem fanatischen Nationalisten auf der Treppe eines Ausstellungssalons erschossen. Sein Nachfolger Wojciechowski wurde von Marschall Piłsudski nach dessen Staatsstreich von 1926 zum Rücktritt gezwungen. Der nächste Präsident Mościcki hatte zunächst mehr Glück, er blieb im Amt bis 1939. Dann ereilte auch ihn das traurige Schicksal: Im September 1939 verließ er Warschau auf der Flucht vor der deutschen Wehrmacht und begab sich ins rumänische Exil. Nachkriegspräsident Bolesław Bierut setzte 1949 Władysław Gomułka, den Generalsekretär der kommunistischen Partei, ab und schickte ihn wegen „Rechtsabweichung“ ins Gefängnis und ging tatkräftig daran, dem Stalinismus in Polen zum Durchbruch zu verhelfen – mit den bekannten Ergebnissen. Im März 1956 fuhr Bierut zum XX. Parteitag der KPdSU nach Moskau. Dort erkrankte er an Grippe, bekam Lungenentzündung und dann noch einen Herzinfarkt. Nach Polen kehrte er im Sarg zurück.

In den fünfziger Jahren wurde das Präsidentenamt durch ein kollektives Organ, den Staatsrat, ersetzt. Erst seit der Einigung am Runden Tisch hat Polen wieder einen Präsidenten. Im Juli 1989 wählte die Nationalversammlung mit einer Stimme Mehrheit Wojciech Jaruzelski zum Präsidenten. Laut Verfassung konnte er im Palast Belvedere fünf Jahre lang amtieren. Er hat es aber bei anderthalb Jahren in diesem geschmackvollen kleinen Palais bewenden lassen. Im Dezember 1990 zog dort ein neuer Bewohner ein, der Große Elektriker, Lech Wałęsa. Auch für ihn ist in der Verfassung eine fünfjährige Amtsperiode vorgesehen. Wird er sie zu Ende bringen? Wer weiß? Im politisch immer noch unstabilen Polen ist alles möglich.

Lech Wałęsa ist am 29. September 1943 in einer Bauernfamilie zur Welt gekommen. Die Familie bestellte drei Hektar Land; ein hartes, schweres Leben. Der kleine Lech hatte keine leichte Kindheit. Wie Tausende von Bauernsöhnen absolvierte er eine Berufsschule, wurde Facharbeiter. Den Militärdienst schloß der heutige Oberbefehlshaber der polnischen Streitkräfte als Korporal ab. 1967 ging er nach Danzig. Die Küste mit ihren großen Möglichkeiten, das „Fenster zur Welt“, zog die

Der Präsident als Pappkamerad: Auf Warschaus Altem Markt kann jeder mit ihm posieren

IN DANZIGS LENIN-WERFT STEHEN ALLE RÄDE

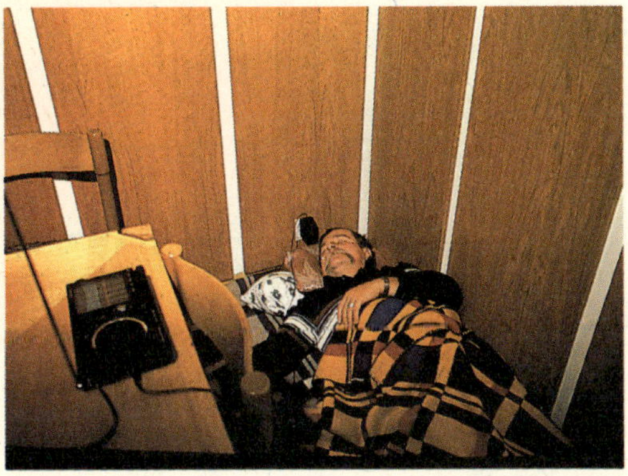

Zäher Held: Streikführer Wałęsa, im Solidarność-Büro Danzig neue Kräfte sammelnd

jungen Leute an. Im Dezember 1970 nahm er an dem Arbeiteraufstand teil, bei dem es mehrere Dutzend Tote gab und der den Fall des nach 1956 wieder zum Parteichef aufgestiegenen Władysław Gomułka und des Ministerpräsidenten Józef Cyrankiewicz bewirkte. Im gleichen Monat wurde Wałęsa zum ersten Mal Vater. Heute hat er acht Kinder – vier Söhne und vier Töchter –, und die katholische Kirche, die verbissen gegen die Abtreibung kämpft, kann auf ihren Sohn stolz sein.

Wałęsa ist zutiefst religiös. Seit 1980 trägt er immerfort ein Abzeichen mit der Muttergottes von Tschenstochau am Revers. Nach seinem Einzug ins Belvedere ließ er sofort einen Raum zur Kapelle umbauen. Sie wurde dann vom Papst Johannes Paul II. während seines Aufenthalts 1991 in Polen geweiht. Geht er auf Reisen, ist sein persönlicher Beichtvater immer mit von der Partie.

Über das Abzeichen sagte Wałęsa im Januar 1989 während eines Treffens mit Jugendlichen: „Das Abzeichen brachte mir eine Delegation von Tschenstochau während des Streiks in der Werft im August 1980. Sie haben gesagt, es wurde von Stefan Kardinal Wyszyński geweiht. Ich habe es also vor Augen der ganzen Welt angesteckt, denn das Fernsehen hat es gefilmt. Und wenn ich es jetzt abnehme, würde man sagen, ich sei ein Jude oder sonst ein Klotz."

In den siebziger Jahren gehörte Wałęsa schon zu jenen Werftarbeitern, die aktiv in den Untergrundzellen der Freien Gewerkschaften der Küste tätig waren. Als die Polizei dahinterkam, wurde er 1978 aus der Werft entlassen. In zahlreichen Geschichten über Wałęsa aus der Zeit des August-Streiks 1980 heißt es, er sei „über den Zaun (der Werft) gesprungen" und das sei der historische Zeitpunkt, an dem Solidarność und seine Karriere ihren Anfang nahmen. „Lechu" Wałęsa wurde bekannt, als er im Namen der streikenden Arbeiter der Küste das berühmte Danziger Abkommen unterzeichnete, in dem die Regierung den aufmüpfigen Arbeitern selbständige und unabhängige Gewerkschaften versprach.

Das Jahr 1981 stand unter dem Zeichen ständiger Verhandlungen zwischen der Regierung und der Leitung von Solidarność. Aus heutiger Sicht, zehn Jahre danach, scheint mir, daß damals keine der beiden Seiten politisch und psychisch auf eine Koexistenz vorbereitet war. Ich war damals stellvertretender Ministerpräsident; Wojciech Jaruzelski betraute mich mit der Aufgabe, die Verhand-

Würdiger Pater patriae eines katholischen Landes: Lech Wałęsa und seine vielköpfige Familie

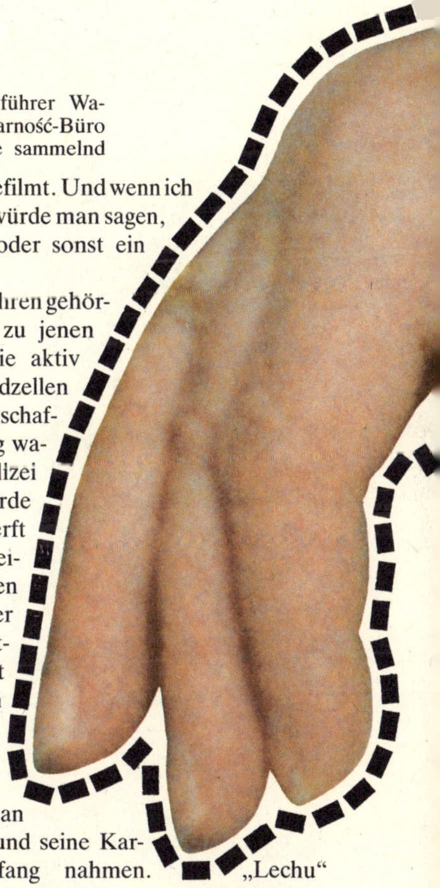

ILL . . .

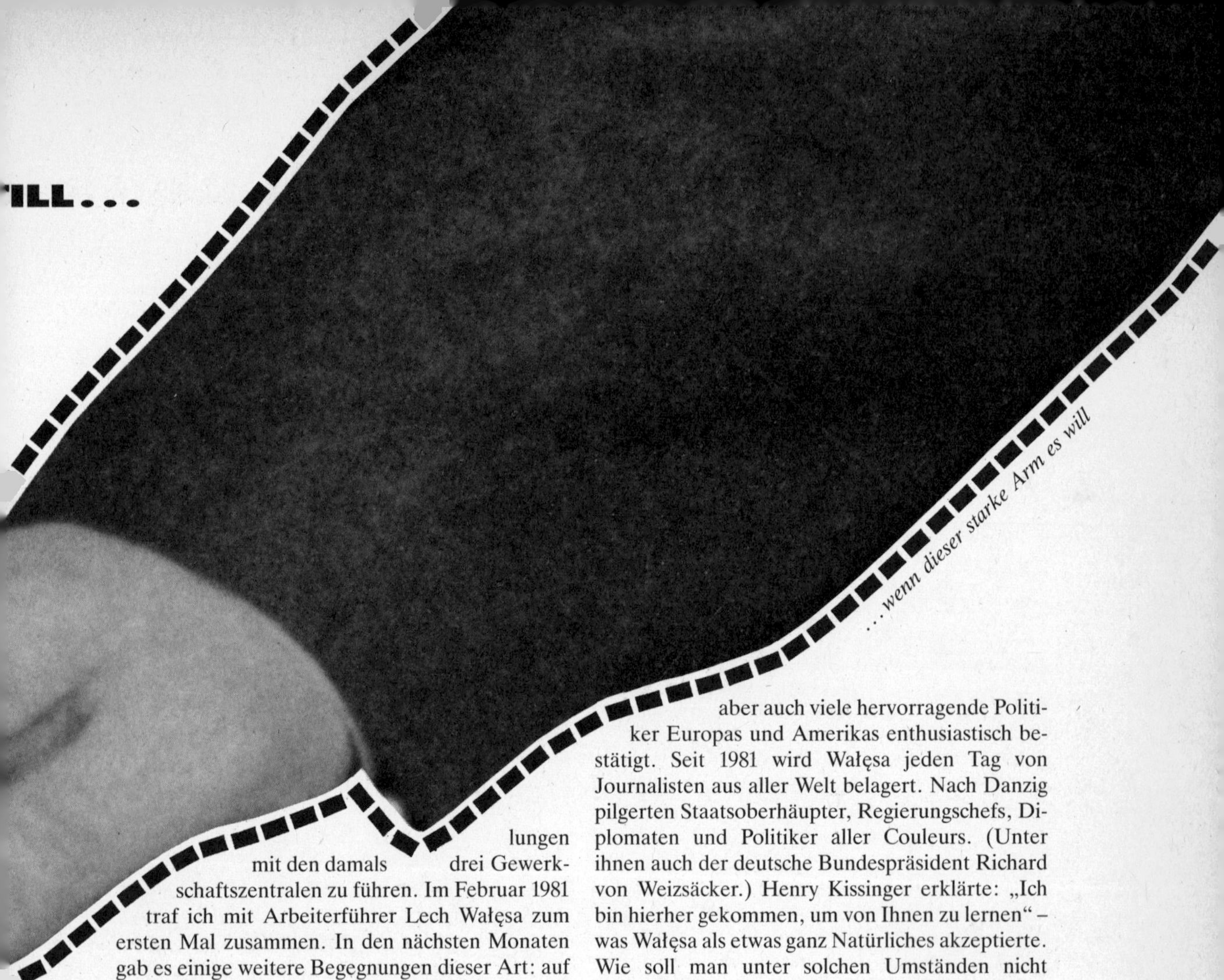

. . . wenn dieser starke Arm es will

lungen mit den damals drei Gewerkschaftszentralen zu führen. Im Februar 1981 traf ich mit Arbeiterführer Lech Wałęsa zum ersten Mal zusammen. In den nächsten Monaten gab es einige weitere Begegnungen dieser Art: auf der einen Seite er mit seinen Beratern, auf der anderen ich mit meinen Mitarbeitern. Während der mehrstündigen Sitzungen, die nicht selten zu Streit und gefährlichen Spannungen führten, lernte ich ihn ziemlich gut kennen. An der Schwelle zu seiner großen Karriere war er ein bescheidener Mann, aber je stärker Solidarność wurde, desto selbstsicherer wurde auch er.

Zweifelsohne hat er schon damals an seinen glücklichen Stern geglaubt, aber er merkte damals nicht – oder wollte bewußt nicht merken –, daß seine aus hervorragenden Intellektuellen bestehende Umgebung ihn zum großen Führer kürte. In seinem Umkreis befanden sich viele seiner gegenwärtigen Gegner, damals herzliche Freunde – Tadeusz Mazowiecki, Bronisław Geremek, Adam Michnik, Jacek Kuroń und andere. Er brauchte sie, er gab zu, daß sie für ihn unentbehrlich waren, aber gleichzeitig konnte er von sich selbst sagen, daß *er* innerhalb von fünf Minuten die Lösung für ein Problem finden könne, wofür die gelehrten Köpfe fünf Tage bräuchten.

Aus dieser Zeit stammt auch sein Bekenntnis, er habe in seinem Leben kein einziges Buch gelesen. In seiner Überzeugung, er sei eine einmalige Gestalt in der neuesten Geschichte Polens, haben ihn sowohl die Massenmedien der ganzen Welt wie aber auch viele hervorragende Politiker Europas und Amerikas enthusiastisch bestätigt. Seit 1981 wird Wałęsa jeden Tag von Journalisten aus aller Welt belagert. Nach Danzig pilgerten Staatsoberhäupter, Regierungschefs, Diplomaten und Politiker aller Couleurs. (Unter ihnen auch der deutsche Bundespräsident Richard von Weizsäcker.) Henry Kissinger erklärte: „Ich bin hierher gekommen, um von Ihnen zu lernen" – was Wałęsa als etwas ganz Natürliches akzeptierte. Wie soll man unter solchen Umständen nicht glauben, man sei ein Günstling der Götter? Ohne Zweifel hat ihn die Natur mit Eigenschaften versehen, die ihn geradezu zwingen, die Rolle des „Führers" zu spielen – so der Titel eines Buches über ihn, geschrieben von seinem Pressesekretär, der allerdings schon nach wenigen Monaten auf diese Funktion verzichtete.

Der Führer ist zweifelsohne ein Tribun, ein Volksvertreter und ein sehr gewandter Demagoge. Er liebt die Menge, er weiß immer, was er zu wem wann sagen soll. Meistens spielt er die Rolle eines Bauern-Schlaukopfs; seine Biographen attestieren ihm bäuerliche List. Gern stellt er sich auch als ein Laien-Politiker vor. Seine Sprache ist schwierig zu übersetzen; er benutzt seltsame Abkürzungen, kann durchaus im gleichen Satz „ja" und „nein" sagen (sein berühmtes: „Ich bin dafür und sogar dagegen"), seine Gedanken brausen dahin wie ein Gebirgsbach. Wer ihn nicht kennt, kann den Eindruck gewinnen, einem unverständlichen Gestammel zuzuhören, diejenigen jedoch, die ihm genau zuhören, wissen, worum es ihm geht. Er ist durchaus zur Selbstkritik fähig, kann sogar eingestehen, daß er sich in dieser oder jener Angelegenheit unfähig oder sogar dumm verhalten hat.

Als sich im Februar 1989 die führenden Aktivisten von Solidarność und die Vertreter der Regierung an

Erste Tat des neuen Präsidenten: Wałęsa hängt persönlich ein Kruzifix über seinen Schreibtisch

den Runden Tisch setzten, konnte Wałęsa mit begründetem Stolz von sich und seiner Gewerkschaft sagen, sie hätten einen gewaltigen Sieg errungen. Dieser Mann, interniert am Tage der Verhängung des Kriegszustands, in den nächsten Jahren von Behörden als Privatperson behandelt, oft von Regierungssprecher Jerzy Urban lächerlich gemacht, ständig unter dem wachsamen Auge der Polizei lebend, hat schließlich die Partei- und Regierungsführung gezwungen, ihn als Partner zu akzeptieren. Nach außen hin zeigte er Vernunft, keine Spur Triumphalismus. „Es ist nicht unser Sieg", erklärte er, „es ist der Sieg Polens."

Im Juni 1989 fanden die vorgezogenen Wahlen zum Sejm und Senat statt. In den Senat wurden mit einer einzigen Ausnahme Kandidaten von Solidarność gewählt. Nach den Abmachungen vom Runden Tisch waren 35 Prozent der Sejm-Sitze für unabhängige Kandidaten bestimmt. Sie wurden alle von Wałęsas Leuten besetzt. Die einzige Referenz bestand in einem Foto, das den jeweiligen Kandidaten mit Wałęsa darstellte. Es entstand eine ganz neue politische Lage. Der Sieg von Solidarność und die Niederlage der Kommunisten kamen sowohl für die einen als auch für die anderen überraschend.

Anfangs erklärten Wałęsa und seine Mannschaft, sie seien auf eine Machtübernahme nicht vorbereitet. Die Diskussionen und Verhandlungen über die künftige Regierung dauerten mehr als einen Monat. General Jaruzelski wollte ein Mitglied der kommunistischen PVAP als Ministerpräsidenten sehen. Ernannt wurde General Czesław Kiszczak, der jedoch nicht imstande war, eine Regierung zu bilden. In den ersten Augusttagen erreichte Wałęsa etwas, was fast alle Beobachter erstaunte: Nach Verhandlungen mit seinen Emissären wechselten die Chefs der Bauern- und der demokratischen Partei ins Soldarność-Lager über. Infolgedessen wurden die Kommunisten zur Minderheit im Parlament. Nach einigen Monaten blieb zwar von den beiden Parteichefs keine Spur, aber Wałęsa hatte sein Ziel erreicht: Der Weg zur Bildung der ersten nichtkommunistischen Regierung war frei. Ministerpräsident dieser Regierung wurde Tadeusz Mazowiecki, ein langjähriger Freund Wałęsas.

So war und so ist Wałęsa: Ganz plötzlich, mir nichts, dir nichts tut er etwas, was niemand erwartet hat. Ein Politiker mit hochentwickelter Intuition? Ganz sicher, obwohl sein Wirken 1991 diese Talente in Frage zu stellen scheint. 1991 war für Wałęsa ein Wendejahr.

Nachdem Mazowiecki die Regierung gebildet hatte, zogen auch Wałęsas Berater nach Warschau. Manche übernahmen Regierungsämter, andere – wie Professor Geremek – wirken im Parlament. Der Große Elektriker blieb allein in Danzig zurück. Die Aufmerksamkeit der polnischen und internationalen Öffentlichkeit konzentrierte sich immer mehr auf Warschau – Wałęsa blieb im Schatten. Er ließ sich aber nicht vergessen. In unzähligen Auftritten brachte er seine Rolle bei der Abschaffung des Kommunismus zur Geltung; das „ich, ich, ich" wurde immer wieder aufdringlich wiederholt: „Ich

Ein gottgefälliges Gespann: Der weltliche und der geistliche Repräsentant des neuen Polens

Wałęsa im Sejm: Spötter sagen, in Polen beginne nun erst die wahre Diktatur des Proletariats

habe die Macht der Kommunisten abgeschafft, ich habe euch den Pluralismus gegeben, ich habe für euch die Freiheit, die Demokratie erkämpft . . ."

In vielen Interviews mit polnischen und ausländischen Massenmedien äußerte er schockierende Meinungen: Den Deutschen unterstellt er, den 3. Weltkrieg hervorrufen zu wollen, der Sowjetunion empfahl er die Selbstauflösung, einen Tag erklärt er, er müsse Ordnung in Europa schaffen, dann wieder in Afrika oder Lateinamerika. „Manchmal", schreibt einer der Journalisten, die sein tägliches Wirken verfolgen, „weiß Wałęsa selbst nicht, was er gesagt hat – die Wahrheit oder die Unwahrheit." Eine Sammlung erstaunlicher Äußerungen von Wałęsa – widersprüchlich, naiv, aber oft auch richtig – würde ein dickes Buch füllen. Überlassen wir es seinen Biographen.

Im Frühling 1991 läßt sich aus Danzig das Murren der Unzufriedenheit hören. Wałęsa beginnt, die

Vom Rebellen zum Regimentskommandeur: Polens Militär huldigt dem neuen zivilen Chef

Regierung Mazowiecki zu kritisieren. Seines Erachtens ist der Ministerpräsident ein Politiker ohne starken Willen: Er könne keine Beschlüsse fassen, die Reformen in Polen würden zu langsam verwirklicht, sie würden von Gegenkräften blokkiert, und schließlich sitze im Belvedere ein kommunistischer Präsident. Diese Sachlage müsse dringend geändert werden. Sein Instinkt sagt ihm, daß die Herren in der Hauptstadt ihn langsam nach dem Motto behandeln: „Der Mohr hat seine Schuldigkeit getan, der Mohr kann gehen." Also strebt er eine Änderung dieser ungünstigen Lage an: Er erklärt, er wolle als Präsident kandidieren, selbstverständlich einzig und allein zum Wohle Polens. Er läßt einen für ihn ganz besonders typischen Satz zirkulieren: „*Ich will* nicht Präsident werden, aber *ich muß*."

Während der Wahlkampagne für die Präsidentschaftswahlen greift Wałęsa seine bisherigen Freunde heftig an – Mazowiecki, Kuroń, Geremek, Michnik. Geringschätzig äußert er sich über die „Eierköpfe"; Andrzej Wajda, dem weltberühmten Filmregisseur, der ihn jahrelang angebetet hat, sagt er, er möchte ihn gern übers Knie legen und ihm einen Klaps geben. Besonders verbissen attackiert er Mazowiecki, seinen Gegenkandidaten. In mehreren Wahlauftritten kündigt er an, er werde nach seiner Wahl mit der Axt im Lande herumlaufen und das Böse ausrotten. Im Rahmen der Privatisierung verspricht er jedem Polen 100 Millionen Zloty, damit auf diese Weise alle zu tatsächlichen Besitzern des Landes und seiner Ressourcen werden könnten. Er rechnet mit 80 Prozent der Stimmen.

Am Wahltag stellt sich heraus, daß Mazowiecki erst an dritter Stelle rangiert, Platz zwei wird von dem Nobody Stanisław Tymiński, einem Polen aus Peru, eingenommen. Bei dem zweiten Wahlgang bekommt Wałęsa drei Viertel der Stimmen, Ty-

OLETARIATS: EIN ARBEITER AN DER MACHT

Der Kopf an der Spitze

Auf du und du mit den Großen dieser Welt: US-Präsident Bush zu Besuch bei den Wałęsas

miński ein Viertel. Der Mythos von der allgemeinen Unterstützung ist hin. Der Arbeiter aus Danzig, einst von den Massen vergöttert, überzeugt, daß die Hände seiner Landsleute sich allein beim Erklingen seines Namens zum Beifall regen, muß sich mit der Tatsache abfinden, daß er nicht Präsident aller Polen ist, was sein Traum war. Die grandiosen Versprechungen seiner Wahlkampagne hat er mit einem Satz abgehakt: „In einer Wahlkampagne sagt man halt verschiedene Dinge."

Das erste Halbjahr seiner Präsidentschaft hat ihm keine Lorbeeren gebracht. Er läuft auch nicht mit der Axt herum, und seine Versuche, die Sprache des Bevölkerungsteils zu sprechen, aus dem er kommt, der Arbeiterschaft, bringen ihm oft Pfiffe und Schimpfworte ein, die er schon lange nicht mehr gehört hat. Diejenigen, mit deren Stimmen er gewählt wurde, fühlen sich jetzt irregeführt, denn sie haben in ihrer Naivität erwartet, daß, wenn „unser Lechu" ins Belvedere einzieht, das Gute das Böse ersetzen, der fortschreitende Verarmungsprozeß von Millionen von Arbeitnehmern aufgehalten würde.

Diese Menschen hofften inständig auf ein schnelles Wirtschaftswunder, wie es Wałęsa in der Wahlkampagne auch versprach. Aber in der Wirtschaft sind Wunder selten; hier gelten harte Realitäten. Und in der Politik? Wałęsas Solidarność ist in mehrere Gruppierungen zerfallen, die einstigen neun Millionen Mitglieder sind auf zwei zusammengeschrumpft, und auch die fühlen sich meistens betrogen, denn es sollte doch alles besser werden: Was jedoch derzeit – und wohl auch noch für lange – nicht in Sicht ist.

Verglichen mit 1989 ist die Industrieproduktion um 40 Prozent zurückgegangen, der Lebensstandard um 30 Prozent. In der politischen Szene herrscht Gedränge und Chaos; jede der über hundert vorhandenen Parteien (deren Mitglieder oft alle auf einer Couch Platz haben) versucht zu beweisen, daß gerade sie das einzige, beste Programm zur Sanierung Polens besitzt.

Der ewigwährende Parteienstreit, die gegenseitigen Beschuldigungen unter ehemaligen Freunden haben dazu geführt, daß die Bevölkerung beinahe jegliches Interesse an der Politik verloren hat. Der Präsident streitet sich mit dem Parlament, hohe Beamte seiner Kanzlei machen ihre eigene Politik, die oft mit den von ihrem Chef verkündeten Zielen im Widerspruch steht. Aus seinen Äußerungen ist zu schließen, daß er sich ratlos fühlt gegenüber Problemen, die ihm inzwischen über den Kopf gewachsen sind. Immer öfter schlägt er Alarm: Er erklärt, um Polen sei es schlecht bestellt, und kündigt an, wenn es weiter so ginge, werde er sich gezwungen sehen, seine Macht anzuwenden. „Ich werde mit meiner Division kommen", verkündet er. Kaum jemand glaubt das. Und daran ist Wałęsa selber schuld, denn er mißbraucht ständig große Worte, die sich mit der Zeit abnutzen.

Was erwartet den Arbeiter-Präsidenten in voraussehbarer Zukunft? Schwer zu sagen. Etwa Mitte 1991 begann seine Popularität rapide abzunehmen. Etliche seiner ehemaligen Berater und heutigen Gegner liegen in der Wählergunst inzwischen weit vor ihm. Wer die Eigenliebe Wałęsas kennt, weiß, daß ihn dieser Popularitätsrückgang schmerzt und daß er Maßnahmen erwägt, die sein Image wieder aufpolieren könnten. Wer ihn kennt, weiß, daß er nicht leicht aufgibt.

Mieczysław Rakowski, *Dr. phil., Jahrgang 1926, von 1958 bis 1981 Chefredakteur der Wochenzeitschrift* Polityka, *seit 1975 Sejm-Abgeordneter, war Polens letzter kommunistischer Ministerpräsident (1988–89). Er lebt in Warschau.*

Trotz allem der Größte: Wałęsa im Glanze seines Amtes, nicht mehr beliebt, aber unverdrossen

J. Radkiewicz

FALLS SIE IHREN FIR
DIE TOCHTERGESE

DER NEUE BMW 5ER TOURING

Von Montag bis Freitag bringt Sie der neue BMW 5er touring komfortabel und sicher durchs Geschäftsleben. Wenn Sie Ihre Wochenendtermine ebenso wichtig nehmen, dann profitieren Sie besonders von einigen weiteren Vorzügen des neuen BMW 5er touring.

So dürfte im Zuge der familiären Mitbestimm das Raumangebot des 5er touring einstimmig a nommen werden. Für ein konfliktfreies Betriebsklima s auf Wunsch das neue Doppelschiebehebedach für F und Fondpassagiere. Eiligen Familienunternehmunger

NWAGEN AUCH FÜR CHAFT BRAUCHEN.

blitzschnelle Klappmechanismus der Rücksitzlehnen ßerst förderlich. Und das separat zu öffnende Heckppenfenster zeigt sich raschem Wachstum im Gepäckeich aufgeschlossen. Ob Mutter oder Vater nun als „Wirtaftskapitän" oder Familienvorstand das Steuer des neuen BMW 5er touring in die Hand nimmt – er ist eine Investition, die Gewinn und Freude bringt.

Kauf, Finanzierung oder Leasing – Ihr BMW Händler ist der richtige Partner.

BMW in Btx ✱ 20900 #

Freude am Fahren

DIE HÄLFTE DES HIMMELS

VERBITTERUNG UND HASS PRÄGTEN 45 JAHRE LANG DEN DEUTSCH-POLNISCHEN ALLTAG IN SCHLESIEN. JETZT SCHMILZT DAS EIS: LANGSAM KEHRT NORMALITÄT EIN ZWISCHEN ALLEN SCHLESIERN

Mit strahlenden Gesichtern kamen die Leute aus der Andacht", erzählt der alte Küster der Bartholomäuskirche. „Nach 45 Jahren durften sie wieder in der Sprache ihres Herzens singen und beten." Ihm kommt es fast noch wie ein Wunder vor: Bis zuletzt, bis sie nach ihrer katastrophalen Wahlniederlage im Frühjahr des großen Jahres 1989 unter Gepfeife und Gelächter des Publikums ihre bequemen Schreibtische räumten, hatten die Kommunisten behauptet, in seiner Geburtsstadt Oberglogau gebe es keine Deutschen. Sowieso war es ja verboten, von Oberglogau zu reden. Glogówek lautete der offizielle Name der Verbandsgemeinde im Süden der oberschlesischen Wojewodschaft Opole (Oppeln), so stand es auf dem Ortsschild, auf allen Stempeln und auch im Personalausweis.

Doch untereinander sprachen sogar viele Polen, die es nach dem Krieg dorthin verschlagen hatte, von „Klein-Berlin". Denn die meisten Einwohner fühlten sich als Deutsche, lebten ihre Familien doch seit Jahrzehnten, teilweise seit Jahrhunderten in dem Städtchen auf dem Hügel, von dem man weit in das wellig ansteigende Oppelner Land blikken kann. Als nach der Abwahl der Kommunisten aus der sozialistischen polnischen Volksrepublik schlicht die Republik Polen wurde, durften die Deutschen nicht nur eigene Vereine gründen, sondern auch die Messe wieder in ihrer Muttersprache feiern.

„So ganz stimmt das natürlich nicht", sagt der Küster und blinzelt verschmitzt hinter seiner Brille hervor. „Nach dem Krieg, als die Polen kamen, wurde die Messe ja noch auf lateinisch gelesen." Er war damals als junger Mann ebenso ratlos gewesen wie sein Vater, der in der Familientradition das Amt des Meßners versah, als der neue Pfarrer auf polnisch predigte. Er verstand ja kein einziges Wort. Doch schnell lernte er die Sprache der neuen Herren, es blieb ihm auch nichts anderes übrig. Die deutschen Geistlichen waren aus dem Pfarrhaus hinausgeworfen worden, auch die Franziskaner mußten ihr Kloster verlassen.

„Mir standen die Tränen in den Augen, als die polnischen Milizionäre im Sommer 45 die Türen eingetreten und die Leute herausgeprügelt haben", erinnert sich einer der Alten, die nun jeden Sonntag nach der deutschen Messe zusammenstehen, und er ballt noch nachträglich die Faust. „Die Nazis im Rathaus und Gestapo-Quartier hatten da längst das Weite gesucht."

In dasselbe Rathaus zog jetzt, nach der Niederlage der Kommunisten, der Vorsitzende des Deutschen Freundeskreises

VON THOMAS URBAN UND WITOLD KRASSOWSKI (FOTOS)

DIE LIEBE ÜBERBRÜCKT ALLE SCHRANKEN: IM STÄDTCHEN OBERGLOGAU WIRD HOCHZEIT GEFEIERT. DIE BRAUT SABINA HAT DEUTSCHE ELTERN, DER BRÄUTIGAM MARIUSZ IST POLE

(DFK) von Oberglogau, Hans Borsutzki, ein. Jeden Sonntag nehmen seitdem die deutschstämmigen Ratsherren mit ihren besseren Hälften in der Bartholomäuskirche die vorderen Bänke ein. Das Gotteshaus ist bei der Messe mit Liedern und Predigt auf deutsch genauso gerammelt voll wie beim polnischen Pfarrer. Doch nur die Alten singen aus vollem Hals und mit geschlossenen Augen die bekannten Weisen wie „Jesus, dir leb' ich/ Jesus, dir sterb' ich" oder „Maria, breit den Mantel aus". Die Jüngeren und die Kinder tun sich schwer mit der Melodie wie der Sprache. Krampfhaft blättern die meisten von

FAMILIENALBEN BEWAHREN DIE ERINNERUNG AN HARTE ZEITEN FÜR DEUTSCHE OBERGLOGAUER IM SOZIALISTISCHEN POLEN

ihnen in einem kleinen Büchlein. „Droga do nieba – Weg zum Himmel" steht auf dem roten Einband.

Das deutsch-polnische Gebets- und Gesangbuch haben die Oberglogauer ihrem Bischof Alfons Nossol in der Gebietshauptstadt Oppeln zu verdanken. Noch unter der Parteiherrschaft, als nicht nur die Kommunisten, sondern auch der Primas der katholischen Kirche Polens, Józef Kardinal Glemp, verkündeten, es gebe keine deutschstämmige Minderheit im Lande, hatte Bischof Nossol im kleinen Kreise und hinter verschlossenen Türen auch seinen Oberen genau das Gegenteil gesagt. Er mußte es wissen: Fast ein Viertel seiner Schäfchen in der Diözese, die immerhin eine Million Einwohner zählt, sollte später erklären: „Wir sind Deutsche!" und einen Aufnahmeantrag für den Deutschen Freundschaftskreis unterschreiben. Ihr perfekt deutsch sprechender Oberhirte legte sich aber nicht fest. Vielmehr betonte er immer wieder, er sei Oberschlesier zwischen den beiden Völkern und Kulturen. Genauso sah es auch die Köchin Sabina, 19 Jahre alt, die mit dem 21jährigen Mariusz, von Beruf Bahnschaffner, zum Traualtar schritt. Die Brauteltern sind Deutsche, die Tochter aber spricht nur polnisch. Sie hat schließlich vom Kindergarten an nur polnisch geredet. „Deutsch war doch verboten. Die Kommunisten und die Miliz haben sogar an den Fensterläden gelauscht", erzählen die Großmutter und die Großtante, als sie ein altes Fotoalbum durchblättern. Sie mußten damals sogar ihre Namen ändern. Aus Margarete wurde Malgorzata, aus Heinz Henryk, aus Schulz Szulc und aus Böhm Bem. Vor den Grabinschriften auf dem Friedhof von Klein-Berlin aber hätten sie doch haltgemacht.

„Die Politik interessiert mich nicht", entgegnet die junge Braut. „Ich bin Schlesierin." Ihr Mann ist Pole, kennengelernt haben sie sich in der Disco. Die Mutter kommentiert die Verbindung in ihrem etwas hartem oberschlesischen Deutsch mit den Worten: „Was sollen wir machen? Überall sind sie schon gekreuzt." Die Großmutter nickt zustimmend: „Bei einigen gibt es noch Haß, bei den meisten aber nicht mehr. Wir leben doch schon Jahrzehnte zusammen." Mittlerweile seien alle versippt und verschwägert, die zurückgebliebenen Deutschen ebenso wie die Polen, die nach dem Krieg ihre der Ukraine und Weißrußland einverleibte Heimat verlassen mußten. „Viele der Polen aus dem Osten konnten uns und unsere vertriebenen Landsleute verstehen, hatten sie doch selbst ihre Heimat verloren."

„Alle reden polnisch, alle sind katholisch", stellt die Großmutter fest. Aber gleich seien die Menschen deswegen noch lange nicht. „Auf der Hochzeit singen die Deutschen, und die Polen saufen." Als sie noch jung war, sei nur Bier auf den Tisch gekommen. Einer der Älteren widerspricht ihr lebhaft: „Wir können nicht alles nur in gutem Licht sehen. Auch damals wurde viel Schnaps weggeputzt und viel Radau gemacht." Aus einer mit rotem Samt ausgeschlagenen Schachtel kramt er einen blankpolierten Messingorden hervor. „Für vorbildliche Leistungen beim Aufbau des Sozialismus" steht darauf auf polnisch. Nein, Kommunist sei er nie gewesen. Als die Roten die Wahlen verloren haben, sei er gleich zur Franziskanerkirche gelaufen, um eine Kerze vor dem Standbild der Maria von Loreta anzustecken. „Aber bei der Arbeit muß man doch seine Pflicht tun." Und da könnten die Polen doch immer noch einiges von den Deutschen in Schlesien lernen, sagt er bestimmt und klopft mit dem Knöchel auf die Tischplatte. Man müsse sich nur ansehen, wie die Häuser aussehen.

In Oberglogau selbst ist kaum ein Unterschied auszumachen. An dem rechteckigen Marktplatz, in dessen Mitte der Rathausturm alles weit überragt, stehen liebevoll renovierte Bürgerhäuser, die meisten mehr als zwei Jahrhunderte alt. In den Seitengassen jedoch bröckelt der Putz von den grauen Fassaden, auch ein Ärgernis für Bürgermeister Borsutzki. Aber: „Die Stadtkasse ist fast leer." Die drei Fabriken der Stadt – die eine produziert Kekse, die zweite verarbeitet Flachs, die dritte Zuckerrü-

TOTENMESSE IN DER ST. BARTHOLOMÄUS - KIRCHE: NUN ERSTMALS WIEDER AUF DEUTSCH GELESEN

ben – kämpfen ums Überleben. Da fließen kaum Steuern in den Stadtsäckel. Dagegen geht es den Dörfern zu Füßen der Oberglogauer Anhöhe sichtlich besser, wohlhabende Flecken, in denen man die Ernte mit modernen Mähdreschern und Traktoren einfährt und nicht mit Pferden und Panjewagen wie in so manchen Landstrichen des alten Polen. Einer der Dorfvögte verhehlt nicht, daß die Deutschen ihren Wohlstand auch den Zuwendungen aus der Bundesrepublik zu verdanken haben. Schließlich sind aus der Oberglogauer Gegend Tausende in den Westen gegangen – und kommen zu den Ferien und Festen mit vollgeladenen Autos zu ihren Verwandten zurück.

Die 25 Gemeinden im Osten und teilweise im Süden des Oppelner Landes, in denen die Kandidaten des Deutschen Freundeskreises seit den ersten freien Kommunalwahlen im Mai 1990 den Bürgermeister stellen, sind ein fast geschlossenes Siedlungsgebiet. Nicht nur an den Gartenzwergen in den gepflegten Vorgärten erkennt man die Häuser, in denen noch Deutschstämmige wohnen. Modernes Erkennungszeichen sind auch die Satellitenantennen auf dem Dach, einheitlich nach Westen ausgerichtet. Denn von dort kommen die deutschsprachigen Programme mit Tagesschau, Schwarzwaldklinik und Tuttifrutti, einer auch in Oberschlesien durchaus beliebten Fernsehsendung. Zwar erleben die Verkäufer von Parabolantennen in ganz Polen goldene Zeiten, seitdem das Informationsmonopol der Arbeiterpartei zusammenbrach. Aber im Oppelner Land, dort wo einige Gemeinden bereits die Einführung deutscher Straßenschilder beschlossen haben, scheint ihre Montage auf dem Dach fast schon Pflicht zu sein. Wer zu den wenigen Unglücklichen gehört, die sich keinen Empfänger leisten können, weil sie keine Verwandten im Westen haben, kann im örtlichen Kulturhaus die Programme ansehen. Dort trifft sich auch zweimal die Woche der Singkreis. Aus dem Saal klingt es nun den polnischen Nachbarn in den Ohren: „Wahrt ihm nur die Treue,/ dem Oberschlesierland,/ Oberschlesiens Menschen/ sind als treu bekannt."

Die Oberglogauer wundern sich selbst, daß ihre Gegend von der Massenvertreibung in den harten Jahren 1945/46 weitgehend verschont blieb. Zwar bekamen damals Hunderte von Familien den auf polnisch verfaßten Bescheid, sie hätten sich am nächsten Tag mit leichtem Gepäck am Sammelpunkt einzufinden, von wo der mühselige Treck nach Westen begann, in Viehwagen, ohne Wasser, begleitet von brutalen und ständig fluchenden Wachmannschaften. Aber ebenso durften Hunderte von Familien zurückbleiben. „Sie mußten die Verifizierung überstehen", erläutert ein alter DFK-Aktivist. Wer erklärte, er sei Pole, habe bleiben dürfen. „Von Rückkehrern aus dem Reich wußten wir, daß es dort nur verbrannte Dörfer und Städte in Ruinen gab. Und wir hatten ja noch unsere Häuser, unser Hab und Gut." Also hätten sich viele der oft zweisprachigen Oberschlesier zum Polentum bekannt, auch solche, die bei den blutigen Unruhen nach dem Ersten Weltkrieg auf deutscher Seite gestanden und später auch nicht besonders unglücklich über den deutschen Überfall auf das Nachbarland gewesen seien.

Für Bürgermeister Borsutzki steht fest: „Nach dem Krieg haben die Polen geglaubt, sie könnten ganz schnell Polen aus uns machen." Vor allem auf den Dörfern gab es damals viele Bauern, die „wasserpolnisch" sprachen. Die Polen sahen sie als die ihren an, obgleich es den meisten Menschen egal war, wo sie hingehörten, wie einer der Stadträte meint: „Sie wollten eben auf ihrem Hof und ihrem Boden bleiben." Wasserpolnisch ist der mit deutschen Worten und Satzbrocken durchsetzte slawische Dia-

FAST UNDENKBAR: SEIT DER WENDE 1990 HAT OBERGLOGAU NUN EINEN DEUTSCHEN BÜRGERMEISTER, HANS BORSUTZKI

lekt, den wohl seit Jahrhunderten die einfachen Leute vor allem auf dem Lande am Oberlauf der Oder sprachen. Heute reden nur noch die Alten so, belächelt von Polen wie Deutschen.

Wegen unserer Familiennamen erklärten die Polen uns auch noch, wir seien gegen unseren Willen zu Deutschen gepreßt worden", meint der Lokalpolitiker. „Es fehlt noch, daß sie uns heute erzählen, die bekannten Fußballspieler Grabowski und Tilkowski und die SED-Größen Schabowski und Schalck-Golodkowski seien auch Polen." Die Grabsteine auf dem Friedhof legen Zeugnis ab von den fernen slawischen Vorfahren der meisten Oberglogauer. Doch trugen die Verstorbenen seit Generationen deutsche Vornamen, wie ihnen auch ein in den Granit gehauenes „Ruhe sanft!" auf den Weg mitgegeben wurde. Einem der 14 Deutschstämmigen unter 24 Ratsherren, die bei den ersten freien Kommunalwahlen ihr Mandat erhielten, fällt dazu ein: „Namen sind Schall und Rauch. Wichtig ist, daß wir im Jahr '21 mit 90 Prozent deutsch abstimmten." Die Stadt gehörte nach dem Ersten Weltkrieg zu dem oberschlesischen Abstimmungsgebiet, in dem die Bevölkerung über den Verbleib beim Deutschen Reich oder den Anschluß an Polen befinden sollte.

Die Grenze zwischen den Nationen war aber damals nicht klar zu ziehen, der Bruch ging oft genug durch Familien. Mehrere Generationen lang hatten die Menschen friedlich zusammengelebt, gleichgültig, ob sie sich als Deutsche, als Polen, als deutsche, polnische oder unabhängige Oberschlesier sahen. Daran hat sich allerdings einiges geändert. „Denn bei uns sehen sich heute *alle* als Deutsche", stellt ein polnischer Lokalpolitiker bissig fest. Unter den DFK-Mitgliedern sei mancher, dessen Eltern Aktivisten der polnischen Minderheit im Deutschen Reich gewesen seien. „Die Heimat ist dort, wo es die Wurst gibt", sagt knapp einer der Leiter der Viehzuchtanstalt von Oberglogau, der großen Wert darauf legt, daß er *polnischer* Schlesier sei. Ihn wundert es keineswegs, daß bis heute der Schwarzmarkt für gefälschte Dokumente blüht, wie sie in der Vergangenheit schon Tausenden die deutsche Staatsbürgerschaft einbrachten. „Da lassen die Bonner all diese Polen ins Land, wir aber haben noch keine Mark an Rente gesehen", beklagt sich die Großmutter auf der Hochzeitsfeier, die die letzten Kriegsmonate noch als Luftwaffenhelferin erlebte. „Die in Bonn haben uns jahrzehntelang vergessen, dann haben sie unser Land weggegeben, obwohl es ihnen nicht gehört."

Borsutzki beschwert sich in der Öffentlichkeit nicht über den Grenzvertrag zwischen Bonn und Warschau, der den Oberschlesiern die letzte Hoffnung nahm, daß ihre Heimat irgendwann einmal „zum Reich" zurückkommt. Stirnrunzelnd sagt er nur: „Wer die Geschichte unserer Gegend nicht kennt, versteht auch nichts von unseren Problemen und der Stimmung unserer Leute." Er gehörte zu den ersten, die von dem Recht Gebrauch machten, ihren Namen wieder so zu schreiben wie in der deutschen Zeit. Denn bei den polnischen Behörden lautete die Schreibweise Borsucki, aus seinem Vornamen Hans machten sie Jan. Die polnischen Bürger Oberglogaus, für die die Stadt nach wie vor Glogówek heißt, dürfen ihn aber auch weiter mit Jan anreden. „Ich bin schließlich Bürgermeister aller Leute hier, nicht nur der Deutschen", sagte er nach seiner Wahl.

Um von vornherein Kritikern Wind aus den Segeln zu nehmen, ernannte er den Ortsvorsitzenden der Konföderation für die Unabhängigkeit Polens (KPN) zum Stadtsekretär. Auf Landesebene hätte sich kein Mandatsträger der deutschen Minderheit einen derartigen Schritt lei-

DIE GEGENWART IST TRIST. ABER DIESE JUNGE GENERATION HAT WIEDER EINE ZUKUNFT

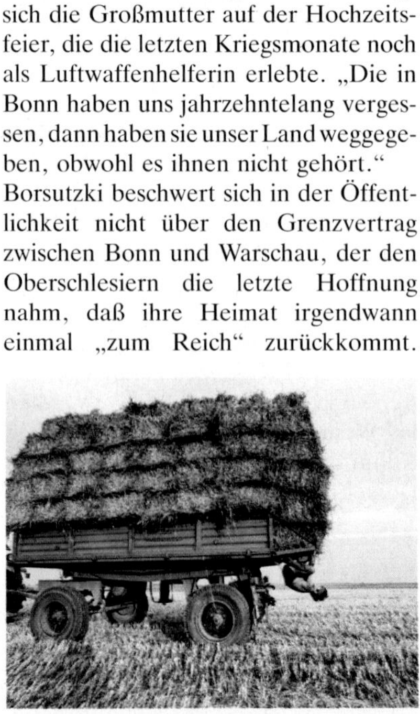

DEN BAUERN UM OBERGLOGAU GEHT ES GUT: SIE BEKOMMEN GELDMITTEL VON VERWANDTEN AUS DEM WESTEN

sten können, gilt die KPN doch als nationalistisch. Nachdem der Sowjetsozialismus überwunden sei, sähen die KPNler ihre Hauptaufgabe darin, das polnische Vaterland vor den deutschen Wirtschaftsimperialisten zu schützen, heißt es in ihrem Programm. In Oberglogau spiele die große Politik aber keine Rolle, sagt der Bürgermeister in seinem Amtszimmer, das ein Ölbild vom Markt aus der Vorkriegszeit schmückt. Deutlich sind die deutschen Namen und Reklameschilder über den abgebildeten Läden auszumachen. „Unsere Probleme sind die gleichen, wie sie jeder polnische Bürgermeister hat: keine Kläranlage, verrottete Kanalisation, ein verlottertes Krankenhaus." Über die Zusammenarbeit mit den Bezirksbehörden in Oppeln könne er nicht klagen, der polnische Wojewode habe großes Verständnis für die Probleme der Deutschstämmigen.

Wie der reiche Onkel aus Amerika schneite den Stadtvätern aber ein Gönner ins Haus, von dem sie sich sofort viel versprachen: der Reichsgraf Oppersdorff. Der Grafenfamilie gehörte nämlich das mächtige Schloß Oberglogau, in einem weitläufigen Park nur ein paar hundert Schritte vom Rathaus entfernt, gleich neben dem Franziskanerkloster gelegen. Der Graf, trotz Vertreibung und Verlust des Schlosses nach dem Krieg ein wohlhabender Mann, bot an, einen Teil des arg heruntergekommenen Baus auf eigene Kosten zu renovieren und der Stadt zur Verfügung zu stellen. Der Haken: Eigentümer war der polnische Staat, nicht die Kommune.

Das Schloß in dem abgelegenen Winkel Oberschlesiens spielte in zwei Momenten der Geschichte eine Rolle, auf den einen sind die deutschen Oberglogauer besonders stolz, auf den anderen die polnischen. Im gräflichen Musiksaal beendete nämlich Ludwig van Beethoven die berühmte 4. Symphonie, außerdem brachte er hier den Ohrwurm „Für Elise" zu Papier. Für die Polen markiert das Oberglogauer Schloß den Wendepunkt im Krieg mit den Schweden im Jahr 1655. Wie eine Gedenkplatte neben dem Portal ausweist, fand König Johann Kasimir oder Jan Kazimierz auf der Flucht vor dem anrückenden schwedischen Heer dort Unterschlupf und bereitete den Gegenangriff vor. „Die Polen haben ihre eigene Art, mit der Geschichte umzugehen", stellt der Bürgermeister kurz und bündig fest. Ihn regte der offizielle Stadtführer auf, den seine Vorgänger herausgaben. „1945 kam die Stadt zum polnischen Vaterland zurück", stand darin. „Wann gehörte Oberglogau, das schon im 14. Jahrhundert das deutsche Stadtrecht bekam, eigentlich zum polnischen Staat?"

Der allgegenwärtige Streit um die Geschichte, die Aufrechnung von Sünden der Vergangenheit, beeinträchtigt aber die Zusammenarbeit zwischen deutscher Ratsmehrheit und polnischer -minderheit kaum. Zwar schmieren nachts gelegentlich Unbekannte „Polen raus" auf eine Mauer, im Saal der DFK werden dafür die Scheiben eingeworfen. Doch meinen polnische und deutschstämmige Ratsmitglieder dazu: „In Bonn und Warschau werden diese dummen Geschichten doch nur groß aufgebauscht", und fügen hinzu: „Wir leben hier ordentlich miteinander."

Die Polen haben auch längst ihre Scheu vor den Funktionären des Bundes der Vertriebenen (BdV) verloren, die den Deutschen Freundeskreisen moderne Büros eingerichtet haben. Denn zu den Kursen über Kommunalpolitik und Haushaltsrecht, die der BdV mit Bonner Mitteln in der Bundesrepublik veranstaltet, fahren auch polnische Lokalpolitiker. Sie versprechen sich einiges für ihre Stadt von der Zusammenarbeit mit den Deutschen, Investitionen und Kredite. Alle hätten dasselbe Ziel, polnische wie deutschstämmige Gemeinderäte, unterstrich einer der polnischen Stadtväter, dessen Familie nach dem Krieg ihre Heimat in der heutigen Westukraine verlassen mußte: „Die jungen Leute sollen hier bleiben."

Denn nach wie vor lockt die reiche Bundesrepublik. So wohnt die Verwandtschaft der jungen Braut Sabina, die kein Deutsch spricht, seit Jahren im Westen. Die Großmutter berichtet, daß bis auf den Brautvater alle ihre Kinder längst drüben seien. Dort redeten sie untereinander polnisch, ihre Nachbarn sähen sie auch als Polen an. „Meine Enkel dort aber werden wieder Deutsche", sagt die alte energische Frau. „Dafür werden meine Enkel, deine Urenkel hier Polen", meint ihre Tochter mit Blick auf das Brautpaar. Bei der Brautmesse stimmte auch Sabina, das Kind deutscher Eltern, in das in Polen so gern gesungene Kirchenlied ein: „Maria, du Königin Polens." Der Küster meinte danach mit feinem Lächeln: „Unsere Leute singen den Kehrvers schon immer anders. Statt Königin Polens, polnisch *Królowa Polski*, heißt es, weil es so schön paßt, *Królowa pokoju* – Königin des Friedens."

DIE KEKSFABRIK PIAST KÄMPFT WIE DIE BEIDEN ANDEREN FIRMEN IN OBERGLOGAU ERNSTHAFT UMS ÜBERLEBEN

THOMAS URBAN, *Jahrgang 1954, ist Korrespondent der* Süddeutschen Zeitung *in Warschau. Der Sohn deutscher Breslauer ist verheiratet mit einer polnischen Breslauerin.*

„Der Abend wird ein einziger Genuß“, sagte er. „Nur ein einziger

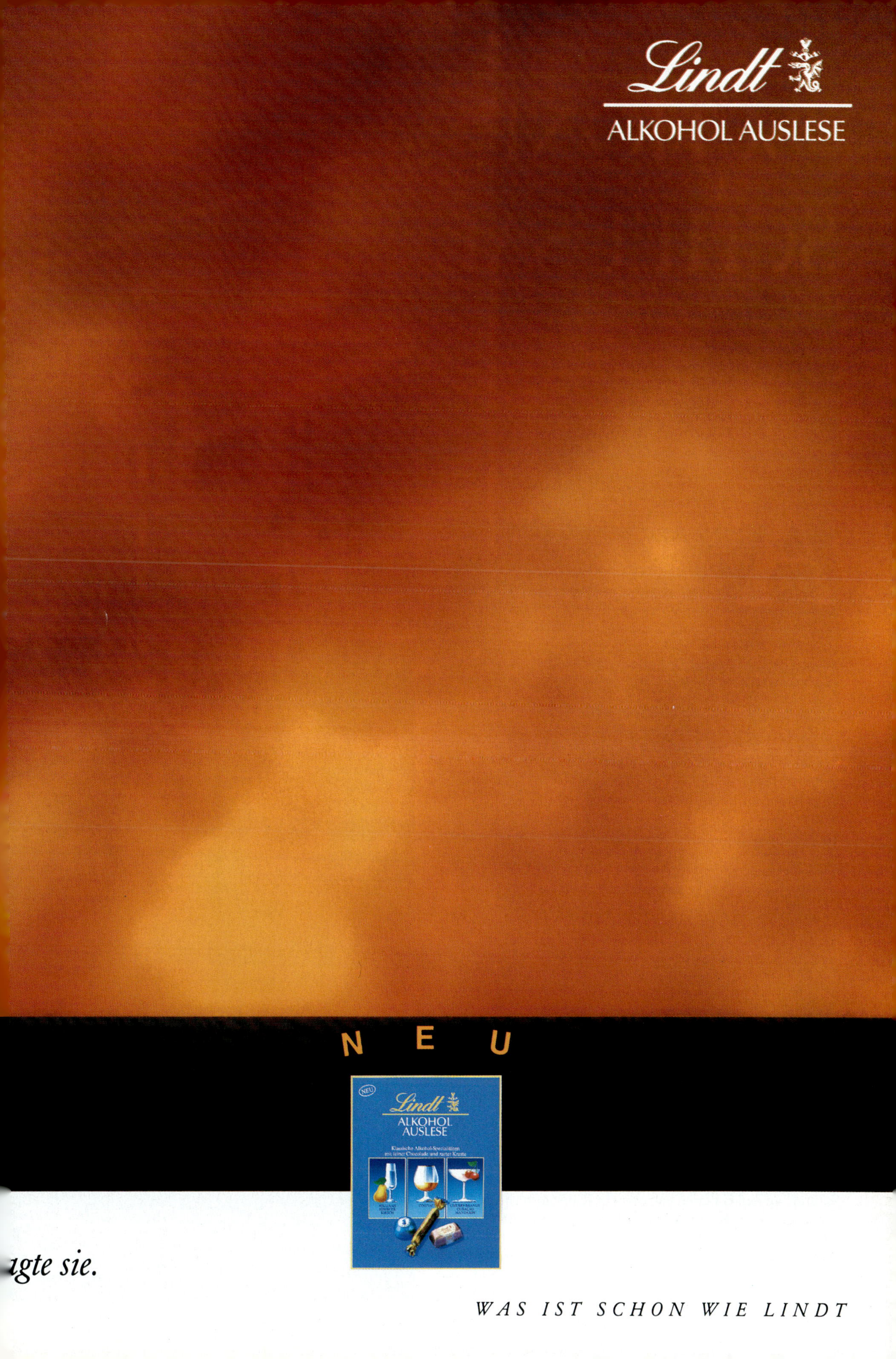

ıgte sie.

DIE SCHÖNE UND DAS SCHEUSAL

Krakau, die Bürgerliche, und Nowa Huta, die Proletarische, sind zwei ungleiche, unglückliche Schwestern. Eine Ortsbesichtigung von Reinhard Hesse

Als der Zug in den Krakauer Bahnhof einfuhr, brannte die Sonne vom Himmel, und Feuchtigkeit drückte tonnenschwer auf die Talmulde, aus der die Luft so wenig abzieht wie aus einem Dampfkochtopf. Im Winter, sagten die Leute, sei es noch schlimmer, da raube der Qualm aus Tausenden von Kohleheizungen die Atemluft, und Ruß falle wie Regen auf die Straßen. Wir hatten die Weichsel überquert, deren Wasser aussah wie eine brodelnde, giftige Brühe. Um den Bahnhof herum gruppierten sich sehr manierlich die Obst-, Keks- und Zigarettenhändler; ein Fußgängertunnel führte in die Altstadt, von der es hieß, nur dieser, für den Autoverkehr gesperrte Stadtkern sei das eigentliche Krakau.

Es wimmelte von Menschen in karierten Shorts, die nur dem Anschein nach amerikanische Touristen waren, und über die Floriań-Straße hatte man bunte Wimpelketten und allerlei Werbetransparente gespannt. Durch das Gewirr der Fußgänger zockelte eine rotbemalte Pferdetram mit der Aufschrift „Omnibus", die entfernt an ein Kinderkarussell erinnerte. Überhaupt ging es an diesem ganz gewöhnlichen Dienstag eher zu wie auf einem Volksfest: Die Leute kauften Lotterielose, schacherten an Ständen oder drängten sich vor den Auslagen der Boutiquen. Zur vollen Stunde trat der Türmer, dessen goldener Helm im Sonnenlicht blinkte, an die Turmfenster der Marienkirche und trompetete seine kurze Melodie, den „Hejnał Mariacki", in die vier Himmelsrichtungen, wie es seit einem dreiviertel Jahrtausend Brauch ist – zu hören war leider nicht viel, denn am Fuß der Mariacka spielten ponchobehängte Indios „El Condor Pasa", und von Norden her zog eine Gruppe leuchtendorangener Hare-Krischna-Jünger laut trommelnd über den Marktplatz.

Das also sollte das sagenhafte geistige Zentrum Mitteleuropas sein? Jener mythische Ort, um den herum clevere Kulturmanager in einer Werbebroschüre einen Kreis gezogen hatten, der von Wilna bis Triest reichte und von Kiew bis München, und Krakau genau in der Mitte? Die Hochburg der galizischen Kultur? In den Galerien gab es mehr Kunstgewerbe als Kunst zu sehen, mehr Keramik als Tableaus, und die aufsehenerregendste Vernissage der vergangenen Monate hatte dem Vernehmen nach im neu eröffneten Levi's-Jeansladen in der Bracka-Straße stattgefunden – da sollen die Leute bis zum Marktplatz Schlange gestanden haben, um Kunde für Kunde

Das mittelalterliche Krakau zerbröckelt unter dem Gifthauch der Emissionen aus Nowa Huta

Hans Madej

Ein Juwel europäischer Städtebaukunst: der Marktplatz von Krakau mit der Marienkirche

Krzysztof Pawela

Illumination zu Allerseelen: Krakaus Friedhof vor der tristen Silhouette von Nowa Huta

vorgelassen zu werden, das Angebot an US-Denimwear zu prüfen.
In den polnischen Zeitungen wurde zum wiederholten Mal die Frage verhandelt, wer nun mehr zum Sturz des sozialistischen Systems beigetragen hätte: die Männer der Arbeit, die des Geistes oder die der Kirche. In Krakau sei es wohl ein Sieg der Straße gewesen, sagte Herr Wlodzimierz Maciag beim Spaziergang von der Wawel-Burg zum Florianstor. Oder besser: ein Sieg der Straßen. Denn schließlich, und da lächelte der 66jährige Literat, der mit seiner zeitlos unmodernen Kombination aus gestreiftem Kurzarmhemd und hellgrauer Hose, den dicken Brillengläsern und dem eher habsburgisch intonierten Deutsch beinahe vollkommen der Vorstellung vom galizischen *homme de lettres* entsprach; schließlich könne man sich doch nicht gut vorstellen, daß jemand, der sich tagtäglich zwischen Bauwerken aus Gotik, Renaissance und Barock bewegt – 6000 insgesamt hat die Welt-Kulturorganisation UNESCO gezählt und die Altstadt von Krakau auf die Liste schutzwürdiger Kulturstätten gesetzt –, über holzgepflasterte Kutscheneinfahrten stolpert und prachtvolle Innenhöfe durchqueren muß, um sich auch nur ein Brot zu besorgen, daß so jemand hernach einen Roman über das Heldentum wackerer Arbeitsbrigaden schreibt, die im Rauch ihrer Fabrikschlote die Norm um 300 Prozent übererfüllen. „Dieser sogenannte sozialistische Realismus“, sagte Herr Maciag mit der leisen Zurückhaltung, die von ihm als Vorsitzendem der Krakauer Schriftstellervereinigung erwartet werden durfte, „hatte hier nie eine Chance.“
Wir bogen in die Planty ein, den kastanienbestandenen Grüngürtel rings um die Altstadt, und Herr Maciag referierte die Geschichte der Krakauer Literatur – vom Wirken Przybyszewskis in den zwanziger und dreißiger Jahren über die Stalinzeit, während der die Krakauer Schriftsteller heimlich in eingeschmuggelten Ausgaben französischer Existentialisten lasen, bis zu Kornel Filipowicz, Stanisław Lem und Wisława Szymborska, der eben mit dem Frankfurter Goethepreis ausgezeichneten Krakauer Lyrikerin. Herr Maciag erzählte davon, wie der Schriftstellerverband sich eindeutig an die Seite der Solidarność-Bewegung gestellt habe und deshalb verboten worden sei; wie er im Untergrund weiterexistierte und die Werke der ihm angehörenden Autoren in Samisdat-Veröffentlichungen oder auf Lesungen in Privathäusern verbreitet worden seien.
„Es war keine Frage, daß dann *wir* am Runden Tisch saßen und nicht der vom Regime gegründete Schriftstellerverband“, sagte Herr Maciag, der inzwischen auch einen Papierkorb gefunden hatte, in den er seine abgerauchte Zigarette werfen

Krakaus Altstadt, eingetragen in der UNESCO-Liste des Weltkulturerbes, wird ständig restauriert. Doch die wertvolle Bausubstanz zerfällt

EINE STADT UND IHR SAGENHAFTER GENIUS LOCI

konnte. (In der Krakauer Fußgängerstadt ist es nicht Sitte, seine Kippen auf dem Boden auszutreten.) „Es gibt da einen besonderen Genius loci von Krakau“, fuhr Maciag fort: „Zum Beispiel schreiben sich derzeit erstaunlich viele junge Leute an der hiesigen philologischen Fakultät ein – obwohl doch jeder weiß, daß man damit kein Geld verdienen kann!“
Später, am Abend, saßen wir, eingeladen von einer jungen Kunsthistorikerin (auch das in Krakau kein ganz unüblicher Beruf) auf dem Balkon eines dieser scheußlichen realsozialistischen Quaderbauten. Die Nahansicht auf den Innenhof offenbarte ganz normale Tristesse: rußgeschwärzte Fassaden, Mülltonnen, in denen nach Einbruch der Dunkelheit Bettler nach Eßbarem suchten; in den Wohnungen Fernsehschirme mit Satellitenempfang. Die Musik der Stadt klang nach Kindergeschrei, Ehekrach und Wodkaabend. Hinter den Hochhäusern verglühte gerade die Sonne, glitzerte auf den Spitzen der Kathedrale auf dem Wawel und der Marienkirche. Darunter lag in rotgoldenem Licht die Altstadt wie auf einer Kitschpostkarte – und für einen Augenblick schien der Mythos vom ganz besonderen Geist dieser Stadt Gestalt anzunehmen.
Als wir dann gegen Mitternacht auf den Marktplatz zurückkehrten, schlief Krakau – bis auf ein paar mediokre Nachtclubs, deren Programm allenfalls in Teheran für Skandal gesorgt hätte, und den Wasserwerfer, der Nacht für Nacht die Altstadt vom Staub des Tages säuberte. Gepflegte Jazzmusik drang aus dem Keller des Pod Baranami. Aus dem Spielcasino im Hotel Pod Róża war das Bingo-Bango der Neureichen zu hören, die dort ihr frisch erspekuliertes Geld wieder verspekulierten. Auf einen Genius loci im althumanistischen Sinne ließen diese Eindrücke nicht unmittelbar schließen.

Doch bei Tage war da die Spur der Steine, die den Besucher zwangsläufig zur Kultur dieser Stadt führt: zur Marienkirche mit dem prächtigen, gotischen Veit-Stoß-Altar, den ein Kirchendiener täglich um 12 Uhr mittags vor den Augen der staunenden Menge aufklappt; zu den restlichen 147 Sakralbauten, mit denen Krakau eine stolze Stellung hält; zur Jagiellonischen Universität, der zweitältesten (nach Prag) Hochschule Mitteleuropas, deren bekannteste Alumnen Nikolaus Kopernikus und Karol Wojtyła waren; vorbei an historischen Häusern, die schon durch die Namen ihrer früheren oder heutigen Bewohner vom „Primat des Geistes“ zeugten: Penderecki, Świnarski, Wajda, Kantor ... – auch ein gewisser Uljanow, der späterhin als Lenin berüchtigt wurde, hat einen Teil seiner Sturm-und-Drang-Zeit in Krakau verbracht. Nach grober Schätzung passierte man beim Rundgang durch das historische Gemäuer dieser Altstadt 30 Galerien, 20 Museen und ein gutes Dutzend Schauspielhäuser – ziemlich viel für ein Areal, das man bei gutem Wetter von Nord nach Süd in sieben und von West nach Ost in zwanzig Minuten durchwandert hat.

Durch solch einen Spaziergang eingestimmt, konnte es nicht groß überraschen, daß sowohl der stellvertretende Bürgermeister Jacek Fitt als auch der agile Theaterintendant und ehemalige Kulturreferent Jerzy Fedorowicz unabhängig voneinander die Kultur zum Hauptexportartikel und -anziehungspunkt der Stadt Krakau erklärten. (Allerdings bekam Frau Barbara Bubula, Lehrerin und Stadtverordnete, vor Erstaunen und Schreck geweitete Augen, als im Gespräch mit Fitt auch die Perspektive eines polnischen Aigues-Mortes erörtert wurde: mit zahllosen Reisebussen, die vor der Stadtmauer ihre Touristenladungen ausspeien in eine Art Freilichtmuseum hinein, in dem nur noch Platz ist für grölende und fotografierende Schaulustige, die dann schichtweise in den Straßencafés abgefüttert werden. „Wir sind so weit von jeder Form eines organisierten Tourismus entfernt“, hatte der Vize-Bürgermeister lächelnd geantwortet, „daß ich diese Vorstellung eher verlockend als gefährlich finde.“)

Die Spur der Steine wies vom Rathaus zur Kanonicza. Nur diese schönste und sehenswerteste Straße der Stadt – in der sein Vater im 19. Jahrhundert ein Atelier hatte – konnte der polnische Nationaldichter, Maler und Dramatiker Stanisław Wyspiański gemeint haben, als er den Vers schrieb: „Oh ich liebe Krakau – denn nie haben Steine / mir Leid zugefügt – stets nur lebende Menschen . . .“

Seit dem 15. Jahrhundert wird in der Kanonicza unablässig restauriert; schließlich hat es auch in Krakau oft genug gebrannt. So gab die Straße ein recht kunterbuntes Bild ab: klassizistische Fassaden neben Renaissance-Portalen, hier ein arkadenüberbauter, maurisch anmutender Patio, dort eine riesige Baugrube. Gegenüber dem wunderschön herausgeputzten Bruchsteinbau des von Tadeusz Kantor gegründeten Theaters Cricot 2 – das unterdessen öfter im Ausland als in Krakau auftritt – ein ganz und gar unbewohnbares Kanoniker-Haus mit einer Patina aus Nachlässigkeit und dem gesammelten Schmutz der letzten Jahrzehnte. Überall waren Preßlufthämmer im Einsatz für den Denkmalschutz; immerhin hat sich Krakau schon 1981, auf Bürger-Initiative hin, eine „Restaurierungs-Charta“ gegeben. Doch das Baugerät schien nur leichtes Geschütz gegen Fassadenlöcher so groß wie Einschußkrater. „Nach 1945“, erläuterte Wlodzimierz Maciag im Garten des

Stahlstadt Nowa Huta sollte Krakau das Proletariat nachliefern, um

das von Intellektuellen wie Jerzy Turowicz geprägte Klima zu ändern

EINE HÜTTE WIDER DEN HOCHMUT DES GEISTES

Literaturhauses an der Kanonicza, „konnte Krakau auch deshalb wieder Kulturhauptstadt werden, weil es nicht wie andere Städte im Krieg zerstört worden war. Aber danach . . .“ Herr Maciag sprach den Satz nicht zu Ende. Man verstand ihn dennoch. Was das Krakau der Nachkriegszeit in der Substanz angegriffen hatte, war auch so etwas wie der Versuch einer Altstadtsanierung. Nur, daß die Bauherren sich seinerzeit nicht die Bewahrung des europäischen, galizischen Krakau zum Ziel gesetzt hatten, sondern seine Vereinnahmung durch eine ganz neue Stadt, bewohnt und beherrscht von ganz anderen, „neuen“ Menschen.

Nowa Huta hieß das Projekt der um einen gigantischen Stahlkomplex herum gruppierten Neustadt. Heute, nach dem kläglichen Ende des Kommunismus, trägt die einstige „Lenin-Hütte“ den Namen eines, ausgerechnet in Amerika zu Geld gekommenen, polnischen Pioniers der Marktwirtschaft. Das Stahlwerk und die Stadt Nowa Huta, etwa acht Kilometer vom Krakauer Marktplatz entfernt, mochten nur noch als sterbender Beweis für die leibhaftige Existenz jenes ganz und gar antikommunistischen Genius loci herhalten; ihr Beitrag zur gründlichen Klimavergiftung war von dauerhafter Wirkung.

Die Geschichte Krakaus ist überreich an Legenden: eine solche betrifft die den Marktplatz bevölkernden Tauben, die in Wahrheit verwunschene Prinzen sein sollen; und das abrupte Ende des stündlichen Trompetensignals vom Turm der Mariacka rührt, so sagt man, von einem Mongolenpfeil her, der den Türmer einst bei der Warnung vor angreifenden Eroberern durchbohrt haben soll. Legendär ist auch die Erklärung dafür, daß wider jede topographische und ökonomische Vernunft – es gibt in dieser Gegend weder Kohle- noch Erzvorkommen – 1949 in den Dörfern Mogiła und Płaszów die ersten Spatenstiche für den Bau von Nowa Huta getan wurden. Kurz zuvor hatte Krakau als einzige polnische Stadt bei einem Referendum gegen den „Aufbau des Sozialismus“ gestimmt. Die Kommunisten – manche Krakauer meinen nicht ohne Stolz, Stalin persönlich – verhängten daraufhin die Höchststrafe: die Errichtung einer proletarischen „Schwesterstadt“ in unmittelbarer Nachbarschaft, die das bürgerliche Krakau Mores lehren sollte. Oder es, frei nach Marx, vom Kopf auf die Füße stellen.

Das Experiment ging gründlich schief. Die zu Stahlarbeitern herangeworbenen Bauern der umliegenden Dörfer hatten schon bald nichts Besseres zu tun, als den Bau einer Kirche zu fordern – was einen bis 1977 währenden Konflikt mit den kommunistischen Behörden heraufbeschwor. Aber nicht genug damit, daß die Kirche schließlich gebaut und, übrigens vom späteren Papst Wojtyła, geweiht werden mußte; elf Jahre später war Nowa Huta auch noch Schauplatz einer der letzten Abwehrschlachten des polnischen Kommunismus, als das Regime ausgerechnet hier, gewissermaßen bei der eigenen Brut, letztmalig Panzer gegen streikende Arbeiter auffahren ließ.

„Wir sind eben Stalins Tochter, und dafür haßt man uns", sagte Dr. Jaclaw Marcinek gleich zur Begrüßung. Der leger gekleidete, etwas korpulente Mittvierziger, seit Oktober 1990 Direktor der Abteilung für Umweltschutz bei der Stahlhütte, hatte es übernommen, uns im Direktionswagen über das gewaltige Werksgelände zu führen. Und der Herr Umweltdirektor mühte sich redlich: Bei der Fahrt durch den beißenden Qualm aus der Kokerei, über Felder von roter Asche, auf denen Eisenschrott herumlag wie nach einer Panzerschlacht, im Ammoniakgeruch der Gasreinigung und im Getöse der Walzstraßen versicherte er immer wieder: „Die Bestie ist gezähmt!" Veraltete Hochöfen seien geschlossen worden, man habe neue, umweltverträgliche Blechstraßen aus Italien importiert und betreibe den Bau einer Großkammerkokerei, kurzum: die Hütte könnte durchaus ein ökologischer Musterbetrieb werden. Doch Nowa Huta, fügte er fast resignierend hinzu, sei nun einmal ein Symbol, Pfahl im Fleische des kulturellen Krakau, und so könne er leider auch den Gerüchten nicht widersprechen, daß die Stadt bewußt jede ökologische Verbesserung hintertreibe, um weiterhin Argumente für die Schließung des Werkes zu haben.

Ähnlich sah es auch der nette junge Mann im Werksbüro der Solidarność. Er beklagte sich zusätzlich darüber, daß der einst von der Gewerkschaft erstrittene „Rat der Arbeiter" mittlerweile jede vernünftige Geschäftspolitik, Privatisierung oder Überführung in eine Beteiligungsgesellschaft blockiere. Mangels Aufträgen waren Stahlwerk und Kokerei ohnehin nur zu einem Drittel ihrer Kapazität ausgelastet; die Herren in den dicken Mercedeslimousinen mit deutschem Kennzeichen, die andauernd am Werkstor vorfuhren, betrieben nur ‚Petting', meinte der Solidaritäts-Kollege.

Ähnlich anachronistisch wirkte inzwischen auch die um das Werk herum errichtete neue Stadt, ein stalinistisches Alphaville. Hatten die Parteizeitungen in frühen Jahren noch gehetzt, die „Damen der Krakauer Gesellschaft" würden die aus ideologischen Gründen stets bevorzugt versorgten Märkte und Geschäfte Nowa Hutas „leerkaufen", so war der „Bazar" an der Hauptausfallstraße unterdessen wirklich wieder ein ordentlicher dörflicher Gemüsemarkt geworden. Und wo die kommunistischen Strategen ursprünglich geplant hatten, jeden Haushalt mit einem Propagandalautsprecher auszurüsten – ein durchaus gespenstisches Vorhaben, das glücklicherweise schon bald zu den Akten gelegt wurde –, war nur noch eine unwegsame Betonstadt von außergewöhnlicher Häßlichkeit geblieben. Die vespafahrenden Jugendlichen, die wir vor dem Ludowego-Theater trafen, der von Jerzy Fedorowicz geleiteten Bühne, sagten, sie lebten hier, weil sie woanders die Mieten nie und nimmer bezahlen könnten.

Mit Plastikplanen schützen viele Krakauer ihre Autos vor der ätzenden Giftluft. Die Kinder atmen das schädliche Zeug tagaus, tagein

EIN IDYLL MIT EIN PAAR KLEINEN FEHLERN

Aber Krakau hatte einfach genug von all dem Dreck, der bei Westwind aus den oberschlesischen Kohlegruben herangeweht kam, bei Ostwind aus Nowa Huta, und der sich bei Windstille, also an gut 135 Tagen im Jahr, unter einer wahren Dunstglocke sammelte. Die Erosion der aus Kalk- und Sandstein bestehenden Bauwerke war da nur das geringere Übel: Seit vielen Jahren schon klagten ungewöhnlich viele Krakauer Bürger über Allergien, Atembeschwerden, Krebserkrankungen. Bereits 1980 war in Krakau der *Polski Klub Ecologiczny* gegründet worden, ein Vorläufer der polnischen Grünen, der bei den Wahlen 1988 auf Anhieb zwei Öko-Kandidaten ins Parlament der Wojewodschaft Krakau entsenden konnte.

„Jeder weiß doch, was hier los ist", brummte Zygmunt Fura und stieg auf dem Marktplatz von seinem Mountainbike um die tägliche „Sprechstunde" im Studentenklub zu eröffnen. Fura, ein vor lauter Engagement hektisch gewordener Mann um die vierzig, der im Jeansanzug zur Welt gekommen schien, firmierte als Sprecher der polnischen Grünen. Manchmal hatte er den Einsatz für die Umwelt in Krakau und anderswo dermaßen satt, daß er knurrte, er werde demnächst als freiwilliger Öko-Pionier in den brasilianischen Regenwald ziehen. „Hier wissen es alle, und es passiert nichts!" zürnte er dann. „Es ist noch gar nicht lange her, daß die Kühe auf der Weide einfach zusammengeklappt sind, weil das Fluor aus der Aluminiumfabrik ihre Knochen zerfressen hatte. Und?"

Immerhin, die Leichtmetallherstellung war eingestellt worden, und das Schlagwort vom „ökologischen Desaster" gehörte in Krakau zum allgemeinen Sprachschatz. Doch nach wie vor verzeichnete die Stadt Spitzenwerte in der Vergiftung durch Cadmium, Blei, Fluoride und Schwefeldioxid. Die Weichsel war derart versalzen, daß Krakau sein Trinkwasser von weither besorgen mußte. Fast schien es so, als hätten vierzig Jahre unkontrollierter Schwer-Industrialisierung alles mögliche vernichtet und vergiftet, bis auf das, was der Stalinismus eigentlich ausrotten wollte – diesen eigentümlichen Genius loci. Welch magischer Begriff! Vielbändige Diskussionsreihen um das neue, alte Mitteleuropa wurden obsolet, wenn die galizischen Krakauer Intellektuellen diese beiden Worte hervorzauberten. Erklären allerdings mochte es niemand so recht. „Krakau war früher eine Stadt der Pensionäre, Prostituierten und Studenten", sagte Regisseur Jerzy Jarocki beim Kaffee im Theaterkeller. „Das ist ein gutes Theaterpublikum. Aber ob das die Metaphysik des Ortes ausmacht?"

Auch Stanisław Lem, der Verfasser der „Sterntagebücher", bejahte die Existenz eines solchen Genius loci, mochte jedoch nicht zur Erläuterung schreiten: „Najajawissensienichtwahr", begann er seinen kleinen, charmanten Redeschwall, „ich bin nicht von hier, sondern aus Lwów, und ich habe sehr lange im Ausland gelebt. Aber man hat hier in dieser Stadt doch immer recht frei und wissenschaftlich diskutieren können."

Jerzy Turowicz mußte die Antwort wissen. Wenn überhaupt jemand, dann er. Schließlich wurde er in Krakau als eine Art Nationalheld verehrt, weil er sich nie der Diktatur gebeugt hatte. Als unangefochtener Sprecher der katholischen Intelligenz hatte er seine Zeitung, *Tygodnik Powszechny,* eine unabhängige Plattform der Opposition, mit Zähnen und Klauen verteidigt und dafür mehr als einmal scharfe Repression gewärtigen müssen.

„Also, wissen Sie", sagte er – Turowicz begann jeden seiner Sätze mit einem deutschen „also", um dann englisch fortzufahren –, „also, wissen Sie, ein Held war ich bestimmt nicht. Ich habe mich bei Stalins Tod 1953 geweigert, sein Foto auf die Titelseite zu nehmen, und da war man mir sehr böse. Aber ich habe immer nur an dem festgehalten, was ich für richtig hielt."

Den Genius loci, von dem er ganz gewiß auch durchdrungen sei, zu erklären, sei er nicht der rechte Mann, fuhr Turowicz dann fort. Der bald 80jährige, dem schlohweißes Haar und ein blaßoranges Nyltesthemd, wie es in den sechziger Jahren einmal Mode war, unabänderlich die Aura eines großen Denkers aus der ersten Hälfte dieses Jahrhunderts verliehen, drückte seine filterlose Zigarette aus, eine polnische Billigmarke, für deren üblen Geruch er sich gleich entschuldigte. „Also ich bin hier geboren, und den Genius loci müßte wohl jemand analysieren, der mehr Abstand hat."

Der Papst womöglich? Gar nicht so abwegig, dieser Gedanke. Turowicz erzählte mit einigem Stolz, den ersten Text des nachmaligen Pontifex in seiner Zeitung gedruckt zu haben, sagte aber auch, er wolle mit der jetzigen fundamentalistischen Politik des polnischen Klerus nichts zu tun haben. An den Wojtyła aus Krakauer Tagen erinnerten sich auch andere: Jerzy Jarocki, der Theatermacher, wußte, daß jener in der Nazizeit Laienrollen im Untergrundtheater des Tadeusz Kantor gespielt hatte; andere besannen sich darauf, daß der Heilige Vater in eben jener Zeit an den Seminaren der „klandestinen Universität" der Fleißigsten einer war. Johannes Paul II. als personifizierter Genius loci von Krakau? Aber der Papst war in Rom, und Rom war weit.

Das Rentnerehepaar mit den Heiligenbildchen an der Wand und der

Pferdekutscher leben in Kazimierz, Krakaus altem Judenviertel

EIN ORT, WO EINST VIELE JUDEN WOHNTEN

Da war auch noch Krysztof Gierat, der Besitzer einiger Programmkinos in Krakau. Irgendwann 1987 hatte er eine jüdische Filmreihe gezeigt, und nach der Vorstellung hatte sich ein Zuschauer mit der Kritik gemeldet, das Ganze sei für eine Stadt, die vor dem Krieg immerhin rund 70000 jüdische Bewohner gezählt hätte – nahezu ausnahmslos durch die Nazis ausgerottet –, ein wenig weltfern. Woraufhin Gierat und Zuschauer Janusz Makuch beschlossen, in einem Festival jüdischer Kultur das ehedem bedeutsame, unterdessen fast völlig verfallene Judenviertel von Kazimierz wieder aufleben zu lassen, wenigstens für ein paar Tage, und das mittlerweile alljährlich. „Als ich im ersten Jahr zusah, wie all die jungen Polen, die bis dahin noch nie etwas vom Schtetl gehört hatten, auf der Szeroka-Straße zu jiddischer Musik tanzten, war ich so glücklich wie noch nie in meinem Leben", erzählte der Kinobesitzer.

Schließlich fanden wir inmitten all dieser Kulturbeflissenheit doch noch eine Stimme schriller Dissonanz: „Wenn Sie den Geist der Stadt suchen", beschied Marta Tarabou, die Inhaberin der Galerie Zderzak (Stoßstange), „dann müssen Sie in die Kathedrale auf dem Wawel gehen und die begrabenen Könige bestaunen. Diese Stadt ist doch überladen mit Geschichte! Hier herrscht ein konservativer Geist, der jegliche künstlerische Innovation unterdrückt." Im Protest gegen die „Beschlagnahme der Kunst durch das Sakrale" hatte die energische junge Frau 1985 in einem Rohbau am Stadtrand eine klandestine Galerie für avantgardistische Kunst eröffnet. „Damals erschöpfte sich die bildende Kunst dieser Stadt in Märtyrerposen, die man in Kirchen ausstellte. Da wollten wir gegenhalten." Die Rebellion ist geglückt; 1991 zählten „ihre" Künstler – Grzyb, Maciejowski oder der Penck-Schüler Andrzej Cisowski – zu den meistausgestellten polnischen ‚Modernen'. Und ihre Galerie befand sich nun auch auf dem Marktplatz. Da wo sich alle treffen. Da, wo Krakau zur feinen, kleinen Gelehrtenprovinz wird, als hätte es nie ein Industriezeitalter gegeben. „Krakau hat sich eben nie vereinnahmen lassen", sagte Herr Wlodzimierz Maciag am Florianstor, dem letzten Überrest der gotischen Stadtmauer.

REINHARD HESSE, *Jahrgang 1956, war bis 1991 stellvertretender Chefredakteur der Zeitschrift* Transatlantik. *Er lebt als freier Autor in München.*

Waldbauer Paweł Wołoszyn, 89, Erfinder, baut Traktoren aus Schrott und Panzerwracks. Jetzt will er die Energieprobleme der Welt lösen

Tadeusz Słobodzianek (Text) Hans Madej (Fotos)

GESCHICHTEN AUS DEM GROSSEN WALD AM ENDE DER WELT

Die Obrigkeit war immer fern, Gott nah: In Polens östlichem Grenzland, in den Dörfern zwischen Białystok und den Urwäldern von Białowieża, leben die Nachfahren von Weißrussen, Tataren, Partisanen – und ihre Mythen und Visionen

VERWITTERTE WEILER, KNORRIGES BAUERNVOLK

Die Dörfer verfallen, Felder und Gärten sind vom Unkraut überwuchert: Weil die Jugend vor der Armut flieht, bleiben nur die Alten zurück

GERUCH VON KARTOFFELFEUERN, KARGE ERDE

Die Grenzlandleute mißtrauen der Zivilisation, denn selten brachte sie Segen, häufig Fluch: Krieg, Soldateska, zuletzt das Gift aus Tschernobyl

WUNDERSAME KRÄFTE, HEILIGE EINSIEDLER

Weil Gott die Demütigen liebt, verlieh er seinem Knecht Włodzimierz Karpinski die Fähigkeit zu heilen: Der Alte aus Kuzawa wird als Prophet verehrt

GESCHICHTEN AUS DEM GROSSEN WALD AM ENDE DER WELT

Von Tadeusz Słobodzianek

Im Osten Polens leben Menschen, deren Vorfahren vor tausend Jahren die orthodoxe Taufe aus dem Osten angenommen haben. Ihre Sprache erinnert die Russen an das Polnische und die Polen an das Russische.

Im 20. Jahrhundert nannte man diese Leute Weißrussen und ihre Sprache, in der sich vor Zeiten die polnischen Könige aus der Jagiellonen-Dynastie vorzüglich mit dem Adel und den Magnaten Litauens verständigen konnten, weißrussisch; eine Sprache, deren Musikalität, deren Reichtum an Adjektiven und Sprichwörtern, aber auch deren Komik in Flüchen (zum Beispiel: „Daß dich, geb's der liebe Gott, eine Höhle zuschütte!" oder: „Daß dich auf freiem Feld eine Tür einklemme!" oder: „Daß du dich an der Hochzeitstafel vollscheißt!") die berühmten polnischen Dichter des 19. Jahrhunderts wie Adam Mickiewicz und Juliusz Słowacki und in unserer Zeit den Nobelpreisträger Czesław Miłosz auf unverwechselbare Art inspirierten. Doch die Menschen dieser Gegend sehen sich nicht als Weißrussen. Fragt man sie nach ihrer Nationalität, erscheint in ihren Augen zunächst Verwunderung, worauf sie nach längerem Nachdenken antworten, sie seien . . . von hier. Und fragt man sie nach der Sprache, in der sie sich miteinander verständigen, antworten sie, sie sprächen einfach nur „hiesig" oder „einheimisch". Eines jedoch wissen sie bestimmt: sie sind orthodoxer Konfession. Im Unterschied zu den Polen (oder Katholiken), Deutschen (oder Protestanten), Tataren (oder Muselmanen), Juden, Kommunisten und anderen Gottlosen.

Die uralte Tatiana Kowalczuk wartet auf die Rückkehr des Herrn Jesus

Das Dorf Grzybowszczyzna liegt östlich von Białystok, nicht weit von Krynki. Der Weg von Białystok nach Krynki war im 19. Jahrhundert ein Teil der wichtigen Handelsstraße zwischen Warschau und St. Petersburg. Grzybowszczyzna zählte damals an die vierzig Bauernhöfe. Berühmt wurde Grzybowszczyzna in den dreißiger Jahren. Denn in der Person des einheimischen Bauern Eliasz Klimowicz offenbarte sich Jesus Christus damals plötzlich, der zum zweiten Mal auf die Erde gekommen war, um die zugrunde gehende Welt zu erlösen.

Heute sind im Dorf noch neun Gehöfte übriggeblieben, in denen alte Leute dem Ende ihrer Tage entgegenleben. Felder und Gärten sind von Unkraut überwuchert, die Hausdächer mit allem geflickt, was kein Wasser durchläßt: Stroh, Dachziegel, Eternit, Pappe, Folie. Die halb vermoderten hölzernen Scheunen und Ställe können jeden Moment einstürzen. Auf den Höfen rosten alte, primitive Landmaschinen. Nach Jahrzehnten gibt es zwar endlich neues Material, aber es fehlt an Geld. Die Leute leben von symbolischen Renten; die zahlt ihnen der Staat, der zwar ihren Ackerboden übernommen hat, ihn aber nicht bestellt.

Auf einem dieser Gehöfte wohnt ein alter Mann, den alle Großvater Miron nennen. Der orthodoxe Glaube hat seinem Leben einen mystischen Sinn verliehen. Die Ernte war Ritus, die Arbeit Kunst, der Brotverzehr Religion. Großvater Mirons Jahr bestand aus Jahreszeiten und Festen. Am Tage der Muttergottes von der Aussaat begann man mit der Aussaat des Getreides. Zu Sankt Georg trieb man zum ersten Mal das Vieh auf die Weide. Am Tag der Verklärung des Herrn beendete man die Ernte und weihte das Korn, aber auch das Obst, zur Kreuzerhöhung die Kartoffeln, Zwiebeln und das Gemüse. Der alte Mann glaubte, das sei die vom Vater dem Sohn, von der Mutter der Tochter vermachte Ordnung, sein Leben unterscheide sich in nichts vom Leben des Herrn Jesus, der Mutter-

DAS LEBEN IST EIN KAMPF MIT DEM TEUFEL

Junge Familien wie diese sind im Grenzland ein seltener Anblick

gottes, der Propheten und Apostel aus der Bibel, die man ihm jeden Sonntag in der orthodoxen Kirche vorlas. Und obwohl der Teufel ihn mit Elektrizität, Traktoren und landwirtschaftlichen Maschinen versuchte, kämpfte Großvater Miron solange gegen den Teufel, wie er nur konnte. Bis schließlich der Teufel ihm einen furchtbaren Schlag versetzte: Großvater Mirons Sohn fuhr zum Lernen in die Stadt. Dort beendete er die Schule und trat noch in den fünfziger Jahren der kommunistischen Partei bei, begann eine Beamtenlaufbahn, wurde sogar Direktor eines staatlichen Unternehmens, wohnte in der Stadt und kehrte nicht mehr auf das Dorf zurück. Auch als die Partei sich selbst auflöste und er nicht mehr Direktor war. Der Acker und der Bauernhof blieben ohne Erben.

In Großvater Mirons Leben trat Hoffnung, als ihm zwei Enkel geboren wurden. Er glaubte, wenn sie heranwüchsen, würde einer von ihnen Acker und Hof übernehmen. Er arbeitete von früh bis spät, damit die Erde sich beim neuen Bauern nicht beklage. Da versetzte der Teufel ihm den zweiten Schlag: Als die Enkel heranwuchsen, empörten sie sich gegen ihren Vater, den Kommunisten, ließen sich in der katholischen Kirche taufen und engagierten sich als Studenten in der Solidarność, die sich für Großvater Miron von Anfang an unangenehm mit Piłsudski, dem Papst und den „Gnädigen Herren" verband. Dann kam der Kriegszustand. Einer der Enkel, der den Glauben an den Sinn der polnischen Aktivitäten verloren hatte, emigrierte nach Amerika. Der andere führte ganz im Gegenteil Krieg mit den Kommunisten, siegte erstaunlicherweise, wurde Angestellter der neuen Staatsmacht und brachte es zusammen mit „Minister Wałega" (Großvater Mirons Vorstellungen über die Obrigkeit im fernen Warschau waren vage) dahin, daß es den Bauern schlechter ging als unter den Kommunisten, ja sogar – hol's der Satan – schlechter als schlechter.

Nach dem Tod seiner Frau wurde Großvater Miron wunderlich. Er lehnte den Vorschlag seines Sohnes ab, alles zu verkaufen und in die Stadt zu ziehen. Das Land übergab er dem Staat gegen eine geringe Rente, Pferd, Kuh und Hühner verkaufte er. Von nun an lebte er ausschließlich von gekaufter Milch und Brot. Er hörte auf, sich zu waschen und zu rasieren. Die Elektrizität benutzte er nicht, auch nicht den alten Kühlschrank und den Fernseher, weil ihm das Geld für den Strom zu schade war. Die einzige Arbeit, der sich Großvater Miron widmet, ist Holzhacken und Ofenheizen. Die größte Annehmlichkeit für ihn aber ist, Tag für Tag auf der Bank vor dem Haus zu sitzen. Manchmal setzt sich einer der Nachbarn oder eine Nachbarin zu ihm. Sie reden dann nicht nur über das, was sich kürzlich in der Gegend ereignet hat, – kaum jemand ist hier nämlich des Lesens und Schreibens kundig – wer gestorben ist und wer geboren, wer wieviel Geld verdient hat und womit, wer hergekommen und wer weggefahren ist. Sie reden auch über wichtige Dinge. Darüber, daß das Ende der Welt nahe bevorsteht, weil die Sonne erlischt. Und sie wird erlöschen, weil man in Amerika aus der Sonne Strom holt und sie demnächst völlig leer sein wird. Daß man das Teufelszeug in Tschernobyl nur obenhin ein bißchen zubetoniert hat, in Kürze wird es wieder spucken, und dann bleiben von allen Russen, Polen und Deutschen nur

Einmal im Jahr, im August, wallfahrten die Orthodoxen auf den heiligen Berg Grabarka

Patriarchen halten die Messe und segnen die Gläubigen, die nach Grabarka strömen

noch schwarze Skelette übrig. Daß die Katholen in den Militärkasernen bei Hajnówka drei Kisten Handgranaten gestohlen haben und beim nächsten Fest der Verklärung des Herrn auf dem Heiligen Berg Grabarka unter den Rechtgläubigen ein Massaker veranstalten werden. Daß es die Tataren in Kruszyniany am besten haben, weil ihre Moschee ständig von ausländischen Tataren besucht wird, und im Zusammenhang damit ihr Imam Popławski täglich betrunken ist. Und daß, Gott behüte, die Sowjetunion durch diesen Juden Gorbatschow zerfällt, dann kommen die Deutschen wieder wie einst und brennen die Dörfer nieder und erschießen die Menschen in den dichten Wäldern.

Wenn die Sonne untergeht, legt sich Großvater Miron auf dem warmen Ofen schlafen. Selbst im Sommer deckt er sich mit dem Fellmantel zu. Ein alter Mann friert, friert immer.

Diese Menschen, die an der Grenze Polens und Rußlands, Europas und Asiens, des Westens und des Ostens wohnen, wurden ihre ganze Geschichte hindurch von zwei Gespenstern begleitet, der Angst und der Armut.

Die Armut resultierte aus dem Sand- und Lehmboden, der seit Jahrhunderten nur Kartoffeln und kümmerlichen Roggen hervorbrachte und bewirkte, daß diese Menschen ständig hungrig waren und an der Wende vom Winter zum Frühling sich von Brot ernähren mußten, das halb aus Getreidemehl und halb aus abgekratzter Baumrinde zusammengebacken wurde, oder von einer Suppe, die aus Feldmäusen gekocht war.

Großväterchen Miron in Grzybowszczyzna hat nie in seinem Leben Lesen und Schreiben gelernt

Die Angst war die Angst vor den Fremden, die in ihr Land eindrangen, kämpften, die Häuser niederbrannten, plünderten, die Männer totschlugen und die Frauen vergewaltigten. Und alle kamen, die dazu Lust hatten. Die Polen, die Ordensritter, die Litauer, die Schweden, die Ukrainer, die Tataren, die Russen, die Franzosen.

Im 20. Jahrhundert blieb dem Land nichts erspart. Als der Erste Weltkrieg ausgebrochen war, zwang man die Einwohner zur Übersiedlung ins Innere Rußlands, wo viele von ihnen an Hunger, Erschöpfung und Epidemien starben. Die Überlebenden wurden schwer geprüft. Sie sahen den Sturz von Väterchen Zar, die Revolution, die Übernahme der Macht durch die Bolschewiki, die erzwungenen

Lebensmittel-Lieferungen für die Städte, die Zerstörung der orthodoxen Kirchen, den Bürgerkrieg, den Hunger, schließlich den Kriegskommunismus. Trotz allem kehrte die Mehrheit in ihr Land zurück und kam rechtzeitig, um Zeuge des polnisch-sowjetischen Krieges im Jahre 1920 zu sein. Sie sahen also erst die große Armee Tuchatschewskijs und Gaj Chans, die auf Warschau zog und dann wieder floh, und sahen die nach Osten drängende Armee Piłsudskis. Nach seinem Sieg versprach Piłsudski den Weißrussen, ihre Originalität und ihre patriotischen Bestrebungen zu achten und ihre Existenzbedingungen zu bessern.

In das polnische Parlament zogen Repräsentanten der Weißrussen ein. Das waren gebildete Intellektuelle, die eine Vision der Zukunft ihrer Landsleute hatten und versuchten, sie in loyaler Zusammenarbeit mit dem polnischen Staat zu realisieren. Sehr bald jedoch durchkreuzte die Wirklichkeit diese Pläne. Angesichts der wachsenen Macht Hitler-Deutschlands und der stalinschen Sowjetunion wurde in Polen die Politik der Zusammenarbeit und der Sorge für die Weißrussen durch eine Politik der Assimilierung ersetzt. Man schloß weißrussische Schulen, gab polnischen Siedlern ein Vorkaufsrecht für Boden in diesen Gebieten, fing an, orthodoxe Kirchen zu zerstören, sie in katholische oder unierte umzuwandeln, ja sogar mit Zwang in die orthodoxe Liturgie statt der altkirchenslawischen Sprache die polnische einzuführen.

Die Anführer der weißrussischen Parteien, die sich unter dem Druck der erbitterten Bauern zu radikalisieren und dem Einfluß der Kommunisten nachzugeben begannen, wurden verhaftet und ins Gefängnis geworfen. Das war die

ZWEI ÜBEL MIT NAMEN ANGST UND ARMUT

Holzhäuschen, Staketenzäune und Stockrosen: So sehen hier alle Dörfer aus

größte Schande des unabhängigen polnischen Staates in den Jahren 1918 bis 1939. Besonders, weil sie nachher alle in die Sowjetunion deportiert wurden, wo man sie erst feierte als Helden im Kampf um die Freiheit des weißrussischen Volkes im „faschistischen Polen“, und danach, während der stalinistischen Säuberungen der dreißiger Jahre, als Agenten Piłsudskis anklagte und brutal ermordete.
Die Weißrussen in Polen verloren eine ganze Generation ihrer Intelligenz, und nie mehr ist sie in dieser Zahl wiedererstanden. Zugleich drangen über die Ostgrenze die Nachrichten ihrer Landsleute über die Kollektivierung, den Abtransport der reicheren und fleißigeren Bauern in die Lager Sibiriens, den blutigen Terror des NKWD, den Hunger, den Kannibalismus, das Elend.
Gegen Ende der zwanziger Jahre verbreiteten sich in den Dörfern Gerüchte, in Grzybowszczyzna sei der Sohn Gottes zum zweiten Mal auf die Erde herabgestiegen, er tue Wunder, heile die Kranken, mache die Gier der Popen lächerlich, auf seinen Wink hin sei eine neue Kirche wie ein Pilz nach dem Regen aus dem Boden geschossen, und auf einer großen Lichtung im Wald unweit des Dorfes habe er den Bau einer neuen Welthauptstadt begonnen, die er Wierszalin nenne. Die von Mund zu Mund weitergegebenen Geschichten berichteten auch, neben Jesus wirkten dort die Muttergottes, die Apostel Petrus, Johannes und Paulus, der Erzengel Gabriel, und die alttestamentlichen Propheten und die Heiligen, ferner der durch ein Wunder aus Bolschewikenhand gerettete Zar Nikolaus II., der verspreche, wenn er mit Hilfe des Gottessohnes den Thron in Sankt Petersburg zurückgewinne, würden alle, die ihm die Treue gehalten, reichlich belohnt.
Tausende von Bauern machten sich auf die Pilgerfahrt nach Wierszalin. Manche von ihnen verkauften Haus und Hof, damit der Bau der Welthauptstadt verwirklicht werden konnte. Viele verbrachten fastend und betend Tage und Nächte vor Christi Haus und warteten auf seine Worte, seinen Segen und seine Wunder. Sie warteten darauf, daß alles Böse dieser Welt vergehe, daß die Polen und die Bolschewiken vergingen, die Popen und die Elektrizität, bis das letzte Wunder geschehe: endlich das Reich Gottes auf Erden.
Doch Nächte und Tage, Wochen und Monate, Jahreszeiten und Jahre vergingen, und das Reich Gottes kam nicht. Die Reihen der Bekenner begannen sich zu lichten, an ihrer Stelle erschienen allerlei Schlauberger, die oft versuchten, sich vom göttlichen Reichtum etwas abzuzwakken. Eines Tages tauchte in Wierszalin eine Gruppe von Männern mit einem großen Holzkreuz auf. Das waren Judas, Pilatus, Hannas und Kaiphas und der römische Soldat, sie trugen bei sich eine aus Stacheldraht geflochtene Dornenkrone, einen Hammer, speziell geschmiedete Nägel und eine Lanze, die aus einer geradegebogenen Sense angefertigt war. Sie kamen, um Jesus zu kreuzigen, um ihm bei der Erlösung der zugrunde gehenden Welt zu helfen und sich selbst gleichzeitig zur ewigen Verdammnis und zur Hölle zu verurteilen. Doch Eliasz Klimowicz nahm das Kreuz nicht an. Als Judas auf ihn zutrat, um ihn auf die Wange zu küssen und so zur Kreuzigung auszuliefern, schlug Jesus dem Judas mit der Faust ins Gesicht und floh in den Wald. Die enttäuschten Bauern vergruben das Kreuz in der Erde

Die letzten Einwohner des Dorfes Luca: Das alte Ehepaar wartet nur noch auf den Tod

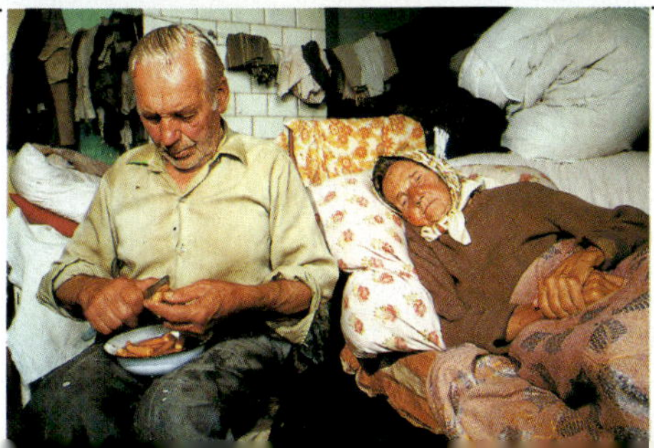

Für die Enkel aus der Stadt hat der Besuch bei den Großeltern etwas Märchenhaftes

und gingen hin, woher sie gekommen waren. Nach einigen Tagen kehrte der Erlöser aus dem Wald zurück und verkündete das Ende der Welt.

In den letzten Septembertagen 1939, als das polnische Heer dieses Land verlassen hatte, die deutschen und sowjetischen Truppen aber noch nicht eingetroffen waren, führten einheimische Kommunisten Eliasz Klimowicz nachts aus dem Haus und erschossen ihn im Wald irgendwo in der Nähe der Welthauptstadt. Die Stelle, wo sie seine Leiche vergruben, blieb für immer ein Geheimnis. Als wenige Tage später die Sowjets auftauchten, tadelten sie die übereifrigen Anhänger der historischen Gerechtigkeit und gaben bekannt, Jesus Christus sei in die Sowjetunion gebracht worden, denn auf seine Ratschläge bezüglich der in Kürze ausbrechenden Weltrevolution warte in Moskau der Genosse Stalin persönlich. Sie kündigten seinen Bekennern auch an, der Prophet werde bestimmt zurückkehren, sobald die kommunistische Weltrevolution gesiegt habe und das Paradies auf Erden eingetreten sei, dessen zentraler Punkt ganz gewiß Wierszalin werden würde.

Sie haben viele Armeen kommen und wieder gehen sehen: Bauersleute aus dem Dorf Nowodziel

Von nun an wurde das Warten zum Lebensinhalt der Gläubigen. Sie starben nacheinander in dem Gefühl, sie stürben nur dem Leibe, nicht dem Geiste nach, denn wenn das Paradies einträte und Vater Eliasz wiederkehre, würden sie auferstehen. Heute noch lebt in Wierszalin die letzte der „heiligen Frauen", die neunzigjährige Tatiana Kowalczuk, blind und halb taub, die unbeirrbar glaubt, der „Hausherr" werde zurückkehren, eine große Rente erhalten und seine weise und gerechte Herrschaft errichten; er sei ja erst 131 Jahr alt, und was sei das im Vergleich mit dem Alter der alttestamentlichen Propheten. Sie hat nur eine Sorge: Was wird aus ihrem heiligen Haus in Wierszalin, aus den heiligen Bildern und Andenken, falls es passieren sollte, daß der Sohn Gottes noch nicht wieder zurückgekehrt sei, sie aber dem Leibe nach vorher sterben müsse? Das Ende der Welt, das Eliasz Klimowicz für seine Heimat vorhergesagt hatte, trat tatsächlich ein. Während des Zweiten Weltkrieges entwickelte sich hier eine Apokalypse. Der Vernichtungsengel trug zunächst die Soldatenuniform der Roten Armee, dann zog er für drei Jahre die Uniform eines SS-Mannes an, zwischendurch verkleidete er sich als sowjetischer Partisan oder als Soldat der polnischen Untergrundarmee, und als der Krieg zu Ende war, veranstaltete er eine wahre Maskerade. Er kostümierte sich als sowjetischer Soldat oder als polnischer Partisan oder als Funktionär des polnischen Sicherheitsdienstes, und es kam noch raffinierter: Er trat zum Beispiel auf als sowjetischer Soldat, der als polnischer Partisan verkleidet ist, oder als polnischer Partisan, der als polnischer Funktionär des Sicherheitsdienstes verkleidet ist. Man erkannte ihn jedoch stets. Wo immer er auftauchte, tat er dasselbe. Er erschoß die Männer, vergewaltigte die Frauen, brannte die Dörfer nieder, nahm die Pferde, das Vieh und das Getreide weg. Bis der Engel der Vernichtung am Ende ermüdete. Er zog die Uniformen aus und legte die Maschinenpistole weg. Er zog den schwarzen Anzug, das weiße Hemd und die Krawatte des polnischen sozialistischen Beamten an.

Und was er nicht mit Feuer und Kugel geschafft hatte, das bewerkstelligte er mit Gesetzen und Verordnun-

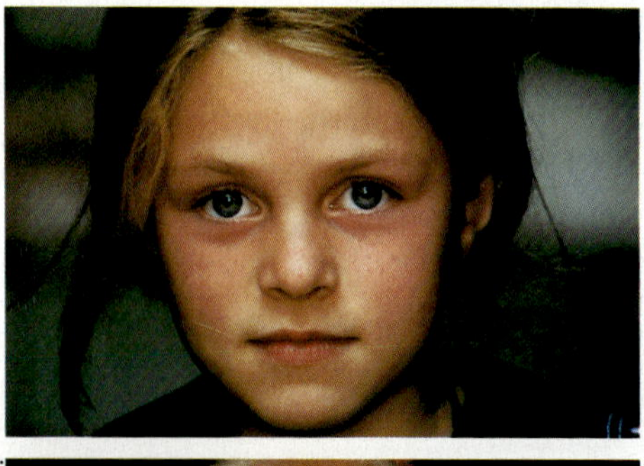

Grenzland-Gesichter: Mädchen aus Odnoga, eine alte Tatarin aus Bohoniki

Europas letzte Wildnis: Urwald im Nationalpark von Białowieża

gen. Die Kollektivierung, die in den verschiedenen Etappen des polnischen Sozialismus unterschiedlich verlief, bewirkte, daß die Dörfer sich zu entvölkern begannen. Die jungen Leute flohen in die Stadt. In Schulen, Fabriken, Bergwerke, in irgendeine staatliche Arbeit, und sei es die Miliz, Hauptsache: weit vom Dorf entfernt. In den sechziger und siebziger Jahren wurde aus Białystok, einer Stadt mit 100000 Einwohnern, eine Stadt mit über 250000 Einwohnern. In den umliegenden Dörfern blieben die Alten, die ihre Tage zu Ende lebten, und diejenigen, denen die Flucht in die Stadt nicht gelungen war, die jetzt ihr Schicksal verfluchten und ihre Bitterkeit im Wodka ertränkten. Unkraut überwuchert die Felder, die Holzhäuser verfaulen, werden morsch, und nur da und dort bauen die Enkel derer, die hier einst Bauern waren, ihre Datschen.

Paweł Wołoszyn gehörte, obwohl er vor Jahren mit Eliasz Klimowicz befreundet gewesen war und sogar beim Bau von Wierszalin Ratschläge gegeben hatte, nie zu den direkten Bekennern des Propheten. Sein ganzes Leben hindurch fesselte ihn die Technik. Aus den nach dem Krieg übriggebliebenen Panzer- und Autowracks baute er sich ein Fahrzeug für die Feldarbeit und andere Maschinen und landwirtschaftliche Geräte. Sein Leben lang verbesserte er etwas, suchte er etwas, änderte er etwas. Heute ist er 89 Jahre alt und sieht voller Grausen, wie sein Sohn, dem er den Hof überlassen hat, diesen und seine Maschinen zugrunde richtet. Doch trotz aller Bitternis, die das Leben ihm eingetragen hat, läßt er den Mut nicht sinken, er hat nämlich ein neues aufsehenerregendes Projekt, das diesmal nicht nur seinen Bauernhof betrifft, sondern die ganze Menschheit. Vor fünf Jahren, als ihn die Nachricht von der Explosion des Atomkraftwerks in Tschernobyl erreichte, hörte Paweł Wołoszyn auf, nachts zu schlafen. Die Idee kam plötzlich und unverhofft, wie eine göttliche Erleuchtung. Wasserkraftwerke! Überall! Alle zehn Kilometer. An allen Flüssen der Welt. Er begann zu rechnen. Er multiplizierte, dividierte, addierte auf alten, hölzernen Rechenbrettern. Summen kamen heraus, die ihn schwindlig machten. Die atomare Gefahr schwand. Autos, Lokomotiven und Kohlengruben erwiesen sich als unnötig. Die Rettung der natürlichen Umwelt des Menschen stand bevor. Und Milliarden Dollar an Ersparnissen. Vor einem Jahr trat Paweł Wołoszyn im polnischen Fernsehen auf. Er schlug dem Präsidenten Lech Wałęsa vor, er werde dem polnischen Staat sein Projekt überlassen, damit dieser alle Auslandsschulden bezahlen und noch fünfmal soviel zusätzlich verdienen könne. Allerdings stellte er eine Bedingung. Die mit dem Bau der Turbinen beschäftigten Handwerker sollten Weißrussen sein.

Einmal im Jahr, in der Nacht vom 18. zum 19. August, findet auf dem für die orthodoxen Gläubigen Polens heiligen Berg Grabarka der feierliche Gottesdienst zum Fest der Verklärung des Herrn statt. Dort treffen sich alle. Alte und Junge. Die aus dem Dorf geflohen und die geblieben sind. Die Hierarchen der Orthodoxen Kirche und die selbsternannten Propheten. Die Gläubigen und diejenigen, die glauben möchten. Wenn die Nacht herabsinkt und die brennenden Wachskerzen im Wald, die rund um die Kirche Votivkreuze bilden, die einzige Lichtquelle sind, erklingt ein ergreifender Gesang. Lieder, erfüllt vom Schuldgefühl dieser lächerlichen und tragischen Menschen aus dem Grenzgebiet Europas und Asiens, steigen wie ein Rufen aus tiefer Finsternis auf zum sternglitzernden, kalten und gleichgültigen Augusthimmel.

Gleichgültiger Himmel über göttlich schönem Land: Einsamer Angler am See von Topolany

---

TADEUSZ SŁOBODZIANEK, *geb. 1955 in Jenissejsk/Sibirien, wohin seine Eltern aus Białystok deportiert waren, ist Kritiker, Dramatiker, Regisseur und Autor preisgekrönter Theaterstücke. Er wohnt in Białystok.*

!Forbes-Mini-Abo: Das Stadtgespräch

„Ach, was, ich habe doch !Forbes im Miniabo bestellt. Da kriegt man als Geschenk eine Telefonkarte mit 20 Einheiten. Und wenn die verbraucht sind, kommt sie in die Sammlung."

„Wieso?"

„Quatsch! Von der Telefonkarte. Du kennst ja meine Sammelleidenschaft."

„Teure Sache."

Schicken Sie den Coupon ausgefüllt an uns zurück. Oder rufen Sie uns ganz einfach an:

Zum Nulltarif unter 0130/4767

oder per Fax 0781/846953.

„... und stell Dir vor, ich stehe in einer Telefonzelle."

„Oje, das geht ins Kleingeld."

„Weil die Auflage limitiert ist."

„Von !Forbes?"

„Das !Forbes-Miniabo? I wo, das kostet doch nur 12,90 DM. Dafür gibt's drei Hefte und die Telefonkarte. Aber, was erzähl' ich? Bestell' doch selbst ein Miniabo".

„Ich muß unbedingt zurückrufen. Aber mit der !Forbes-Telefonkarte. Wiederhören!"

***Ihr Widerrufsrecht:** Die Bestellung können Sie innerhalb von 10 Tagen (Datum der Absendung) … Burda GmbH, Senefelderstraße 4, 7600 Offenburg, widerrufen.*

COUPON

Ich will !Forbes im Miniabo kennenlernen und bestelle deshalb die nächsten 3 Hefte zum Kennenlernpreis von nur 12,90 DM. In diesem Preis ist die Telefonkarte enthalten, die ich in jedem Fall behalten kann. Wenn ich 4 Wochen vor Ablauf des Mini-Abonnements nichts von mir hören lasse, will ich !Forbes weiterhin monatlich im Abonnement zum Preis von 5,95 DM pro Heft (statt 7,– DM bei Einzelkauf) beziehen. Das Abonnement kann jederzeit gekündigt werden.

Name/Vorname

Straße/Nr.

PLZ/Ort

Unterschrift

***Garantie:** Diese Bestellung kann ich innerhalb von 10 Tage[n] (Datum der Absendung) durch eine kurze Mitteilun[g] an Burda GmbH, Senefelderstraße 4, 7600 Offenbur[g] widerrufen.*

Datum/Unterschrift

Coupon bitte ausschneiden und einsenden an: Burda GmbH, Abonnenten-Service, Senefelderstraße 4, 7600 Offenburg

9478

WIE WO WAS

TIPS UND HINWEISE

Keine Folklore, sondern Alltag: Die Kutscher bringen den Geistlichen mit dem Pferdegespann zum nächsten Gottesdienst

ANREISE Die Staatsbürger der Länder Deutschland, Österreich und Schweiz benötigen für einen Aufenthalt von bis zu drei Monaten einen gültigen Reisepaß, der vom Tag der Einreise an noch mindestens sechs Monate gültig ist. Kinder und Jugendliche unter fünfzehneinhalb Jahren brauchen einen gültigen Kinderausweis. Hunde und Katzen können mitgebracht werden, wenn ein tierärztliches Gesundheitszeugnis vorliegt und die üblichen Impfvorschriften erfüllt sind.

Mit dem Auto. Aus Nord-, West- und Ostdeutschland kommend bieten sich die drei Grenzübergänge bei Stettin (Szczecin), Frankfurt/Oder (Słubice) und Görlitz (Zgorzelec) an. Autofahrer aus Süddeutschland und der Schweiz nehmen die Route durch die ČSFR über Pilsen und Prag auf der E50 und E87 Richtung Breslau (Wrocław). Für Reisende aus Österreich führt die Strecke über Wien und Brünn nach Ostrau und weiter nach Kattowitz (Katowice).

Mit dem Zug. Die wichtigste Bahnverbindung ist Köln–Berlin–Warschau. Die Fahrt dauert noch immer 18 Stunden. Im Sommer verkehrt einmal in der Woche ein Autoreisezug von Köln nach Deutsch-Eylau (Iława) in Masuren. Von Wien fahren täglich der Chopin- und der Sobieski-Express nach Warschau. Zwischen der Schweiz und Polen besteht keine direkte Zugverbindung.

Mit dem Flugzeug. Tägliche Flugverbindungen gibt es zwischen Frankfurt und Warschau mit Lufthansa und LOT. Die Preise (Stand Sommer 1991) für Hin- und Rückflüge betragen etwa zwischen 730 und 1300 Mark.

Mit dem Bus. Dies ist zwar die anstrengendste, aber auch die billigste Möglichkeit, um nach Polen zu fahren. Liniendienste gibt es von Hamburg, Frankfurt, Köln und Wien nach Warschau bzw. Krakau (Kraków).

AUTOFAHREN Die grüne Versicherungskarte ist erforderlich. Folgende abweichende Verkehrsregeln sind zu beachten: es herrscht absolutes Alkoholverbot; die Höchstgeschwindigkeit beträgt auf Landstraßen 90, auf Schnellstraßen 110 und in geschlossenen Ortschaften 60 km/h; an Ampeln kann bei Rot rechts abgebogen werden, wenn es durch den grünen Pfeil gestattet ist, wobei die bei Grün fahrenden Fahrzeuge Vorrang haben. Auch tagsüber muß neuerdings das Abblendlicht eingeschaltet sein.

Das Tankstellennetz ist relativ dicht. Benzin mit 94 bzw. 98 Oktan *(etylina)* sowie Diesel *(ON = olej napedowy)* gibt es fast überall, bleifreies Benzin in den Großstädten und an den Fernverkehrsstraßen. Ein in Hotels und Grenzübergangsstellen erhältliches Verzeichnis gibt Auskunft.

Der Straßenzustand ist, abgesehen von kleineren Nebenstraßen, gut. Probleme hingegen bereiten die oft rücksichtslosen polnischen Autofahrer, unbeleuchtete Pferdewagen, Radfahrer oder betrunkene Fußgänger.

Nicht umhin kommt man, vor Diebstahl zu warnen. Westeuropäische Fabrikate sind in Polen besonders begehrt, daher vor einer Reise unbedingt eine Vollkaskoversicherung abschließen. Wenn irgend möglich, parken Sie Ihren Wagen auf bewachten Parkplätzen, lassen Sie nie die Papiere bzw. Wertsachen im Auto und bauen Sie das Radio aus.

Die Notfallnummern lauten: Polizei 997, Feuerwehr 998, Rettung 999, Pannenhilfe 981.

TAXIS Der Preis für eine Fahrt beträgt das 300- bis 500fache der Anzeige. Bei Fahrten vom Flughafen und von den großen Bahnhöfen verlangen die Chauffeure Phantasiepreise, vorherige Verhandlungen sind angebracht. Nicht selten werden Dollars oder Mark verlangt. Manche großen Hotels leisten sich eigene Beförderungsunternehmen, die zwar ein wenig mehr verlangen, dafür aber korrekt rechnen.

MIETWAGEN Autos kann man in großen Hotels und in Warschau am Flughafen bzw. am Zentralbahnhof mieten. Die Preise für die fast ausschließlich westlichen Modelle sind höher als in Deutschland, Österreich und der Schweiz. Frühe Buchung wichtig!

AUF EINEN BLICK

TIPS UND HINWEISE

ÖFFENTLICHE VERKEHRSMITTEL Das Eisenbahnnetz ist dicht, aber langsam. Expreßzüge sind platzkartenpflichtig. Ausländische Touristen können einen Polrailpaß erstehen, der zu beliebig vielen Fahrten innerhalb der angegebenen Frist berechtigt. Die Preise betrugen 1991 für acht Tage 1. Klasse 105, für 2. Klasse 75 Mark. Für Jugendliche unter 26 Jahren gibt es ähnliche Arrangements ab 15 Dollar. In den Städten verkehren Busse und Straßenbahnen. Die üblicherweise an allen Zeitungskiosken erhältlichen Fahrkarten müssen bei Fahrtantritt entwertet werden und berechtigen nicht zum Umsteigen.

GELD Währungseinheit ist der Złoty, der inzwischen frei konvertierbar ist. Devisen können in beliebiger Höhe eingeführt und in Banken oder privaten Wechselstuben (*kantor*) gewechselt werden. Letztere bieten meist einen besseren Kurs an. Die Einfuhr größerer Summen sollte man sich bei der Einreise bestätigen lassen, da eine Wiederausfuhr nur in der Höhe des registrierten Betrags möglich ist. Euroschecks werden bei Filialen der PKO-Bank bzw. der Bank Handlowy in Warschau angenommen. Große Hotels und einige Läden akzeptieren Kreditkarten, doch sonst ist Barzahlung üblich. Auf Grund der in Polen herrschenden Inflation und des sich ständig ändernden Wechselkurses sind alle in diesem Heft angegebenen Preise nur als Näherungswerte zu verstehen und können auch über einen kürzeren Zeitraum nicht garantiert werden. Der Wechselkurs lag im November 1991 bei 7000 Złoty für eine Deutsche Mark.

KOMMUNIKATION Der Versuch, ein Telefonat zu führen, könnte Ausländern die Urlaubslaune verleiden. Wer es doch nicht lassen kann, muß sich auf mehrstündige Wartezeiten gefaßt machen, egal ob man mit dem Ausland oder innerhalb Polens telefonieren will. Telefonautomaten funktionieren mit Jetons. Die Vorwahlnummern lauten: Deutschland 0049, Österreich 0043, Schweiz 0041. Briefmarken gibt es in den Postämtern, ihre Preise ändern sich ständig. Briefe sind nach Deutschland bisweilen zwei Wochen unterwegs.

EINKAUFEN Lebensmittelläden sind von 7 bzw. 8 Uhr früh bis 19 Uhr geöffnet, andere Geschäfte in der Regel von 11 bis 19 Uhr sowie samstagsvormittags. In den Großstädten sind einige Geschäfte rund um die Uhr geöffnet. Die umfangreichen Ausfuhr- und Zollbestimmungen sind bei allen Informationsbüros erhältlich. Die Auswahl dessen, was man in Polen kaufen kann, läßt sich natürlich nicht mit wesentlichen Standards messen. Dennoch lohnt ein Blick in die Läden: In den „Polski Len"-Geschäften gibt es wunderschöne und spottbillige Leinenstoffe, die Kaufhäuser haben in ihren Haushaltsabteilungen wunderbar altertümliche – und ebenfalls noch unglaublich billige – Küchengeräte, Zinkeimer, Holzbretter, Kerzen . . . Es muß also nicht immer nur Kaviar (von den „Russenmärkten") sein.

GESUNDHEIT Der Rettungsdienst *(Pogotowie Ratunkowe)* ist landesweit unter der Nummer 999 erreichbar. Ausländer müssen die Behandlungskosten selber tragen. Am besten ist es, eine Reisekrankenversicherung abzuschließen. Apotheken *(apteka)* führen zwar westliche Medikamente, eine Reiseapotheke ist dennoch nützlich. RENATE MARSCH

Die Autorin, Jahrgang 1935, ist seit 1974 dpa-*Korrespondentin in Warschau.*

AUSKÜNFTE

Botschaften:
Deutschland
ul. Dabrowiecka 30
03-932 Warszawa (Warschau)
Tel. (022) 173011-17
Tlx 813455

Österreich
ul. Gagarina 34
00-595 Warszawa (Warschau)
Tel. (022) 410081
Tlx 813629

Schweiz
al. Ujazdowskie 27
00-540 Warszawa (Warschau)
Tel. (022) 280481
Tlx 813528

Deutsche Konsulate
ul. Podwale 76
50-449 Wrocław (Breslau)
Tel. (071) 442006-07
Tlx 712219

al. Zwyciestwa 23
80-219 Gdańsk (Danzig)
Tel. (058) 414366
Tlx 512374

ul. Stolarska 7
20-106 Kraków (Krakau)
Tel. (012) 218088
Tlx 325690

ul. Krolowej Korony Polskiej 31
70-485 Szczecin (Stettin)
Tel. (091) 225212
Tlx 422400

Auskünfte und Buchung:
Reisebüro Polorbis
Köln
Hohenzollernring 99–101
Tel. (0221) 520025
Hamburg
Glockengießerwall 3
Tel. (040) 337686
Stuttgart
Rotebühlstraße 51
Tel. (0711) 612420
Berlin
Warschauer Straße 5
Tel. (00372) 5894530 u. 5894967

Angaben: Stand November 1991

Warschau	Mittlere tägl. Minima in °C	Mittlere tägl. Maxima in °C	Sonnenstd. pro Tag	Zahl d. Niederschlagstage
Januar	-6.0	-1.0	1.5	8
Februar	-5.5	0.3	1.8	9
März	-2.2	5.2	3.5	7
April	3.5	12.8	5.1	8
Mai	8.6	19.3	6.2	7
Juni	12.2	22.8	8.5	9
Juli	14.4	24.5	7.8	11
August	13.6	23.7	6.7	9
September	9.7	18.8	5.5	8
Oktober	4.6	12.2	3.5	8
November	0.6	5.4	1.2	9
Dezember	-2.8	1.5	0.8	9

An der Ostsee herrscht Meeresklima, im Gebiet der Masurischen Seen platte sind hohe Temperaturen selten. Im Flachland folgen auf lange stabil Sommer strenge Winter. Warschau hat verhältnismäßig mildes Wetter

Warum ist das neue SPEE ein Schritt zur gesamtdeutschen (R)EINHEIT?

Das neue SPEE, produziert in Genthin, Sachsen-Anhalt, gibt es jetzt im gesamten Deutschland. Es ist das erste Waschmittel, das den Weg von Ost nach West geht. Durch die Produktion in Genthin trägt das neue SPEE zum Erhalt von Arbeitsplätzen bei und unterstützt die Wirtschaft in den neuen Bundesländern.

Das neue SPEE Vollwaschmittel, ein kraftvolles Waschmittel für alle Textilien, alle Waschtemperaturen und alle Waschverfahren, bietet gute Qualität zum vernünftigen Preis.

Das neue SPEE.
Henkel-Qualität
produziert in Genthin
für ganz Deutschland.

Henkel

DER GAST IST KÖNIG UND NICHT MEHR GENOSSE

Der Kommunismus mag in vielem versagt haben; eines muß man ihm zugestehen: Es ist ihm über die Jahre gelungen, mit Hilfe des Beherbergungsgewerbes alle Menschen gleich zu machen. Die westlichen Devisenbringer bekamen während ihres Aufenthalts in gedrängter Form jene Mischung von Unzulänglichkeit, billigem Geschmack und Bürokratie zu spüren, mit der die Polen das ganze Jahr in Geschäften, Ämtern oder am Arbeitsplatz leben mußten. Das Ergebnis dieser Gleichmacherei waren seelenlose Kombinate zur Unterbringung von Touristen, wie das Cracovia in Krakau, riesige Kästen in Warschau oder das Hevelius in Danzig. In allen großen Städten Polens gibt es solche Hotels des zur Privatisierung anstehenden Staatskonzerns Orbis. Die Häuser haben zumindest den Vorteil, daß sie zentral gelegen sind und man relativ leicht ein Zimmer bekommt. Die Räumlichkeiten sind nicht sonderlich phantasievoll eingerichtet und verfügen über mittleren westlichen Komfort. Die Preise stehen denen im Westen kaum nach.

Inzwischen haben sich einige renommierte Hotelketten engagiert: Wie eine amerikanische Insel in der polnischen Umwelt wirkt das Marriott in Warschau. Vor der Tür begrüßt ein Hotelboy in Phantasieuniform den Gast – mit weißem Plastikhelm und rotem Federbusch; im Winter ist es eine schwarze Fellmütze. Mit Polen hat diese für europäische Augen recht kitschig-pompös wirkende Luxusherberge so gut wie nichts zu tun. Doch sie wird von Geschäftsleuten bevorzugt. Die finden hier alles, was sie aus westlichen Hauptstädten gewohnt sind: mehrere Restaurants, Konferenzräume, Rent-a-Car-Schalter, und dank eines Satellitensystems auch die Möglichkeit, einigermaßen problemlos mit dem Ausland zu telefonieren.

Dem europäischen Geschmack besser angepaßt sind die Hotels von Holiday Inn in Warschau und Krakau. In Misdroy hat ein österreichisches Unternehmen direkt am Strand das gutem westlichen Standard entsprechende Amber-Baltic eröffnet. Obwohl die Zimmerpreise fast ein halbes polnisches Durchschnittsgehalt ausmachen, ist es in den Sommermonaten stets ausgebucht – nicht nur von westlichen, sondern auch von betuchten polnischen Gästen. Davon gibt es zum Erstaunen vieler Ausländer nicht wenig. Im Zeichen des Neokapitalismus wird gerne gezeigt, daß man es zu etwas gebracht hat. Abgesehen davon eröffnen immer mehr privat geführte Häuser und Pensionen, oder Betriebser-

Hotel Europejski: eine gediegene Oase der Eleganz inmitten der Tristesse der polnischen Hotellerie

HOTELS

Warszawa (Warschau)
Europejski
Krakówskie Przedmieście 13
Tel. (022) 265051
EZ 130 DM, DZ 190 DM
Der Hotel-Klassiker im Zentrum am Königstrakt, wiedererrichtet im Neorenaissance-Stil

Marriott
al. Jerozolimskie 65/79
Tel. (022) 6306306
EZ 205 US-Dollar plus 5,3% Steuern, DZ 235 US-Dollar plus 5,3% Steuern.
Amerikanisches Luxushotel; selbst von den Plastikblumen wird täglich der Staub abgeputzt. Satellitentelefon

Saski
plac Bankowy 2
Tel. (022) 204611
EZ (ohne Bad) 25 DM, DZ (ohne Bad) 40 DM
Preiswerte, recht zentral gelegene Unterkunft mit altem Ambiente in der Nähe des Rathauses

Zajazd Napoleoński
ul. Płowiecka 83
Tel. (022) 153068
EZ 130 DM, DZ 165 DM
Sehr gepflegtes, privates Hotel mit guter französischer und polnischer Küche, etwas außerhalb vom Zentrum in Richtung Lublin

Gdańsk (Danzig)
Hevelius
ul. Heveliusza 22
Tel. (058) 315631
EZ 85 DM, DZ 115 DM
Zentral gelegenes großes Orbis-Hotel ohne besondere Atmosphäre

Kraków (Krakau)
Cracovia
al. Puszkina 1
Tel. (012) 228666
EZ 80 DM, DZ 130 DM
Großes, unpersönliches Orbis-Hotel, zentral gelegen

Francuski
ul. Pijarska 13
Tel. (012) 227677
EZ 90 DM, DZ 140 DM
Traditionsreiches, frisch renoviertes Haus in der Altstadt

Pod Róża
ul. Floriańska 145
Tel. (012) 221244
EZ 65 DM, DZ 80 DM
Gemütliches Privathotel im Zentrum

Międzyzdroje (Misdroy)
Amber-Baltic
ul. Bohaterow Warszawy 26a
Tel. (0936) 81015 / Buchung: Vienna International Wien, Tel: 0043/1/588540
Je nach Saison EZ 70–99 DM, DZ 120–178 DM
Direkt am breiten Sandstrand gelegenes, von Österreichern erbautes Hotel der Luxusklasse mit Sportgelegenheiten und Golfplatz

Mikołajki (Nikolaiken)
Gołebiewski
ul. Mrągowska 34
Tel. (055) 16517
EZ 105 DM, DZ 130 DM
Privates Nobelhotel mit Schwimmbad, Saunen und allen Schikanen

Mrągowo (Sensburg)
Mrongovia
ul. PPR 6
Tel. (089) 32-21 bis -29
EZ 120 DM, DZ 135 DM
Am Seeufer gelegenes Luxus-Ferienhotel mit der Möglichkeit, Sportgeräte und Pferde zu mieten

Olsztyn (Allenstein)
Kormoran
plac Konstytucji 3. Maja 4
Tel. (089) 335864
EZ 70 DM, DZ 80 DM
Eines der üblichen Orbis-Hotels mit allem nötigen Komfort

Oświęcim (Auschwitz)
Jugendbegegnungsstätte (Dom Spotkan Młodziezy)
ul. Manifestu Lipcowego 1
Tel. (030) 32107
Dieses mit Förderung der Bundesregierung erbaute und für Jugendgruppen gedachte Haus liegt etwa einen Kilometer vom Konzentrationslager entfernt

Reszel (Rößel)
Schloß Rößel im Ermland
ul. Podzamcze 3
Tel. (089) 109
DZ 20 DM
Vom Verein bildender Künstler ausgebautes Ordensschloß. Hier finden internationale Begegnungen von Künstlern statt. Verkaufsausstellungen moderner polnischer Maler. 10 Gästezimmer

Sopot (Zoppot)
Grand-Hotel
ul. Powstancow Warszawy 12/14
Tel. (058) 510041
EZ 45–90 DM, DZ 60–125 DM
Der alte Glanz des einst mondänen Badeorts Zoppot ist längst verblaßt. Von den teureren Zimmern ein herrlicher Blick über die Ostsee. Man kann allerdings wegen der Verschmutzung der Danziger Bucht nicht baden

Ein Hotelboy in Phantasieuniform begrüßt die Gäste des Hotels Marriott

Wrocław (Breslau)
Monopol
ul. H. Modrzejewskiej 2
Tel. (071) 37041
EZ 50 DM mit, 35 DM ohne Bad,
DZ 75 DM mit, 55 DM ohne Bad.
Recht reparaturbedürftiges Haus
Wrocław
ul. Powstańców Sl. 7
Tel. (071) 614651
EZ 85 DM, DZ 115 DM
Ein Orbis-Hotel
Zaulek
ul. Odrzanska 18a
Tel. (071) 402884
EZ 60 DM, DZ 75 DM
Auf deutsche Touristen eingestelltes kleines Privathotel mit allem Komfort in der Nähe der Universität

Zakopane
Kasprowy
Polana Szymoszkowa
Tel. (0165) 4011, Telex 0322206
EZ 50–70 DM, DZ 75–100 DM
In unmittelbarer Nähe von Skiliften, etwas oberhalb der Stadt gelegenes Orbis-Hotel

Die Damenkapelle spielt zum Tanz auf. Hotels wie das Marriott sind noch selten in Polen

holungsheime verwandeln sich in Hotels: Da gleicht jede Fahrt durch Polen einer Entdeckungsreise. Manch ein Tourist, der schon die Hoffnung auf eine einigermaßen annehmbare Bleibe aufgegeben hat, kann in diesen ersten Jahren nach der Wende sein angenehmes Wunder erleben: So ging es mir bei einer Nostalgiereise zum Haus meines Großvaters im ehemaligen Westpreußen.

In Jastrow war das einzige, bisher drittklassige Hotel am Platze geschlossen. Es ist pleite, und die Gemeinde will es verkaufen, erzählte ein Mann auf dem Platz vor der Kirche. Aber wenn ich etwas Gutes suchte, bräuchte ich nur etwa zehn Kilometer weiterfahren und dann rechts in den Wald abbiegen. Tatsächlich lag am Waldrand ein geschmackvoll eingerichtetes Haus mit Schwimmbad und Sauna: Tegobor bei Podgaje, eigentlich noch ein Betriebserholungsheim, aber auch schon Hotel.

In den Touristenzentren an der Ostsee, in Masuren oder in den Bergen eröffnen hingegen Privatleute immer mehr kleine Pensionen, man muß sie nur finden. Sie sind oft sehr viel preiswerter als die großen Hotels. Hier Empfehlungen abzugeben, lohnt sich – noch – nicht, weil die ganze Szenerie sich rasant verändert: Was heute eröffnet hat und gut ist, kann morgen schon wieder verschwunden sein. Doch erfindungsreich, wie die Polen sind, werden sie die Gesetze von Angebot und Nachfrage schnell lernen und dem wachsenden Touristenstrom aus dem Westen Domizile anbieten, die dem Gast das möglichst alsbaldige Wiederkommen verlockend machen. Gemütliche, im guten Sinne etwas altmodische Hotels gibt es in Polen nur ganz selten. Das noble Bristol in Warschau wird etwa seit 1980 renoviert. Im Zuge der Marktwirtschaft geht es jetzt vielleicht schneller. In Krakau empfängt das Francuski nach jahrelangen Bauarbeiten seit Herbst 1991 wieder Gäste. Durch das dringend renovierungsbedürftige Monopol in Breslau weht ein Hauch der alten Zeit. Und dann gibt es noch eine Ausnahme: das Grand-Hotel in Zoppot. Es zeugt in seiner inzwischen recht schäbigen Pracht aus den zwanziger Jahren von besseren Tagen, als Zoppot ein mondäner Badeort war. Obwohl das Haus etwas heruntergekommen ist, steigen deutsche Heimwehtouristen gern hier ab.

Die imposanten Badezimmer schmücken noch die alten, riesigen Badewannen, doch aus den prächtigen Armaturen tropft es, und den Waschbecken merkt man auch ihr Alter an. Der herrliche Blick über die Ostsee und ein Hauch von Nostalgie läßt aber die Nachteile vergessen. Nach dem Kriege wohnten hier Staatsgäste wie Charles de Gaulle, der Schah von Persien und Fidel Castro. Wer seine Urlaubskasse nicht strapazieren will und Kontakt zu Land und Leuten sucht, sollte sich nach Privatzimmern umsehen, muß aber dabei in Kauf nehmen, daß der Standard polnischer Wohnungen nicht unbedingt dem entspricht, was man aus Deutschland gewohnt ist. In Warschau gibt es mehrere Vermittlungsbüros. Auch in Touristenzentren, wie an der Ostseeküste und in Masuren, findet man häufig auch auf deutsch Schilder: Zimmer frei. Auf polnisch heißt das *noclegi*. Jugendliche können in Großstädten während der Semesterferien in Studentenheimen unterkommen. Dann gibt es ein Netz von Jugendherbergen, Campinganlagen unterschiedlichen Standards und Biwakplätzen, wo man gegen ein kleines Entgelt sein Zelt auf einer Wiese in meist romantischer Natur aufschlagen darf.

Renate Marsch

EINEN WODKA WEIST MAN NIEMALS ZURÜCK

Es ist kaum auszuhalten mit den neuen Polen-Urlaubern. Sie gehen nach dem Theater ohne Voranmeldung essen und finden das ganz selbstverständlich. Sie bummeln durch die Altstadt, kehren irgendwo auf ein Glas Wein ein und wundern sich überhaupt nicht, es zu bekommen. Ja, sie trinken gar ein Bier vom Faß und tun so, als wäre dies in den letzten fünfzig Jahren in Polen üblich gewesen.

Statt dankbar das Wunder zu erfassen, zumindest in allen größeren Städten einladend ausgestattete Eßlokale zu finden, die sogar freie Tische haben, treibt man hier und da die westliche Ignoranz auf die Spitze. Man meckert am Essen herum, behauptet, daß Pommes frites nicht in den Wärmeschrank gehören, und klagt darüber, daß die Spargel in der Mikrowelle zu Eßstäbchen geworden sind. Den Nörglern sei ein für allemal gesagt, daß sich die neue polnische Gastronomie von der sozialistischen Einheitsküche ebenso abhebt wie knusprige *bliny* mit Kaviar von spülwasserfarbener Kartoffelpampe. Was macht es da schon aus, wenn die Sahne auf den *bliny* zuweilen einen Stich hat?

Warschau-Touristen bekommen die köstlichen Buchweizen-Pfannkuchen im Restaurant U Fukiera auf dem Alten Marktplatz oder im Bazyliszek schräg gegenüber oder auch im Świętoszek-Kellerlokal gleich um die Ecke. Der hungrige Krakau-Besucher wird seine Schritte zuerst ins traditionsreiche Wierzynek lenken, das schon unter den Kommunisten empfehlenswert war, und er sollte es am zweiten Tag auch einmal im reprivatisierten Hotelrestaurant Poller gegenüber dem Słowacki-Theater versuchen. In Breslau sei der Schweidnitzer Keller unter dem Rathaus empfohlen und in Posen das Hazjenda. Übrigens, den Wodka vor und den nach dem Essen abzulehnen – in Danzig im Pod Łososiem darf es auch ein Danziger Goldwasser sein –, grenzt in Polen fast an kaum wieder gutzumachende Beleidigung.

Sein Wiener Schnitzel, ganz wie zu Hause, bekam der brave Gruppentourist in den letzten Jahrzehnten in den Restaurants der sich international gebenden Hotels, dort, wo man laut Prospekt „auf Ausländer eingestellt" war. Wer allerdings ein Menü der echten polnischen Küche kennenlernen wollte, mußte schon das Glück haben, in eine einheimische Familie eingeladen zu werden. Und da gingen einem die Augen auf vor den deftigen

Das Interieur im Danziger Pod Łososiem ist ebenso opulent wie die Fischkarte

RESTAURANTS

Warszawa (Warschau)

Ambasador
ul. Matejki 2
Tel. (022) 259961
11–22 Uhr
Gediegener Treffpunkt auf der „Diplomatenmeile" Aleje Ujazdowskie.

Bazyliszek
Rynek Starego Miasta 5/7
Tel. (022) 311841
12–24 Uhr
Traditionelle polnische Küche mit Blick über den Alten Markt (Fensterplatz reservieren!)

Biała Dalia
Konstancin-Jeziorna
Sobieskiego 24
Tel. (022) 563370
13–23 Uhr
Krebse und andere polnische Spezialitäten in rot-weiß gerüschter Salonatmosphäre

Dzik
Nowogrodzka 42
Tel. (022) 219728
12–24 Uhr
Wildspezialitäten und Faßbier

Forum Wilanów
Wilanów Wiertnicza 27
Tel. (022) 421852
12–23 Uhr
Europäische Küche auf dem Gelände des Lustschlosses von „Türkenschlächter" Jan III. Sobieski. Zu empfehlen: *zajac w śmietanie* (Hase in Sahne)

U Fukiera
Rynek Starego Miasta 27
Tel. (022) 311013
13–22 Uhr
Neue polnische Küche mit spanischen Akzenten und große Weinauswahl in stilvollem Gemäuer

Pod Krokodylem
Rynek Starego Miasta 19/21
Tel. (022) 314427
9–12 Uhr
Europäisch/polnische Küche in Salonatmosphäre. Spezialitäten: Ferkel oder Ente auf polnische Art. Im Bau ist eine großräumige Erweiterung des Lokals bis in die Kellerräume unter dem Alten Markt.

Świętoszek
ul. Jezuicka 6/8
Tel. (022) 315634
13–24 Uhr
Altpolnische Küche in herrlichen Kellergewölben. Zu empfehlen: *bliny z kawiorem* (Blinis mit Kaviar). Unbedingt reservieren!

Gdańsk (Danzig)

Pod Łososiem
ul. Szeroka 51/54
Tel. (058) 317652
12–23 Uhr
So wie früher, als es noch Zum Lachs hieß, bietet das Lokal leckere Fischgerichte an.

Newska
Stadtteil Wrzeszcz
ul. Grunwaldzka 99/101
Tel. (058) 414646
10–22 Uhr
Russische Küche, zum Beispiel *szaszłyk kaukaski* (Kaukasisches Schaschlik) oder *barszcz z pierogami* (Borschtsch mit Piroggen)

Złota Podkowa
Przejazdowo
Tel. (058) 838960
13–21 Uhr
Polnische Küche an der Straße Warschau–Danzig

Kraków (Krakau)

Almayer
Rynek Główny 30
Tel. (012) 223224
14–24 Uhr
Chinesische Küche, in stilvollem Ambiente, mit Zutaten vom Pariser Großmarkt gekocht

Poller
ul. Szpitalna 30
Tel. (012) 221044 und 221128
7–23 Uhr
In einem großen Speisesaal im polnische Spezialitäten wie *naleśniki z orzechami* (Eierpfannkuchen mit Nußfüllung).

Staropolska
ul. Sienna 4
Tel. (012) 225821
9–22 Uhr
Altpolnische Küche. Der Wirt empfiehlt *żurek staropolski* (Altpolnische saure Mehlsuppe) und *schab ze śliwkami* (Schweinsrükken mit Pflaumen).

Wierzynek
Rynek Główny 15
Tel. (012) 221404
12–24 Uhr
Dank guter Führung war der Wierzynek schon lange vor der Wende das Krakauer Vorzeigelokal. Reiche Auswahl an altpolnischen Spezialitäten wie *polewka piwna* (Biersuppe), *karp* (Karpfen) oder *zrazy* (Rouladen) *à la Radziwiłł*. Tische nur auf Bestellung.

Poznán (Posen)

Hazjenda
Richtung Schneidemühl
ul. Morasko 38
Tel. (061) 125278
Sommer: 13–22 Uhr
Winter: 12–20 Uhr
Spezialitäten aus Posen: *kaczka poznańska* (Ente auf Posener Art) und *czernina* (Geflügelblutsuppe)

Karczma Lizawka
Tel. (061) 770523
10–22 Uhr
Deftige Küche. Spezialität des Hauses ist Eisbein.

Szczecin (Stettin)
Argentyna
ul. Wojska Polskiego 39
Tel. (091) 45415
12–14 Uhr
Argentinische Spezialitäten ohne lange Wartezeiten und gut gewürzt
Babylon
al. Niepodległości 19
Tel. (091) 45536
21–5 Uhr
Im Keller des Warenhauses Odziezowiec unmittelbar neben dem Hafentor
Breite Palette kalter Vorspeisen und viele Fleischgerichte. Die bekanntesten Künstler des Landes treten hier auf.
Chief
ul. Świerczewskiego 16
Tel. (091) 43765
11–23 Uhr
Fisch-Restaurant. Originelle kalte Vorspeisen wie *faszerowane kalamary* (faschierter Tintenfisch) oder *tatar z łososia* (gehackter Lachs).

Wrocław (Breslau)
Dwór Wazów
Rynek 5
Tel. (071) 444623
11–23 Uhr
Die Küche des Hauses würde man in Deutschland gutbürgerlich nennen.
Piwnica Świdnicka
Im Rathauskeller
Tel. (071) 441971
12–22 Uhr
Der Schweidnitzer Keller wurde 1273 zum ersten Mal erwähnt. In herrlichen Gewölben ißt man besonders gut Schnecken, Lachs und Aal.

Auf Preisangaben wurde verzichtet, da sich auf Grund der Inflation die Preise ständig ändern.

Ein deutscher Name, chinesische Küche und viele polnische Gäste: das Almayer in Krakau wird von einem ehemaligen Kunsthistoriker geleitet

Köstlichkeiten des Landes, die heute auch in Restaurants serviert werden.
Als Vorspeise vielleicht – raffiniert zubereitet – Hering, marinierte Waldpilze oder gefüllte Eier. Stets folgt eine der zahllosen polnischen Suppenvarianten, etwa *parszcz* mit Öhrchen oder ein *żurek* aus gesäuertem Schrot, oft serviert mit leckeren Pastetchen *(paszteciki)*. Eine köstliche Erfrischung an heißen Tagen ist die kühl zu reichende Buttermilchsuppe *chłodnik*, deren Rezept mittlerweile auch für deutsche Gartenparties als Geheimtip weitergereicht wird.
Pflicht für den Neuling ist eine Art Krautgulasch mit Pilzen und Pflaumen, *bigos* genannt, das erst nach einer mehrtägigen Prozedur des Kochens und Erkaltenlassens als polnisches Nationalgericht anerkannt wird. Aber auch Piroggen (Maultaschen ähnlich), die es mit süßen und salzigen Füllungen gibt, sollte man probiert haben. Man bekommt sie preiswert und oft lecker in den Milchbars *(bar mleczne)*. Dessert? –*Niema!* hieß es üblicherweise noch vor kurzem, denn in der sozialistischen Volksküche galt die Nachspeise als bürgerlich und somit als anrüchig. Die Volksleidenschaft Eisschlecken – auch bei Minusgraden steht man dafür auf der Straße Schlange – setzte sich allerdings durch. So ist das Eis-Dessert, meist nett dekoriert mit Früchten, Nüssen, Baisers und Wackelpeter-Würfeln, der am meisten verbreitete Nachtisch. Doch ist es nur eine Frage der Zeit, bis Omas Mandel-Nuß-Gelees und Mohnspeisen wieder auf den Speisekarten auftauchen.
In den neu eröffneten Restaurants droht die originale deftige polnische Küche jetzt ganz rasch ins Hintertreffen zu geraten. Ungewohnte Oregano-Düfte aus Pizzerien durchziehen Städte und Dörfer, Lokale mit exotischer Küche machen sich überall breit. Exotisch mutet oft auch an, womit die neuen Gastwirte früher unter den Kommunisten ihren Lebensunterhalt verdient haben. Das stets bevölkerte Chinalokal Almayer in Krakau gründete ein arbeitsloser Kunsthistoriker, der sich in den letzten Jahren mit Computerhandel durchgeschlagen hat. Der enteignete Besitzer des Hotel-Restaurants Poller erhielt nach längerem Kampf mit den Behörden sein Eigentum zurück. Er vererbte es an sieben Familienmitglieder, darunter Automechaniker und Ingenieure, die nun in Teamarbeit mit frischem Elan das etwas heruntergekommene Haus anspruchsvoll und ehrgeizig umkrempeln.
Das erste japanische Lokal Polens in der Warschauer Foksal-Straße eröffnete ein Fernsehjournalist. Die alten Warschauer sehen es mit gemischten Gefühlen. In den heute schick gestylten Räumen war früher das leicht verräucherte Kameralna mit seiner salonartigen Vorkriegsatmosphäre und seinen befrackten Obern Treffpunkt der *inteligencja.*
Die Studenten Warschaus trauern ihrem Weinlokal U Fukiera am Alten Markt nach, wo man einst dichtgedrängt an blanken Eichentischen saß und nach dem Genuß gesüßter Billigweinschorle polnische Soldatenlieder aus dem Ersten Weltkrieg anstimmte. Nach der Wende hat hier ein Sproß der Gastwirt-Familie Gessler die 1590 von einem Nürnberger Fugger gegründete Kneipe in ein feines Speiselokal für den gehobenen Geschmack verwandelt. Mit dem alten U Fukiera aber hat es weder die Atmosphäre noch den Wein gemein. GABRIELE DIETRICH

Die Autorin, Jahrgang 1947, ist freie Journalistin und Graphikerin. Sie lebte von 1986 bis 1991 in Warschau.

Früher Warschauer Treff der *inteligencja*, heute nobles Restaurant: im U Fukiera gibt es feine *Bliny*

BRETTER, DIE HIER NATION BEDEUTEN

Der französische Filmregisseur Jean-Luc Godard sagte einmal: „Jeder Film muß einen Anfang, eine Mitte und einen Schluß haben. Aber nicht unbedingt in dieser Reihenfolge." Mit dem gegenwärtigen Theaterleben in Polen verhält es sich ähnlich. Welche Compagnien wann und wo spielen, ob es sie in wenigen Monaten überhaupt noch geben wird, läßt sich heute beim besten Willen nicht sagen. Die Streichung von Subventionen im Rahmen der Wirtschaftsreform stellt eine bisher für unmöglich gehaltene Bedrohung dar. Weltberühmte Ensembles wie das von Tadeusz Kantor gegründete Cricot 2 oder das Krakauer Teatr Stary sind gefährdet. Im August 1991 kündigte das Kulturministerium eine Reduktion seines Etats um 30 Prozent für 1992 an. Am 14. November – Polen befand sich gerade in den Geburtswehen der ersten frei gewählten Regierung – wurde bekannt, daß 1992 nur 30 der 120 Bühnen (45 Schauspielhäuser, 18 Musiktheater, 27 Puppenspiele und Avantgardebühnen) mit finanzieller Unterstützung rechnen könnten. So verworren die Situation sein mag, so gibt sie auch die Lage der gesamten Bevölkerung wieder und provoziert damit die Kreativität der Theatermacher. Denn bei aller Unterdrückung und Knechtschaft der letzten 200 Jahre, eines haben sich die Polen nie nehmen lassen: ihre Liebe, mehr noch, ihre Leidenschaft für die Bühne. Das Theater repräsentierte gerade in den dunkelsten Zeiten die polnische Nation.

1765 wurde in Warschau das Nationaltheater gegründet. Sieben Jahre später erfolgte die erste von drei Teilungen des Landes, zu dieser Zeit war das Theater die einzige Institution, in der offiziell polnisch gesprochen werden durfte. Während des Zweiten Weltkriegs traf sich die polnische Resistance nicht nur, um den Widerstand zu planen, sondern auch, um das Theater am Leben zu halten. Im Untergrund entstand eine Schauspielschule, und ein geheimer Theaterrat stellte – in dieser Zeit des Infernos – Überlegungen zur Zukunft des Schauspiels an. Ein Mann aus dem Untergrund gilt als Zentralfigur des zeitgenössischen polnischen Theaters: Der Erneuerer Leon Schiller (1877–1954) verknüpfte am Warschauer Teatr Polski bereits vor dem Zweiten Weltkrieg westeuropäische Dramaturgiekonzepte, etwa jenes Max Reinhardts, mit sowjetischen Vorbildern wie Stanislawski, Tairow und Meyerhold. Neben der Adaptierung der von der Romantik geprägten Klassiker wie Stanisław Wyspiański entdeckte Schiller auch Shakespeare für das Theater in Polen. Ebenfalls auf dem Spielplan zu finden sind die Werke eines anderen Theatermannes im Untergrund. Wirklich großen Erfolg hatte er in einem anderen Metier. Sein Name: Karol Wojtyła.

Nach dem Zweiten Weltkrieg gewann vor allem das Krakauer Theaterleben an Bedeutung. Der Kommunismus konnte das Schauspiel nie wirklich domestizieren und arrangierte sich schließlich mit ihm als dosierbares Sicherheitsventil der Politik: Ein bißchen Freiheit wenigstens hier.

Das Ensemble Cricot 2 aus Krakau: fesselnde Werke des Bühnenmagiers Tadeusz Kantor

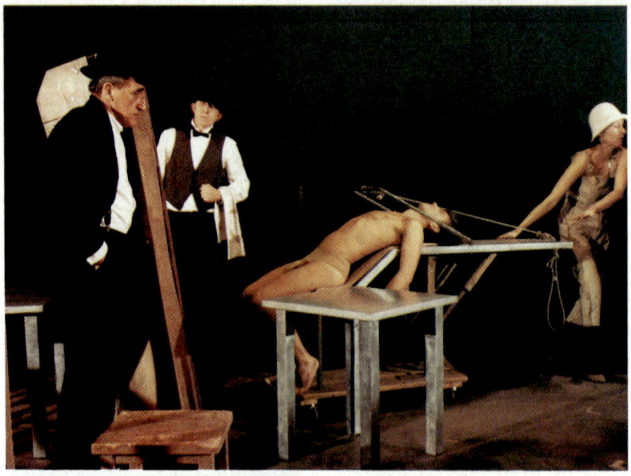

THEATER

Warszawa (Warschau)
Centrum Sztuki Studio
Pałac Kultury i Nanki
Tel. (022) 204770
Teatr Atheneum
ul. Jaracza 2
Tel. (022) 263305
Teatr Polski
ul. Karasia 2
Tel. (022) 269271

Gdańsk (Danzig)
Miniatura
ul. Grunwaldzka 16
Tel. (058) 410123

Gdynia
Teatr Muzyczny
Plac Grunwaldzki 1
Tel. (058) 200105

Kraków (Krakau)
Teatr Stary
ul. Jagiellońska 5
Tel. (012) 228566

Wrocław (Breslau)
Teatr Pantomimy
al. Dębowa 15
Tel. (071) 679210

Der zweite wichtige Impuls ist untrennbar mit dem Namen seines Schöpfers, dem im Dezember 1990 verstorbenen Tadeusz Kantor, verbunden. Seine jenseits der gängigen Bühnenkategorien angesiedelten Produktionen vermitteln sich durch ihre fesselnde Bildersprache auch dem nicht polnisch sprechenden Publikum. Kantors „Theater des Todes" wird auch weiterhin zu dem ausgezeichneten Ruf des polnischen Dramas beitragen. Ebenfalls jenseits aller sprachlicher Barrieren lassen sich die Arbeiten des Breslauers Teatr Pantomimy und des Danziger Puppentheater Miniatura erschließen. Wer bei letzterem an Kinderkram denkt, irrt. Die polnischen Puppenspieler sind zu Recht weltberühmt für ihre hervorragenden, bisweilen surrealen Arbeiten.

Ebenfalls international verständlich, wenn auch auf einer ganz anderen Ebene, ist das erste in Polen produzierte und von einem einheimischen Millionär finanzierte Musical „Metro", das im Herbst 1991 Premiere hatte. In seiner plumpen Beliebigkeit könnte es auch in Wien oder Oslo entstanden sein, eine Einladung an den Broadway mag dies dokumentieren. Die renommierten Bühnen hingegen kämpfen um ihr Bestehen. Als das Krakauer Teatr Stary im September 1991 seine Schließung bekanntgab, protestierten die Vertreter des polnischen Geisteslebens lautstark. Postwendend wurden vom Staat kurzfristige Mittel zugesagt. Im November 1991 entschied sich die Direktion, mit diesem Geld lieber die Gehälter der Schauspieler ein paar Monate länger zu bezahlen.

Oliver Lehmann

Der Autor, Jahrgang 1964, ist Mitglied der MERIAN-*Redaktion und Buchautor.*

GERETTET UND NEU PRÄSENTIERT: POLENS SCHÄTZE

„Wenn man bedenkt . . .“ Diese Worte könnten als Sinnspruch über jedem Museum der Bildenden Kunst Polens in Stein gemeißelt sein. Wenn man bedenkt, wie übel die Geschichte diesem Land mitgespielt hat, wie viele Kriege, Teilungen, Besetzungen und die damit verbundenen Zerstörungen und Plünderungen es erleiden mußte, haben die polnischen Museen und Galerien viel zu bieten.

Wenn man bedenkt, daß Krakau seit bald 400 Jahren nicht mehr die Hauptstadt des Landes ist, erstaunt die Fülle und Qualität der Sammlungen in dieser Stadt. Warschau mag das politische Zentrum sein, dafür ist Krakau die Museumsmetropole Polens. Im Königsschloß auf dem Wawel-Hügel (14.–16. Jh.) findet sich ein beeindruckendes Sammelsurium: flämische Wandteppiche aus dem 16. Jahrhundert, Möbel und Uhren aus derselben Ära, Keramik von Beginn der Neuzeit bis zum 18. Jahrhundert, vor allem aber das Krönungsschwert der polnischen Könige. Es konnte knapp vor dem Zweiten Weltkrieg außer Landes gebracht werden und kehrte Anfang der sechziger Jahre aus Kanada zurück. Weitere Schätze sind in den Tuchhallen (14.–16. Jh.) untergebracht. Leonardo da Vincis „Dame mit Hermelin“ und Rembrandt van Rijns berühmte „Landschaft mit dem barmherzigen Samariter“ sind im Nationalmuseum ausgestellt.

Es brauchte nicht nur „barmherzige Samariter“, sondern mutige Männer, um die von Zerstörung bedrohten Kunstwerke während des Zweiten Weltkriegs aus Warschau zu retten. Viele riskierten damals ihr Leben, um die Objekte in Sicherheit zu bringen. Nach 1945 kehrten die Exponate wieder in das Warschauer Nationalmuseum oder in das später wiederaufgebaute Königsschloß zurück. Heute sind in der alten Residenz Teile des Originalinterieurs ebenso zu sehen wie die königliche Bibliothek, die Schatzkammer oder die Apotheke der gekrönten Herrscher. Von etwaigen Wehwehchen der Könige ist angesichts des Kolossalgemäldes „Die Schlacht bei Grunwald“ aus dem Jahre 1878 nichts zu merken. Dieses ebenfalls im Nationalmuseum ausgestellte Werk gehört zu den zentralen Arbeiten von Jan Matejko, dem Nestor der polnischen Historienmalerei. Gigantisch wie das Pathos sind auch die Ausmaße: Die Leinwand ist knapp fünf mal zehn Meter groß.

Nicht ganz so groß, dafür zahlreicher, sind jene Werke, die im Barockschloß Wilanów des Königs Jan III. Sobieski dem Publikum präsentiert werden: die 30000 Poster des 1968 gegründeten, ersten Plakatmuseums der Welt vermitteln einen ausgezeichneten Überblick über eine der klassischen Kunstformen des 20. Jahrhunderts. Neben den Arbeiten polnischer Graphiker, Zeichner und Maler sind unter anderen auch Picasso und Warhol würdig vertreten.

Aber auch in der Provinz gibt es viel zu sehen. Da hüten einmal die Nationalmuseen in Posen, Breslau, Danzig, Stettin und Kielce kostbare Schätze, ob mittelalterliche Malereien, Graphiken des 20. Jahrhunderts, Münzkabinette oder ethnologische Sammlungen. Zudem existiert eine Reihe von Freilichtmuseen wie jenes von Biskupin, wo eine eisenzeitliche Siedlung der Lausitzer Kultur am Seeufer detailgetreu rekonstruiert wurde. Weitere Denkmäler befinden sich in Malbork, dem gotischen Marienburg, einst Sitz der Hochmeister des Deutschen Ritterordens, oder in der Klosteranlage von Jasna Góra bei Tschenstochau mit seiner berühmten Schwarzen Madonna aus dem 14. Jahrhundert.

Wenn man bedenkt, wie rigide der Kommunismus in den Ländern Mittel- und Osteuropas auch die Bildende Kunst zu beeinflussen trachtete, ist es bemerkenswert, wie schnell die Maler, Zeichner und Bildhauer Polens nach der recht kurzen Zeit des sozialistisch-realistischen Diktats von 1949 bis 1954 zu eigenen Wegen fanden.

Im Unterschied zu ihren Kollegen in der Sowjetunion und in den anderen Ländern Osteuropas orientierten sich die polnischen Künstler nach

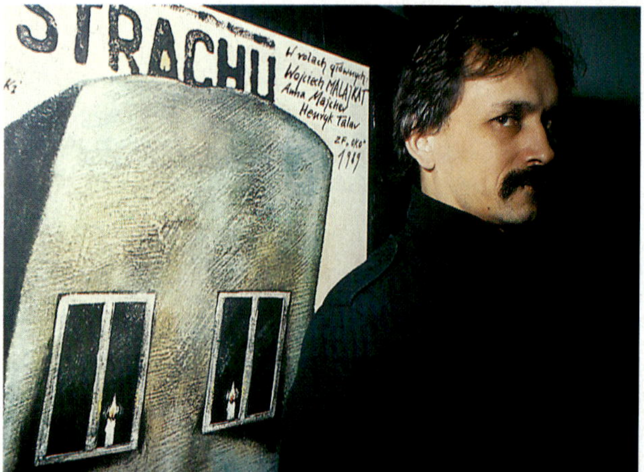

Bunte Fundgrube im Reitstall des Schlosses Wilanów: Das erste Plakatmuseum der Welt beherbergt über 30000 Exponate

Meisterwerk der Restauratoren: Was der Krieg zerstört hat, haben sie – wie hier in Wilanów – mustergültig wiederhergestellt

Westen. Deshalb weicht die zeitgenössische polnische Kunst in ihren Grundzügen kaum vom Kunstschaffen und von den experimentellen Richtungen in Westeuropa und Amerika ab. Zeugnis dessen sind nicht nur die Leistungen und das Ansehen der bedeutenden polnischen Künstler der Gegenwart, sondern auch die Präsentationen in den polnischen Museen und Galerien.

Die reichsten Bestände an polnischer Moderne besitzt das Kunstmuseum in Lodsch, wo 1925 eine internationale Galerie avantgardistischer Kunst eröffnet wurde. Das Museum in Lodsch verdankt seine Berühmtheit Werken von Léger, Ozenfant, Helion, Mondrian, van Doesburg, Vantongerloo, Huszár, Arp, Schwitters und Ernst. Diese großartige Sammlung wurde von 1929 an von einer Gruppe polnischer Avantgardisten um Strzemiński, Kobro und Stażewski zusammengetragen, die sich „a r" *(artyści rewolucyjni* – Revolutionäre Künstler) nannten und die Sammlung dem Museum dann überließen. Seit dem Zweiten Weltkrieg wird sie ständig um Werke der klassischen Moderne ergänzt. Wertvolle Sammlungen zeitgenössischer polnischer Kunst besitzen auch das Nationalmuseum und das Architekturmuseum in Breslau sowie die Nationalmuseen in Posen und Krakau.

Ein gigantisches Werk der Historienmalerei: „Die Schlacht von Grunwald" auf 50 Quadratmetern Leinwand im Nationalmuseum

Eine originelle Konzeption hat sich das Museum des Lebuser Lands in Grünberg zu eigen gemacht, indem es, ständig verändert und vervollständigt, nur eine Auswahl der bedeutendsten zeitgenössischen polnischen Künstler zeigt: Magdalena Abakanowicz, Jan Berdyszak, Kajetan Sosnowski und Andrzej Gieraga. Eine andere Überraschung ist in Chełm, nahe der Ostgrenze Polens, zu finden. Das dortige Kreismuseum präsentiert hauptsächlich Werke von international anerkannten Künstlern wie Stażewski, Sosnowski, Opałka, Winiarski und Starczewski. Die wichtigsten Galerien sind das Zentrum für Gegenwartskunst im Schloß Ujazdów in Warschau, der Kunstpalast in Krakau, das Haus der Zachęta in Warschau, das Büro für Kunstausstellungen in Posen, das Zentrum zur Verbreitung der Kunst in Lodsch und das Büro für Kunstausstellungen in Lublin. Im Hinblick auf ihr anspruchsvolles Programm sind die folgenden kleineren Galerien wirklich erwähnenswert: Studio, Foksal, Zachęta und Zapiecek in Warschau, Pi, Galeria Krzysztofory und Gallery Starmach in Krakau. BOŻENA KOWALSKA

Die Autorin lebt als Kunstkritikerin in Warschau.

MUSEEN

Warszawa (Warschau)
Königsschloß (Zamek Królewski)
plac Zamkowy 4
Museum im Łazienki-Park
ul. Agrykola 1
Nationalmuseum (Muzeum Narodowe)
ul. Jarozolimskie 3
Plakatmuseum im Schloß Wilanów (Muzeum Plakatu)
ul. Wiertnicza 1

Chełm
Kreismuseum (Muzeum Okregowe)
ul. Lubelska 55

Gdańsk (Danzig)
Nationalmuseum (Muzeum Narodowe)
ul. Toruńska 1

Kraków (Krakau)
Kunstpalast (Pałac Sztuki)
plac Szczepański 3
Nationalmuseum (Muzeum Narodowe)
al. 3 Maja 1
Staatliche Kunstsammlung auf dem Wawel (Państwowe Zbiory Sztuki)
Wawel 5
Tuchhallen (Sukiennice)
Rynek Główny

Łódź (Lodsch)
Kunstmuseum (Muzeum Sztuki)
ul. S. Wieckowskiego 36

Malbork (Marienburg)
Burgmuseum (Muzeum Zamkowe)
ul. Hibnera 1

Poznań (Posen)
Nationalmuseum (Muzeum Narodowe)
ul. Marcinkowskiego 9

Szczecin (Stettin)
Nationalmuseum (Muzeum Narodowe)
ul. Staromłyńska 27

Wrocław (Breslau)
Architekturmuseum (Muzeum Architektury)
ul. Bernardyńska 5
Nationalmuseum (Muzeum Narodowe)
plac Powstańców Warszawy 5

Im allgemeinen sind die Museen täglich von 10–16 Uhr geöffnet und haben montags und am Tag nach einem Feiertag geschlossen. An einem Tag der Woche, meist donnerstags, ist der Eintritt frei.

GALERIEN

Warszawa (Warschau)
Zentrum für Gegenwartskunst (Centrum Sztuki Współczesnej)
al. Ujazdowskie 6
Tel. 281271
Galeria Foksal
ul. Foksal 1/4
Tel. 276243
Galeria Studio
Pałac Kultury i Nauki
Tel. 20477
Galeria Zachęta
plac Małachowskiego 3
Tel. 276913
Galeria Zapiecek
ul. Zapiecek 1
Tel. 319918

Kraków (Krakau)
Galeria Krzysztofory
ul. Szczepańska 2
Gallery Starmach
Rynek Głowny 45
Tel. 219618

Łódz (Lodsch)
Zentrum zur Verbreitung der Kunst (Ośrodek Propagandy Sztuki)
Park Sienkiewicza
Tel. 327995

Lublin
Büro für Kunstausstellungen (Biuro Wystaw Artystycznych)
ul. Narutowicza 1
Tel. 25947

Zielona Góra (Grünberg)
Museum des Libuser Landes (Muzeum Ziemi Lubuskiej)
ul. Niepodległości 15
Tel. 72345

Die Galerien haben meistens zu den allgemein üblichen Geschäftszeiten geöffnet.

Beim Sparen macht den Deutscher keiner was vor. Aber auch nicht nach

„Reich wird man nicht von dem Geld, das man verdient, sondern von dem, das man nicht ausgibt", bemerkte seinerzeit Henry Ford und brachte es nachgewiesenermaßen zu einem stattlichen Vermögen. Nacheiferer fand er in „good old Germany", wo das Sparen inzwischen zum wahren Volkssport avancierte.

Im Jahre 1990 hatte jeder Bundesbürger im Schnitt 45.000 Mark auf der hohen Kante.

Seither sind die Deutschen im Geldbehalten Weltmeister.

Geht man von der Sparquote aus, werden von jeder verfügbaren Mark etwa 12 bis 16 Pfennig auf die Seite gelegt. Im wahrsten Sinne des Wortes. Denn das Ersparte soll für alle Fälle oder im Hinblick auf bevorstehende Anschaffungen schnell verfügbar sein.

Und so befinden sich derzeit rund 700 Milliarden Mark auf unterschiedlichen Sparkonten. Mit anderen Worten: Ein ganzes Vier des Geldvermögens unserer Volk wirtschaft ist risikoarm angele

Vor Aktien jedoch hab viele Deutsche noch Respekt. S stecken nur etwa 6 % ihrer Sp groschen in solche Werte.

Amerikaner und Schwed sind da weitaus unbefangen Gut 20 % von ihnen halt Anteile an der Wirtschaft. Ur in Großbritannien vertrauen me als doppelt so viele Anleger w

STEILE GIPFEL, STILLE SEEN UND TIEFE WÄLDER

HOHE TATRA Eine Abfahrt vom Kasprowy Wierch, dem mit 1985 Metern höchsten Skiberg Polens, ist für jeden polnischen Brettlfan der Gipfel der Gefühle. Entsprechend groß ist das Gedränge: 4000 Menschen tummeln sich an Wintertagen auf seinen Hängen. Die Gondelbahn, die den Höhenunterschied von 935 Metern bewältigt, noch vor dem Zweiten Weltkrieg gebaut, ist völlig überlastet. Auch an den Sesselliften zu beiden Seiten des Gipfels, auf der Goryczkowa-Alm und der Gąsienicowa-Alm, stehen die Skiläufer meistens ungeduldig Schlange.
Der Kasprowy Wierch liegt vor den Toren von Zakopane, dem Zentrum des polnischen Tatra-Gebirges. Manchmal wird die Tatra als „polnische Klein-Alpen" bezeichnet. Der Vergleich ist nicht abwegig. Die Gipfel erheben sich steil und schroff, viele Wände stehen nahezu senkrecht, der Schnee bleibt in den sonnengeschützten Kesseln lange liegen. Die Gerlacher Spitze, mit 2655 Metern der höchste Tatra-Gipfel, liegt auf der slowakischen Seite; in Polen ragt 2499 Meter hoch der Rysy auf. Die 50 Kilometer lange Kette der Hohen Tatra ist die höchste Gebirgsformation zwischen den Alpen und dem Kaukasus und zeigt ein grandioses Panorama.
Zakopane, 850 Meter hoch gelegen, ein Wintersportort mit Tradition, wurde im Jahr 1605 erstmals urkundlich erwähnt und im Jahr 1886 zum Kurort erklärt. 1939 fanden hier die Ski-Weltmeisterschaften statt.
Zakopane ist längst auch Ausgangspunkt für Wanderungen in der Tatra geworden. In den Tälern und Wäldern der Umgebung sind viele seltene Pflanzen und vom Aussterben bedrohte Tiere wie Luchse, Gemsen, Braunbären oder Wölfe beheimatet. Der Bergsee namens Morskie Oko (Meeresauge) und das Tal Kościeliska sind eine wahre Augenweide.
Einst zogen die Góralen genannten Hirten mit ihren Schafherden über die Almen bei Zakopane. Heute erinnert nur noch wenig an die Vergangenheit: eine Bauernkirche aus dem 19. Jahrhundert und Holzhäuser mit reichen Holzschnitzereien der Fassaden an der Kościeliska-Straße. Nebenan auf dem Markt verkaufen Männer und Frauen in alten Hochlandtrachten die lokale Spezialität: *oszczypek*, den geräucherten Schafskäse.
Das Skigebiet von Zakopane verfügt über rund 20 Kilometer Skipisten und gilt bis April als schneesicher. Außerdem gibt es in der Stadt vier Skisprungschanzen, darunter eine große mit einem 40000 Menschen fassenden Rund. In der Nähe des Eisstadions liegen die Langlauf-Loipen.
Der Hausberg von Zakopane ist die Gubałówka, 1123 Meter hoch. Ihr sanfter Gipfel war schon im 19. Jahrhundert ein Wanderziel der Kurgäste. Eine alte Zahnradbahn (Baujahr 1938) befördert die Skitouristen bergauf. Auf dem Südhang genießt man die Sonne und das Panorama der Hohen Tatra. Unweit der Gubałówka liegt der 1160 Meter hohe Butorowy Wierch, zu dessen Gipfel ein Sessellift führt. Einen schönen Slalomhang bietet der 1206 Meter hohe Nosal.
Zakopane ist in den vergangenen Jahren leider zum Opfer seiner Beliebtheit geworden. Die 31000 Einwohner der Stadt müssen jedes Jahr mit rund zwei Millionen Besuchern zurechtkommen. Der Ansturm verursacht ernste ökologische Probleme. Vor allem am Wochenende, wenn die Ausflügler aus Krakau kommen, ist Zakopane eine lärmende, hektische Stadt. Auf seiner Flaniermeile, dem Krupówki, tritt man einander auf die Füße. In den Restaurants und Bars prahlen die Sonntags-Skiläufer damit, wie oft sie die Abfahrt vom Kasprowy Wierch bewältigt haben.
Wer sich nach Ruhe sehnt, versuche lieber gleich, in einer der Skihütten auf den Almen unterzukommen. Die berühmteste von ihnen heißt Murowaniec und liegt 1508 Meter hoch auf der Gąsienicowa-Alm. Von dort aus sind es nur wenige Schritte bis zum Sessellift zum Gipfel des Kasprowy Wierch.

KASCHUBISCHE SCHWEIZ Die malerische Seenplatte südwestlich von Danzig wird von Polen Kaschubische Schweiz genannt. Sie zeichnet sich durch eine erstaunliche

Wasserfall am Morskie Oko (Meeresauge). Die Hohe Tatra ist ein stilles Wandergebiet

landschaftliche Vielfalt aus. Die sanften Hügel der Kaschubei sind der östliche Teil des Pommerschen Höhenrückens. Die Wieżyca, zu deutsch Turmberg, ist mit 329 Metern die höchste Erhebung. Die Anhöhe bietet eine großartige Aussicht auf die von Endmoränen geformte Landschaft. Die urzeitlichen Gletscherrinnen sind von prächtigen Seen gefüllt; auf einem Gebiet von nur 3000 Quadratkilometern gibt es mehr als 1100 Seen, davon 517 mit einer Fläche von über einem Hektar! Mehrere Seen sind durch Flüsse miteinander verbunden.
Das macht die Kaschubische Schweiz zu einem Paradies für Kajaktouren. Die schönste Route bietet der Fluß Radunia (Radaune), der in seinem Oberlauf sieben Seen (Stezyckie, Raduńskie Górne, Raduńskie Dolne, Kłodno, Brodno Male, Brodno Wielkie und Ostrzyckie) verbindet. Die etwa 40 Kilometer bis zur Mündung des Ostrzyckie-Sees in die Radunia können ohne Mühe in zwei Tagen bewältigt werden. Für den sportlichen Paddler ist der Unterlauf der Radunia reizvoller: Dort strömt das Wasser reißend durch eine Schlucht. Bei Babi Dół steigen die Hügel zu beiden Seiten etwa 40 Meter hoch. Die Schlucht ist als Landschaftspark geschützt.
Das Zentrum der Kaschubischen Schweiz liegt am Turmberg. Auf seinen Hängen wurde in Szymbark ein Skilift installiert, der an Winter-Wochenenden von Ausflüglern aus Danzig in Beschlag genommen wird. Der Ostrzyckie-See, am Fuß des Turmberges, ist wegen seiner Naturschönheiten bei Wassersportlern und Wanderern gleichermaßen beliebt. Er hat die Form eines Hufeisens und ist von Laubwäldern umgeben, die sich im Oktober in golden-roten Herbstfarben reizvoll im Wasser spiegeln.

Im Dorf Ostrzyce (Ostritz) kann ein Zeugnis aus der Gletscherzeit bewundert werden: ein Findling von elf Metern Umfang und zweieinhalb Metern Höhe. Der berühmteste Findling der Kaschubischen Schweiz liegt allerdings einige Kilometer weiter nördlich am Ufer des kleinen Kamienne-Sees, des Steinernen Sees. Er heißt Teufelsstein und mißt 17 Meter im Umfang. Ein schöner Wanderweg führt zu dem See, der wegen seiner besonders seltenen Wasserflora unter Landschaftsschutz steht. Der Ort Kartuzy (Karthaus)

mit 14800 Einwohnern gilt als Hauptstadt der Kaschubischen Schweiz. Er wurde im Jahre 1380 von dem tschechischen Karthäuserorden an einem See gegründet, der seither Klasztorne-See, Kloster-See, heißt. Die gotische Kirche mit originellem barocken Dach und Turm stammt aus dieser Zeit. Während im Norden der Kaschubischen Schweiz die Laubwälder dominieren, ist der Süden weithin von Kieferwäldern bedeckt. Unweit von Kościerzyna liegt das größte Gewässer der Gegend, der 14,2 Quadratkilometer große Wdzydze-See. An dessen Ufer liegt das alte kaschubische Dorf Wdzydze Kiszewskie, ein wichtiger Urlaubsort und Zentrum der kaschubischen Kultur. Hier ist ein ethnographischer Park mit einigen prächtigen und eindrucksvollen Beispielen kaschubischer Baukunst entstanden. Die Kaschuben haben eine originelle und reiche Folklore geschaffen. Ihr Dialekt gehört zu den westslawischen Sprachen und steht dem Polnischen nahe. Wahrscheinlich wurden die Kaschuben nach ihrer Tracht, dem Pelzrock, polnisch *szuba*, benannt. Sie galten immer als eigenwillige und zähe Menschen und empfangen den heutigen Besucher in ihren Dörfern herzlich und gastfreundlich, wie es im Osten Sitte ist.

MASUREN Der Wald ist voller unheimlicher Geräusche. Im flackernden Licht des Lagerfeuers schnaufen die Pferde unruhig, und der Großstadtmensch kriegt Angst vorm bösen Wolf. Eine Reittour durch Masuren ist eines der letzten Abenteuer in Polen. Wenn am frühen Morgen ein Nebelschleier über dem Niegocin-See liegt, an dessen Ufer das Lager aufgeschlagen wurde, kommt man sich vor wie ein Pionier im Wilden Westen. Masuren hat vieles von seiner Ursprünglichkeit bewahren können. Endlose Feldwege und Pfade durchziehen die berühmten dunklen Wälder. Es riecht nach Harz und Pilzen. Überall glitzern die Wasser unzähliger Seen und laden nach einem anstrengenden Tag im Sattel zum Bade. Häufig stößt man, am Ende der für diese Landschaft so typische Alleen, deren Bäume sich wie Kuppeln über dem Wege wölben, auf alte Herrenhäuser.

Die Tour beginnt in Ryn (Rhein) am Ryńskie-See. Zuerst führt der Weg über sanfte Hügel, die von Feldern in schönstem Schachbrettmuster bedeckt sind. Mohn- und Kornblumen leuchten aus dem Getreide, in sattgrünen Wiesen wachsen wilde Kräuter zuhauf. Hier und da sind weitläufige alte Höfe zu sehen mit Gebäuden aus roten Ziegeln. Auf den Dächern klappern in ihren riesigen Nestern die Jungstörche. Noch gibt es hier nahezu keine Zäune; die Feldwege, gesäumt von Eichen und Linden, wirken wie herrschaftliche Alleen. Nur der Wind wirbelt manchmal Staub hoch. In den Dörfern ist keine Hektik zu spüren, man lebt gemächlich.

Am Gołdopiwo-See werden die Vorteile des Pferdes als Fortbewegungsmittel erst richtig deutlich. Im Sattel lassen sich die unwegsamen Seeufer, wo Kormorane, Schwäne, Reiher und Kraniche nisten, erkunden. Im Waldgebiet Puszcza Borecka fühlt man sich um Jahrhunderte zurückversetzt. Werden hier gleich die alten Pruzzen auftauchen? Der 30-Kilometer-Ritt fordert seine Opfer. Der Hintern schmerzt. Dafür schläft man abends schnell ein.

Masuren ist ein Land des Pferdes. Auch im Zeitalter der Hochtechnologie kommt die masurische Landwirtschaft fast ohne Maschinen aus. Pferde ziehen den Pflug und holen die Ernte ein. Überall sind Fuhrwerke zu sehen – sonntags fahren die Bauern damit in die Kirche. Vor dem Krieg gab es in Masuren viele Gestüte. Diese Tradition wird heute vor allem im Gestüt Liesken (Liski) bei Bartenstein (Bartoszyce) gepflegt, das durch seine Trakehner-Zucht weltweite Berühmtheit erlangte. Es ist mit 160 Stuten und etwa 300 Fohlen das zur Zeit größte Gestüt in Polen. Wer dagegen einen Kaltblüter sucht, wird in Rastenburg (Kętrzyn) fündig. Hier züchtet man seit Jahren Hengste, kraftstrotzende Kolosse, die als Arbeitstiere eingesetzt werden.

REITSTÄLLE

Mrągowo (Sensburg)
Orbis Hotel Mrongovia
(siehe Kasten. S. 114)

Olsztyn-Likuzy (Allenstein)
Janusz Kojrys
ul. Wędkarska 93
Tel. (089) 270802
Reittouren und Kutschenfahrten

Pieczonki bei Giżycko (Lötzen)
Gestüt Werner Lange

Szczytno (Ortelsburg)
Tadeusz Piórkowski
ul. Lipowa Góra Wschód 1
Tel. (089) 3548

Ukta bei Pisz (Johannisburg)
Krzysztof Ferenstein
Galkowo 45

Masuren ist ein Land für Pferde, in dem Menschen zu Gast sein dürfen: Trakehner-Gestüt Liski (Liesken), das zur Zeit größte Gestüt Polens

Seen blinken wie Augen in der Moränenlandschaft der kaschubischen Schweiz bei Kartuszy (Karthaus)

Heute sind viele der staatlichen Gestüte in finanzieller Not; sie werden nun aufgelöst oder privatisiert. Die privaten Unternehmen vermieten die Pferde an Touristen und organisieren mehrtägige Reittouren. Wer nicht reiten will, kann Masuren wie vor hundert Jahren aus einer Kutsche kennenlernen. Übernachtet wird auf Bauernhöfen und in Forsthäusern. Im Winter werden auch mehrtägige Schlittenfahrten durch die verschneiten Wälder angeboten.

DIE BIESZCZADY, wie der östliche Teil der Beskiden genannt wird, sind ein Wanderparadies. Fern vom Trubel der Großstädte im Dreiländereck zwischen Polen, Tschechoslowakei und der Ukraine lockt das Gebirge mit urwüchsigen Landschaften und unberührter Natur. Die Berghänge sind von Resten alter Urwälder bedeckt, in denen Luchse, Wölfe und Bären leben. Oberhalb der Waldgrenze, die hier bei 1000 Meter verläuft, liegen die Almen, *połoniny*.

Die Unberührtheit der Natur kommt nicht von ungefähr. Nach dem Zweiten Weltkrieg fanden in den Bieszczady heftige Kämpfe zwischen der polnischen Armee und ukrainischen Nationalisten statt. Viele Dörfer der griechisch-katholischen Urbevölkerung der Lemken und der Bojken wurden zerstört, ihre Einwohner vertrieben. Nur die alten Holzkirchen in Sękowa (16. Jh.), in Powroźnik (17. Jh.) oder in Komańcza (19. Jh.) erinnern an die einheimische Kultur.

Erst Ende der fünfziger Jahre kamen neue Siedler in die Bieszczady, doch die Bevölkerungsdichte (16 Personen/km^2) ist weiterhin die niedrigste in Polen. Es gibt noch abgeschiedene Winkel, wo das nächste Telefon zwei Tage Fußmarsch entfernt ist! Daran konnte der Tourismus – zum Glück – wenig ändern. Seit 20 Jahren ziehen die Bieszczady vor allem Studenten magisch an – im September sind Zeltplätze und Herbergen oft ausgebucht.

In den Bieszczady gibt es Dutzende von Wanderwegen, für jeden Zeitraum und jeden Geschmack. Der beste Ausgangspunkt ist Ustrzyki Górne. Südöstlich führt eine Route zu dem höchsten polnischen Bieszczady-Gipfel, der Tarnica (1346 Meter hoch, zweieinhalb Stunden Fußmarsch). Nordwestlich davon liegen die Połonina Caryńska (zwei Stunden) und die Połonina Wetlińska (vier Stunden), die beiden schönsten Almen. Am Jezioro Solinskie, dem Stausee in Solina, findet man gute Wassersportmöglichkeiten. ANDRZEJ RYBAK

Der Autor, Jahrgang 1958, ist gebürtiger Pole und arbeitet als Redakteur beim Nachrichtenmagazin Der Spiegel *in Hamburg.*

Im Panorama von MERIAN wird auf die Planquadrate der großen MERIAN-Karte, der Stadtkarte von Warschau sowie Beiträge und Fotos im Heft verwiesen.

WARSCHAU

Warschau: alte Metropole im neuen Glanz der Neonreklame

Warszawa (Warschau; 1671000 Ew.) ist die Hauptstadt und die größte Stadt Polens. Sie wurde zum ersten Mal im Jahr 1321 urkundlich erwähnt. Die Lage am Mittellauf der Weichsel förderte eine schnelle wirtschaftliche Entwicklung und die Herausbildung politischer Institutionen: 1413 wurde Warschau zur Residenz der masowischen Herzöge, 1573 Ort der polnischen Königswahlen; 1596 wurde Warschau Kapitale. 1655/56 wurde die Stadt von den Schweden verwüstet. Unter Stanisław II. August Poniatowski (1764–1795) erlebte sie eine Zeit kultureller Blüte. Nach der dritten Teilung Polens 1795 kam Warschau erst zu Preußen, nach dem Wiener Kongreß 1815 zu Rußland. Während des Zweiten Weltkriegs war die Stadt Schauplatz erbitterten Widerstandes gegen die Nazi-Besetzung: 1943 Getto-Aufstand, 1944 Warschauer Aufstand. Die Nazis siedelten die verbliebene Bevölkerung aus und begannen mit der planmäßigen Vernichtung der Stadt. Das Zentrum wurde zu 90 Prozent zerstört. Der Wiederaufbau wurde zum Symbol des nationalen Überlebenswillens. (D/E 3, S. 34, 44)

Altstadt (Stare Miasto) Sie liegt auf dem hohen linken Ufer der Weichsel. Malerische Gassen und viele Cafés und Restaurants machen sie zu einem beliebten Treffpunkt der Einheimischen und Touristen. Die Reste der Wehrmauern stammen aus dem 16. Jh. Besonders schön ist die Torburg Barbakane, die die Altstadt mit der Neustadt verbindet. In der Altstadt steht die Johannes-Kathedrale, Warschaus älteste Kirche aus dem 14. Jh. Der Dom war Schauplatz von wichtigen Ereignissen der polnischen Geschichte – unter anderem legte der Adel vor dem Altar am 3. Mai 1791 den Eid auf die Verfassung ab. (B/C 1/2)

Altstadtmarkt (Rynek Starego Miasta) Dies war bis ins 19. Jh. der Mittelpunkt des öffentlichen Lebens. Die prächtigen Bürgerhäuser aus dem 17. und 18. Jh. wurden nach dem Krieg wieder aufgebaut. (B 1)

Belvedere Die Residenz des polnischen Staatspräsidenten erhielt ihre klassizistische Form 1821–1823. (E 2)

Grab des Unbekannten Soldaten (Grób Nieznanego Zołnierza) Das Denkmal zu Ehren der polnischen Soldaten, die auf verschiedenen Schlachtfeldern der Welt gefallen sind, wurde 1925 errichtet. Es befindet sich im ehemaligen Arkadengang des Sächsischen Palastes, der im Zweiten Weltkrieg zerstört wurde. An dem Grabmal halten Soldaten Ehrenwache. (B 3)

Schloßplatz (Plac Zamkowy) Die Sigismund-Säule (Kolumna Zygmunta), 1644 errichtet, ist eines der Wahrzeichen der Stadt. Sigismund III. Wasa (1587–1632) hat 1596 die Hauptstadt Polens von Krakau nach Warschau verlegt. Das Königsschloß (Zamek Królewski) entstand im 16. Jh. und wurde mehrmals umgebaut. 1944 wurde die gesamte Anlage von den Nazis gesprengt. Mit Spenden der Bevölkerung, vor allem der Auslandspolen, wurde das Schloß von 1971 bis 1984 nach alten Plänen wiederaufgebaut. Vor allem die Innenausstattung gilt als Beispiel der hervorragenden Arbeit polnischer Restaurateure. (B/C 2)

Königstrakt (Trakt Królewski), heute Krakowskie Przedmieście, Nowy Świat, Aleje Ujazdowskie. Entlang dieser historischen Straße liegen die Magnatenpaläste der Potocki, der Radziwiłł und der Czapski; Tyszkiewicz-, Uruski- und Kazimierzowski-Palast gehören heute zum Komplex der Warschauer Universität. Teil des Königstraktes sind auch die klassizistische St.-Anna-Kirche, die Karmeliterkirche und die spätbarocke Heilig-Kreuz-Kirche, eine der größten Kirchen Warschaus. In ihrem linken Seitenschiff wird die Urne mit dem Herzen Frédéric Chopins aufbewahrt. (C/D 2/5)

Łazienki-Park (Park Łazienkowski) Die klassizistische Anlage aus der zweiten Hälfte des 18. Jh. zählt zu den schönsten in Europa. Mitten im Park, auf einer Insel, steht das Palais, ein Werk von Domenico Merlini aus den Jahren 1766–1795. Der Palast war Sommerresidenz des letzten polnischen Königs Stanisław II. August Poniatowski. Außerdem befindet sich im Park ein Amphitheater und das Denkmal für Frédéric Chopin (1810–1849). (E/F 1/2)

Neustadtmarkt (Rynek Nowego Miasta) An der Ostseite des aus dem 15. Jh. stammenden Platzes liegt die Kirche der Sakramentsschwestern, ein Werk des Tylman van Gameren, gestiftet von der Gemahlin König Jans III. Sobieski (1674–1696) aus Anlaß des Sieges über die Türken bei Wien (1683). (B 1)

Palast der Kultur und Wissenschaft. (Pałac Kultury i Nauki) Josef Stalin ließ das Gebäude 1952–55 im Zuckerbäckerstil erbauen. 3288 Räume, darunter vier Theater, drei Kinos, zwei Restaurants, ein Hallenbad, eine Sporthalle und ein Veranstaltungssaal für 3500 Besucher, finden in dem 234 Meter hohen Bauwerk Platz. Der Ausblick von der Aus-

Wilanów: Die Königsresidenz wurde zum Museum

Tschenstochau: die Schwarze Madonna, Schutzheilige Polens

sichtsplattform ist beeindrukkend. Außerdem wird das Panorama nicht durch den Kulturpalast beeinträchtigt. (A/B 5)

Różycki-Basar Der Markt im Stadtteil Praga ist der bekannteste von Warschau. Hier verkaufen Bauern ihre landwirtschaftlichen Erzeugnisse, Krämer allerlei Ramsch und Händler diverse, oft ausländische Konsumgüter. Auch manches illegale Geschäft wird auf dem Basar abgewickelt. Vorsicht, Taschendiebe! (östl. F 5)

Teatr Wielki Das Große Theater wurde 1825–33 nach einem Entwurf von Antonio Corazzi errichtet. Der riesige Saal faßt 1900 Zuschauer, die bühnentechnischen Einrichtungen gehören zu den größten der Welt. Auf dem Theaterplatz steht das Denkmal der griechischen Siegesgöttin Nike, den Helden der Stadt Warschau gewidmet. (B 3)

Wilanów Die königliche Residenz wurde 1681–1696 von Jan III. Sobieski als Sommerresidenz erbaut. Der barocke Palast beherbergt eine wertvolle Kunstsammlung. (südl. F 6, S. 60)

POLEN

Augustów (28900 Ew.), 1561 gegründet, liegt am Rande des größten polnischen Waldgebietes Puszcza Augustowska. Mehrere malerische Seen in der Umgebung, darunter der Wigry-See (22 km²), machen den Ort zu einem wichtigen Erholungs- und Wassersport-Zentrum. (E 2)

Bialystok (259600 Ew.) wurde in der ersten Hälfte des 15. Jhs. zum ersten Mal urkundlich erwähnt. Die Blütezeit erlebte die Stadt im 18. Jh. Damals ließ Hetman Jan Klemens Branicki dort eine der schönsten barocken Palastanlagen Polens errichten. Nach der Zerstörung im Zweiten Weltkrieg wurde sie wieder aufgebaut. Der geometrisch angelegte Park wird als Versailles Podlaski bezeichnet. Im 19. und Anfang des 20. Jhs. kam es in Białystok zu Judenpogromen, die von zaristischen Behörden geschürt wurden. (F 2)

Bieszczady Dieser Gebirgszug ist der östliche Teil der Beskiden. Die höchste Erhebung dieses beliebten Wandergebietes ist die Tarnica (1346 m). Hier gibt es noch unberührte Urwälder mit Bären, Wölfen, Hirschen und Luchsen. (E/F 6, S. 127)

Biskupin liegt 32 Kilometer nördlich von Gniezno (Gnesen). Diese altslawische Wehrsiedlung der Lausitzer Kultur wurde um 600 v. Chr. gegründet. Hier lebten damals mehr als 1200 Menschen. Seit 1934 wird an der Freilegung gearbeitet. (C 3)

Bydgoszcz (Bromberg) (372600 Ew.) erhielt 1346 Kulmer Stadtrecht. Die Stadt gehörte abwechselnd zu Polen und zu Preußen. Die wenigen alten Gebäude, die den Zweiten Weltkrieg überstanden haben, liegen entweder an dem Fluß Brda (Brahe) oder in der Altstadt. Ein Viertel der Bewohner ist im Krieg ums Leben gekommen, die verbliebenen Deutschen wurden vertrieben. Heute ist die Stadt ein wichtiges Industriezentrum, durch das Festival Musica Antiqua Europae Orientalis bekannt geworden. (C 2)

Ciechocinek (11200 Ew.) etwa 25 km südöstlich von Toruń (Thorn), ist einer der berühmtesten Kurorte Polens. Schon im frühen 19. Jh. wurden die ersten Kurbäder errichtet. Der Kurpark mit einer Konzertmuschel wurde 1875 angelegt. (C 3)

Częstochowa (Tschenstochau) (253000 Ew.) ist der bedeutendste Wallfahrtsort Polens. Ein ausgedehnter Klosterkomplex der Pauliner liegt auf der Anhöhe Jasna Góra, zu deutsch Heller Berg. Das Kloster wurde 1382 gestiftet und im 15. Jh. und 17. Jh. ausgebaut. Im linken Schiff der Paulinerkirche hängt das Bildnis der Schwarzen Madonna, einer Muttergottes mit Jesuskind. Dieser Ikone aus dem 14. Jh. werden viele Wundertaten zugeschrieben. (C 4)

Elbląg (Elbing) (122000 Ew.) wurde im 13. Jh. vom Deutschen Ritterorden am gleichnamigen Fluß wenige Kilometer vor dessen Mündung in das Zalew Wiślany (Frische Haff) gegründet. Im Zweiten Weltkrieg wurde die Altstadt fast vollständig zerstört. (D 1)

Elbing: mit dem Ausflugsschiff zum Frischen Haff

Frombork (Frauenburg) (2600 Ew.) Hier lebte und arbeitete von 1510 bis 1516 und von 1521 bis zu seinem Tod 1543 Nikolaus Kopernikus. Die Arbeits- und Wohnräume des Astronomen sind im Kopernikusturm auf der Anhöhe über dem Frischen Haff zu besichtigen. Kopernikus ist im gotischen Backsteindom (1329–1388) begraben. (D 1)

Gdańsk (Danzig) (469100 Ew.), eine alte Hansestadt, erhielt 1227 lübisches Stadtrecht und wurde zu einem wichtigen Handelsplatz. Die Blütezeit erlebte Danzig zwischen dem 15. und 17. Jh. als wichtigster Ausfuhrhafen für polnisches Getreide. Aus dieser Zeit stammen mehrere Prachtbauten in der Ulica Długa (Lange Gasse) und am Długi Targ (Langen Markt). Die Marienkirche (1342–1502) ist eines der größten Gotteshäuser Europas (105 Meter lang, 68 Meter breit). Der Dwór Artusa (Artushof) mit dem Neptunbrunnen ist das Wahrzeichen der Stadt. An dem Fluß Motława (Mottlau) liegen die alten Speicher, darunter der Spichrz Królewski (Königsspeicher) aus dem 17. Jh. und Stary Zuraw, das alte Krantor. Danzig ist die Geburtsstadt des Physikers Daniel Gabriel Fahrenheit und des Philosophen Arthur Schopenhauer. (C 1, S. 18)

Gdynia (Gdingen) (249500 Ew.) wurde 1924 als polnischer Hafen errichtet, weil Danzig damals ein Freistaat unter Verwaltung des Völkerbundes war. Mit der Zeit wuchs Gdingen mit Danzig und Zoppot zu einer Dreistadt (Trójmiasto) zusammen. (C 3)

Gniezno (Gnesen) (70000 Ew.) war die Hauptburg der Polanen. Hier begann die Vereinigung der polnischen Stämme. Im Jahr 1000 kamen in Gnesen Kaiser Otto III. und Herzog Bolesław Chrobry zusammen. Damals wurde die

Stadt Sitz eines Erzbischofs – und damit der erste Krönungsort der polnischen Könige. Die Kathedrale wurde im 14. Jh. in gotischem Stil erbaut und im 17. Jh. in barockem Stil umgebaut. Die romanischen Torflügel aus Bronze stammen aus dem Jahr 1170; die Silberfigur auf dem Sarkophag des hl. Wojciech (Adalbert) wird nach einem Diebstahl als Kopie ausgestellt. Der Erzbischof von Gnesen ist noch heute Primas von Polen. (B/C 3, S. 140)

Góry Świętokrzyskie (Heilig-Kreuz-Berge). Sie gehören geologisch zu den ältesten Gebirgen Europas. Die höchste Erhebung ist die Łysica (612 m). Im Świętokrzyskie-Nationalpark sind Reste der alten Tannenwälder erhalten. Auf dem Gipfel der Łysca Góra steht ein berühmtes Benediktinerkloster; in Obłęgorek lebte und arbeitete der Schriftsteller Henryk Sienkiewicz. („Quo vadis"). (D/E 4)

Jarosław (41 700 Ew.) war vom 15. Jh. an ein wichtiger Handelsplatz zwischen Ost und West. Die großen alljährlichen Märkte zogen Händler aus der ganzen Welt an. Die Wehrkirche, das Dominikanerkloster (15.–17. Jh.) und viele prächtige Bürgerhäuser am Markt sind gut erhalten. Unter der Altstadt ein System von Tunneln und Gewölben, das einst als Warenlager und Unterschlupf diente. (F 5)

Jelenia Góra (Hirschberg) (92 500 Ew.) liegt in einem Talkessel am Bóbr (Bober). Das barocke Rathaus (1747) und der Neptunbrunnen auf dem Rathausmarkt sind von barocken Bürgerhäusern mit schönen Laubengängen umgeben. Pfarrkirche aus dem 14./17. Jh. (A 4)

Kalisz (Kalisch) (105 300 Ew.) ist eine der ältesten Städte Polens. Erstmals erwähnt wurde Calisia bereits bei Ptolemäus im 2. Jh., Archäologen haben Funde aus dieser Zeit geborgen. Heute wird das Bild der Stadt vor allem durch klassizistische Gebäude aus dem 19. Jh. geprägt. (C 4)

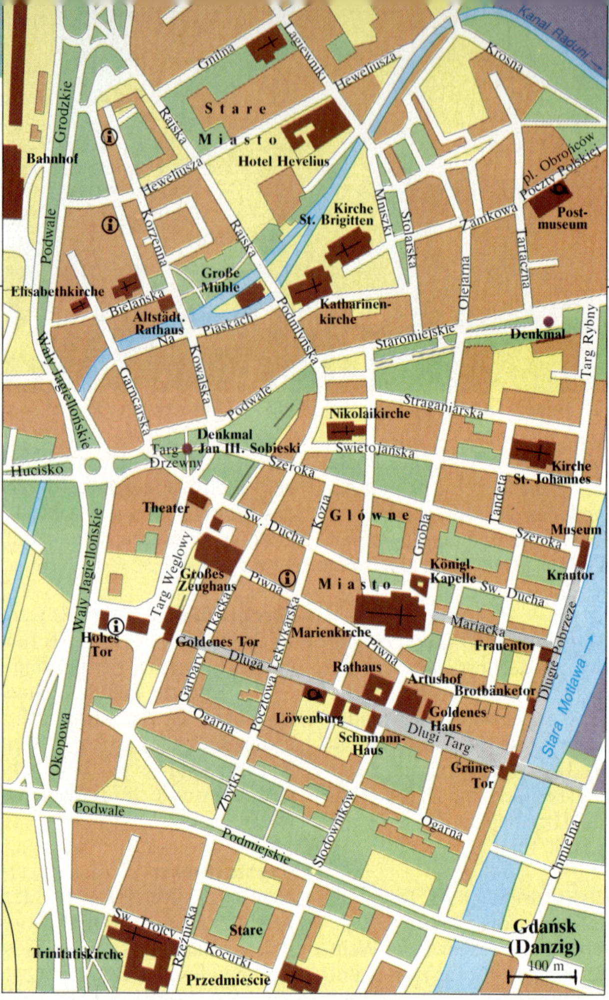

Karkonosze (Riesengebirge) Es zieht sich an der Grenze zwischen Polen und der ČSFR entlang und gehört zur Bergkette der Sudeten (300 Kilometer). Höchster Gipfel ist mit 1602 m die Śnieżka (Schneekoppe). Wintersport und Wandertourismus machen das auch schon ökologisch angeschlagene Riesengebirge zu einem der wichtigsten Urlaubsgebiete Polens. Im Naturschutzpark leben u. a. Mufflons. (A/B 4/5)

Kaszuby/Swajcaria Kaszubska (Kaschubische Schweiz) Die Seenplatte südwestlich von Danzig ist durch ihre landschaftliche Schönheit (Moränengebiet) berühmt und bei Wassersportlern, Campingurlaubern, Reitern und Wandertouristen gleichermaßen beliebt. (C 1/2, S. 124)

Katowice (Kattowitz) (368 600 Ew.) ist die Hauptstadt des oberschlesischen Bergbau- und Industriegebietes. Schon im Mittelalter wurden die Rohstoffe dieses Gebietes (Silber und Blei) abgebaut, im 19. Jh. begann die industrielle Ausbeutung. Kattowitz erhielt erst 1865 Stadtrecht. (C 5)

Danzig: über den Dächern der rekonstruierten Altstadt

Kazimierz Dolny (4500 Ew.) liegt malerisch auf dem hohen rechten Weichselufer etwa 120 Kilometer südlich von Warschau und ist eine beliebte Künstlerkolonie. Im 16. und 17. Jh. war die Stadt ein Zentrum des Getreidehandels. Aus dieser Zeit stammen viele prächtige Bürgerhäuser mit Laubengängen und reich verzierten Fassaden. Über der Stadt thronen Ruinen der Burg aus dem 14. Jh. mit einem 20 m hohen Wachturm. (E 4)

Kętrzyn (Rastenburg) (29 600 Ew.) Die Kirche des hl. Georg (15. Jh.) und die rekonstruierte Burg des Deutschen Ritterordens (14. Jh.) sind die wichtigsten Sehenswürdigkeiten der Stadt. Sechs Kilometer östlich liegt der Bunkerkomplex Wolfsschanze, eines der ehemaligen Befehlszentren Adolf Hitlers. Am 20. Juli 1944 unternahm hier Claus Graf Schenk von Stauffenberg den mißglückten Attentatsversuch auf Hitler. (E 1, S. 126)

Kielce (208 000 Ew.) liegt am Rande des Świętokrzyskie-Gebirges. Im Mittelalter war dieser Handelsplatz den Bischöfen von Krakau unterstellt. Im 19. Jh. wurde die Stadt industrialisiert. Im Zweiten Weltkrieg war Kielce ein wichtiges Widerstandszentrum; nach dem Krieg kam es hier zu Judenpogromen. Im Bischofspalais, einer prächtigen Barockresidenz aus dem 17. Jh., befindet sich heute ein Museum. (D 4)

Kolobrzeg (Kolberg) (43 100 Ew.), heute wichtiger Hafen- und Kurort, war schon im Jahr 1000 Sitz eines Bischofs. Im 19. Jh. wurde die Stadt zu einer wichtigen preußischen Festung ausgebaut. Am Marktplatz das Rathaus von Karl Friedrich Schinkel aus den Jahren 1829 bis 32, nebenan die Kollegiatskirche aus dem 14. Jh. (A 1)

Nieborów In einer herrlichen Parkanlage aus dem 17. Jh. liegt der barocke Palast (1690–96) des Primas Radziejowski. Heute beherbergt der Palast eine interessante Ausstellung des Nationalmuseums. (D 3)

Ojcowski - Nationalpark Das Schutzgebiet umfaßt die schönsten Teile des Jura Krakowsko-Częstochowska nördlich von Krakau. Die bizarren Karstfelsen, zahlreiche Höhlen (insgesamt 150) und malerische Schluchten werden vor allem im Frühherbst viel besucht. In Pieskowa Skała befindet sich eine der schönsten Ritterburgen Polens aus dem 14. Jh. (D 5)

Olsztyn (Allenstein) (155000 Ew.), die wichtigste Stadt in Masuren, erhielt 1353 Magdeburger Stadtrecht. Die Burg des Deutschen Ritterordens an der Łyna (Alle) war Residenz des Bistums Ermland. Heute beherbergt sie das Masuren-Museum mit einigen Exponaten aus der Pruzzen-Zeit. Im Zentrum der Stadt liegt die Pfarrkirche St. Jakob, ein Backsteinbau aus dem 14. und 15. Jh. sowie das gotische Brama Wysoka (Hohes Tor) aus dem 14. Jh. (D 2)

Opole (Oppeln) (128200 Ew.) entstand an der Stelle einer slawischen Ansiedlung aus dem 8. Jh. 1327 erhielt der Ort Stadtrecht. Die Altstadt mit dem Rathaus liegt am Mühlenkanal. Die zerstörten barocken Fassaden der Häuser am Marktplatz wurden nach dem Zweiten Weltkrieg wieder hergestellt. (C 5)

Oświęcim (Auschwitz) (45500 Ew.) Hier befand sich das größte Vernichtungslager der Nazis. Rund vier Millionen Menschen sind in Auschwitz und im benachbarten Lager Birkenau ermordet worden. Heute ist das Lager Gedenkstätte und Museum. (C 5)

Pieniny heißt das Kalksteingebirge am Rande der Westbeskiden. Es wird durchschnitten vom malerischen Dunajec, an dessen Ufern die Burgen Niedzica und Czorsztyn liegen. Höchste Erhebung ist der Gipfel der Trzy Korony (Drei Kronen) (982 m). Sehr beliebt sind Floßfahrten auf dem Dunajec. (D 6)

Posen: der Proserpina-Brunnen im Zentrum der Stadt

Poznań (Posen) (586000 Ew.) war erster Bischofssitz und die erste Hauptstadt Polens. Wo das Baptisterium stand, in dem 966 Mieszko I. getauft wurde, steht heute die gotische Peter-und-Paul-Kathedrale. In der Goldenen Kapelle hinter dem Hauptaltar befindet sich das Mausoleum der ersten polnischen Herrscher, Mieszko I. und Bolesław I. Chrobry. Im 14. Jh. entwickelte sich Posen zu einem wichtigen Handelszentrum. Vor dem Renaissance-Rathaus aus dem 13. Jh., 1550–1560 umgebaut, am Alten Markt steht der Proserpina-Brunnen im Rokokostil und ein nachgebildeter mittelalterlicher Pranger. In der Krypta der Kirche St. Adalbert aus dem 15. Jh. sind polnische Patrioten beigesetzt, darunter Józef Wybicki, der Autor der polnischen Nationalhymne „Noch ist Polen nicht verloren". Nach der zweiten Teilung Polens 1793 fiel die Stadt an Preußen, 1918 kam sie wieder zu Polen. Seit 1925 findet in Posen die Internationale Messe statt. (B 3)

Puszcza Bialowieska Mit seinen 1290 km² ist dies das größte mitteleuropäische Urwaldgebiet. Im Nationalpark von Białowieża leben 260 Wisente, Tiere einer Spezies, die einst in Europa beheimatet war. Es gibt Luchse, Biber und Wildpferde. (F 2, S. 94)

Puszcza Kampinoska Der Nationalpark hat eine Fläche von 340 km² und umfaßt vor allem die Überreste der Urwälder, die einst Warschau umgaben. Zahlreiche Wanderwege führen durch den Nationalpark. (D 3)

Rzeszów (147400 Ew.) ist die größte Stadt im Südosten Polens. Sehenswert sind die Burg des Fürsten Lubomirski (17. Jh.), das barocke Rathaus, gesäumt von Bürgerhäusern (18. und 19. Jh.) sowie die Pfarrkirche mit schönen Renaissance-Grabmälern. (E 5)

Sandomierz (22600 Ew.) liegt am linken Steilufer der Weichsel. Die Stadt war Residenz von Herzögen und nach dem 14. Jh. Wojewodschaftssitz. Sandomierz ist eine der wenigen Städte Polens, die im Zweiten Weltkrieg von größeren Zerstörungen verschont blieb. Der Sehenswürdigkeiten gibt es viele: die Dominikanerkirche St. Jakobus (13. Jh.) mit einem freistehenden Glockenturm, das Haus des berühmten Chronisten Jan Długosz (1415–1480), das Schloß (14. Jh.), das Renaissance-Rathaus, das gotische Stadttor Brama Opatowska. (E 5)

Zoppot: Strandpromenade für Schwäne und Flaneure

Słupsk (Stolp) (96200 Ew.) Hauptattraktion ist die Herzogsburg aus dem 16. Jh. Die Herzöge wurden in der Dominikanerkirche beigesetzt, Teile der Stadtmauern und Wehrtore sind erhalten. (B 1)

Sopot (Zoppot) (49700 Ew.) ist das berühmteste polnische Ostseebad. Die Stadt hat einen schönen breiten Strand, doch Baden ist in der Danziger Bucht wegen der Verschmutzung nicht zu empfehlen. Die rund 500 m lange Promenade ist der beliebteste Treffpunkt der Stadt. In der Waldoper findet alljährlich ein internationales Liederfestival statt. (C 1)

Świnoujście (Swinemünde) (44100 Ew.) liegt an der Mündung der Swine in die Ostsee und ist wegen seines schönen, breiten Strandes ein beliebter Badeort. Schon 1824 kamen die ersten Touristen nach Swinemünde. Von hier gibt es Fährverbindungen nach Kopenhagen und Ystad. (A 2)

Szczecin (Stettin) (396600 Ew.) Die alte Hauptstadt des ehemaligen Pommern liegt am westlichen Mündungsarm der Oder im Stettiner Haff. Im 8./9. Jh. wurde dort eine Siedlung der Wenden errichtet; 1243 erhielt Stettin Magdeburger Stadtrecht und kam als Hansestadt (nach 1278) zu Wohlstand. Im Zweiten Weltkrieg wurde die Stadt zu 65 Prozent, der Hafen gar zu 85 Prozent zerstört. Heute ist Stettin der wichtigste Ostseehafen Polens. Sehenswert sind

A
B
C
D
OSTSEE
Ystad
Travemünde
Karlskrona
Travemünde
Danziger Bucht
Kaliningrad
(Königsberg)
Wislahaff
Oderbucht
Słupsk
(Stolp)
Sopot
(Zoppot)
(Gdingen)
Gdynia
Gdańsk
(Danzig)
329
Elbląg
(Elbing)
Frombork
(Frauenburg)
Lidzbark
(Heilsberg)
Świnoujście
(Swinemünde)
Kołobrzeg
(Kolberg)
Koszalin
(Köslin)
239
Tczew
(Dirschau)
Malbork
(Marienburg)
Morąg
(Mohrungen)
Jeziorak-see
Olsztyn
(Allenstein)
Pommerscher
Höhenrücken
Kaschubien
Wisła (Weichsel)
Brda
Szczecin
(Stettin)
Stargard
312
Bydgoszcz
(Bromberg)
Grudziądz
(Graudenz)
Piła
(Schneidemühl)
Drawa
Noteć
Toruń
(Thorn)
Wkra
Odra (Oder)
Gorzów Wielkopolski
(Landsberg/Warthe)
Warta
(Warthe)
Biskupin
Inowrocław
(Hohensalza)
Ciechocinek
Włocławek
(Wlozlawsk)
Płock
(Plozk)
Gniezno
(Gnesen)
Kampinos N. P.
Żelazowa Wola
227
Poznań
(Posen)
Frankfurt/O.
Konin
Łowicz
Nieborów
Deutschland
Zielona Góra
(Grünberg)
Zgierz
(Sgersh)
Prosna
Leszno
(Lissa)
Kalisz
(Kalisch)
Łódź
(Lodsch)
Głogów
(Glogau)
Bóbr
Ostrów Wielkopolski
Pabianice
Pilica
Tomaszów
(Tomaschew)
Lubin
(Lüben)
284
Piotrków Trybunalski
(Petrikau)
Nisa Łużycka
Legnica
(Liegnitz)
Görlitz
Wrocław
(Breslau)
Warta
(Warthe)
Jelenia Góra
(Hirschberg)
Świdnica
(Schweidnitz)
Odra (Oder)
Częstochowa
(Tschenstochau)
Kielce
(Kjelzy)
612
Riesengebirge
Wałbrzych
(Waldenburg)
Sudeten
Opole
(Oppeln)
504
Kleinpolen
Zawiercie
Kedzierzyn-Koźle
(Heydebreck-Cosel)
Bytom
(Beuthen)
Zabrze
Chorzów (Königshütte)
Gliwice
Sosnowiec
Ruda
Katowice
(Kattowitz)
Jaworzno
Ojcowski N. P.
Kraków
(Krakau)
Racibórz
(Ratibor)
Rybnik
Tychy
Oświecim
(Auschwitz)
Wieliczka
PRAHA
(PRAG)
Ostrava
(Ostrau)
Odra Oder
Bielsko-Biała
(Bielitz)
1725
1310
Nowy Sącz
(Neu-Sandec)
Beskiden
Pieniny N. P.
Č
S
F
R
Zakopane
Hohe Tatra
2655
0
50
100 km

POLEN

Die Polnische Tiefebene, die das Norddeutsche Tiefland nach Osten hin fortsetzt, umfaßt etwa 75 Prozent der gesamten Staatsfläche. Beginnend an der Ostseeküste im Norden, die fast ausschließlich aus flachen Sandstränden besteht, setzt sie sich im eiszeitlich geprägten, hügeligen, von Wasser, Wald und Heide bedeckten Gebiet der Seenplatten Pommerns und Masurens fort. Nach Süden hin erstreckt sie sich in die von Urstromtälern (die heutigen Läufe der Weichsel und Oder sowie deren Nebenflüsse) durchzogene Landschaft Zentralpolens, deren Bild vornehmlich vom Ackerbau bestimmt wird. Weiter südlich schließen sich das Kielcer Bergland und die Mittelgebirge der Sudeten und Beskiden an. Letztere schwingen sich vor allem im Bereich der Hohen Tatra an der Grenze zur Tschechoslowakei zu Hochgebirgsniveau auf.

Zeichenerklärung:

- Orte = > 500000 Einwohner
- Orte = > 100000 Einwohner
- Orte = > 50000 Einwohner
- Orte < 50000 Einwohner

Verkehrswege

- Eisenbahn
- Autobahn
- Hauptverkehrsstraßen
- Autofähre

- Kanal

- Nationalpark
- Staatsgrenze
- sonstige Grenze
- 374 Höhenpunkt

Landhöhen

- 0– 100 m
- 100– 200 m
- 200– 300 m
- 300–1000 m
- über 1000 m

Kazimierz Dolny: Die Ruine zog immer die Künstler an

Kraków (Krakau) (745000 Ew.) gilt als eine der schönsten Städte Polens und Schatzkammer der polnischen Kultur. Schon 965 wurde der Handelsplatz erwähnt; 1257 erhielt Krakau Magdeburger Recht. Kasimir III., der Große, gründete 1364 die Universität. Nach der Verlegung der Hauptstadt nach Warschau 1596 verlor Krakau an Bedeutung. Die schönsten Bauten Krakaus stammen aus der Zeit der Jagiellonen-Dynastie (1386–1572): der Krakauer Marktplatz mit den Renaissance-Tuchhallen; Wawel, das alte Königsschloß; das Collegium Maius der Jagiellonen-Universität mit einem Kreuzgang aus dem 15. Jh. In der gotischen Marienkirche am Marktplatz befindet sich der berühmte Hochaltar (15. Jh.) von Veit Stoß. Vom Turm der Kirche erklingt stündlich ein Trompetensignal. 1846 fiel Krakau an Österreich – noch heute ist ein Hauch der k. u. k. Monarchie in der Stadt spürbar. Der Einmarsch sowjetischer Truppen im Januar 1945 verhinderte die Sprengung der verminten Stadt durch die deutsche Wehrmacht. Wertvolle Baudenkmäler blieben erhalten. (D 5, S. 84, 120)

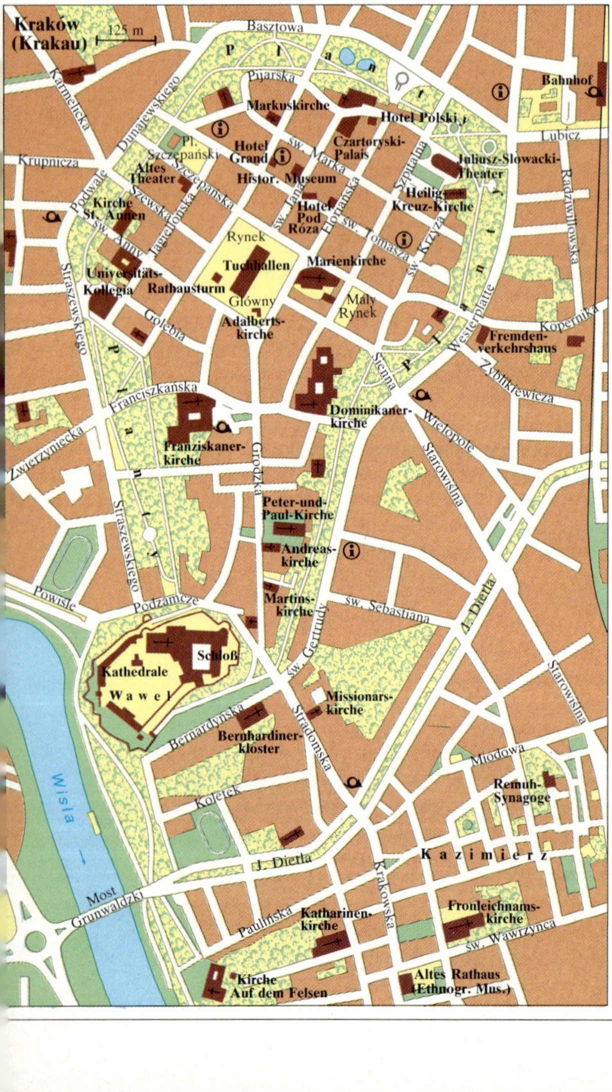

Łańcut 17 Kilometer östlich von Rzeszów, ist eine der schönsten Magnatenresidenzen Polens. Sie wurde im 17. Jh. errichtet und später neubarock umgebaut. (E 5)

Legnica (Liegnitz) (101000 Ew.) ist die drittgrößte Stadt Niederschlesiens. 1241 fand in der Nähe die berühmte Schlacht gegen die Mongolen statt. 1248 bis 1675 war die Stadt Residenz des Piasten-Herzogtums Liegnitz-Brieg. Sehenswert sind das spätbarocke Rathaus und ein Schloß der Piasten aus dem 13. Jh. (im 19. Jh. von Karl Friedrich Schinkel umgebaut). Heute ist Liegnitz ein Zentrum der Kupferindustrie. (B 4)

Lidzbark Warmiński (Heilsberg) (16300 Ew.) war von 1350 bis 1772 Residenzstadt der Bischöfe von Warmia (Ermland). Die Bischofsburg mit Innenhof und Kreuzgang aus dem 14. Jh. gilt als eine der schönsten im ehemaligen Ostpreußen. (D 1)

Lublin (333000 Ew.) ist die bedeutendste Stadt Südostpolens. Nach dem 12. Jh. war die Stadt eine wichtige Wehrburg gegen Osten. Sie wurde bei Überfällen von Tataren und Mongolen mehrmals zerstört. Die Blütezeit erlebte Lublin nach 1579 als Sitz des Königlichen Gerichtshofes und Tagungsplatz des Sejm (Versammlung der Landtage mit gesetzgebender Funktion). Der malerische Stadtkern wurde nach dem Zweiten Weltkrieg vollständig restauriert. Sehenswert sind die Dominikanerkirche (16. Jh.) und Adelspaläste der Geschlechter Potocki, Czartoryski, Radziwill. Lublin ist Sitz einer katholischen Universität (gegr. 1918). Im KZ Majdanek nahe Lublin wurden in den Jahren 1941–1944 360000 Menschen ermordet. Auf dem KZ-Gelände wurde ein Museum eingerichtet. (E 4)

Łódź (Lodsch) (845000 Ew.), die zweitgrößte Stadt Polens, ist ein bedeutendes Zentrum der Textilindustrie. Die rasche industrielle Entwicklung begann Mitte des 19. Jh. In Lodsch lebten Deutsche, Polen und Juden. Während des Zweiten Weltkriegs wurde hier das erste jüdische Getto Polens errichtet. Heute sind viele der 170 Großbetriebe vom Bankrott bedroht. Die Piotrkowska, die Hauptgeschäftsstraße von Lodsch, gilt als die längste Straße Polens und ist das Wahrzeichen der Stadt. Die hier ansässige Theater- und Fernsehhochschule brachte so berühmte Regisseure wie Roman Polański und A'drzej Wajda hervor. (D 3/4)

Lowicz liegt an der Bzura und gilt als Hauptstadt der masowischen Folklore. Sehenswert sind das Volkskundemuseum und ein ethnographischer Park. Fronleichnam finden Prozessionen in Volkstrachten statt. (D 3)

Malbork (Marienburg) ist die mächtigste Festung des Deutschen Ritterordens im Osten. Sie war von 1308 bis 1457 Sitz des Hochmeisters. Im Zweiten Weltkrieg schwer beschädigt, wurde sie in ihrer ursprünglichen Form wieder aufgebaut. (C 1, S. 16)

Mazury (Pojezierze Mazurskie, Masuren, Masurische Seenplatte). Das Gebiet zwischen der unteren Weichsel und der sowjetischen Grenze ist etwa 20000 km² groß. In der hügeligen Landschaft liegen zwischen Kiefer- und Buchenwäldern an die 3000 mehr als einen Hektar große Seen. (D/E 1/2, S. 126)

Morąg (Mohrungen) 14000 Ew.) ist der Geburtsort von Johann Gottfried Herder (1744–1803). Im gotischen Rathaus (1360–1380) wurde ein Herder-Museum eingerichtet. Spätgotische Pfarrkirche und Reste der Deutschordensburg (14. Jh.) (D 2)

AUF EINEN BLICK

RELIGION: KIRCHE ALS STAAT IM STAATE

Die Stanisław-Kostka-Kirche im Warschauer Stadtteil Żoliborz ist keine gewöhnliche Kirche. Anfang der achtziger Jahre, als in Polen das Kriegsrecht herrschte und die unabhängige Gewerkschaft Solidarność verboten war, hielt Priester Jerzy Popiełuszko hier seine berühmten „Predigten für das Vaterland". Das Kirchenschiff konnte die vielen Besucher gar nicht alle fassen. Seit dem Herbst 1984 aber, als Beamte des Sicherheitsdienstes Priester Jerzy hinterhältig ermordeten, ist sein dunkles, marmornes Grab gleich neben dem Gotteshaus zum Wallfahrtsort für Gläubige aus dem ganzen Land geworden. Selbst ausländische Staatsbesucher erweisen ihm ihre Ehre. Aber nicht einmal diese berühmte Stätte bleibt von den Sorgen des polnischen Klerus verschont. Die Kirche hat überall an Attraktivität eingebüßt, seitdem hier nicht mehr zum Widerstand gegen ein totalitäres Regime aufgerufen wird. So paradox es klingen mag: Während der Unterdrückung war die katholische Kirche Polens stark, doch mit der neuen Freiheit begann ihre Krise.

In den Kirchenräumen liefen die verschiedenen Ströme des Widerstands zusammen. Priester stritten für die Bürger- und Menschenrechte, und Gewerkschaftsaktivisten forderten die Übertragung der sonntäglichen Messe im Radio. „Gott und Vaterland" lautete die Parole für die einen wie für die anderen.

Als die Solidarność jedoch ins Parlament einzog und sogar den Ministerpräsidenten stellte, da bestand für die Einmischung der Kirche in die Politik eigentlich keine Notwendigkeit mehr: Wer sich gesellschaftlich engagieren wollte, konnte dies ungehindert in den neu entstandenen Parteien tun. So ging die Zahl der Kirchenbesucher drastisch zurück. Ende 1989 noch hatten sich 93 Prozent der Bevölkerung als gläubig bezeichnet, ein Jahr später waren es nur noch 79 Prozent.

Nun hätten sich Bischöfe und Priester endlich wieder auf ihre eigentliche seelsorgerische Arbeit besinnen können. Doch viele von ihnen schienen über die Normalität alles andere als froh. Warum sollte die Kirche freiwillig auf die errungene weltliche Macht verzichten? Warum sich aus der Politik zurückziehen, obwohl nun endlich die Chance bestand, den katholischen Geist bis in die letzte Amtsstube zu tragen? Als gelte es 40 verlorene Jahre wettzumachen, demonstrierten Priester ihre Präsenz im öffentlichen Leben. Keine neue Apotheke, keine neue Turnhalle ohne katholischen Segen. „Wir schwenken mit dem Weihwedel nach rechts und nach links, und es tut uns kein bißchen leid um das Weihwasser, mit dem wir die Dämonen der (kommunistischen) Vergangenheit vertreiben oder immer neue Gebiete des öffentlichen Lebens annektieren", bemerkte der katholische Theologieprofessor Michał Czajkowski mit sichtlichem Unbehagen. „Einige leiten aus der unbestreitbaren Tatsache, daß Polen ein katholisches Land ist, die Schlußfolgerung ab, daß es auch ein katholischer Staat sein sollte."

Immer häufiger sollten staatliche Institutionen für kirchliche Zwecke instrumentalisiert werden. Gleich unter der ersten Solidarność-Regierung wurde der Religionsunterricht, der bi dahin in kirchlichen Räumen erteilt worden war, in die Schule zurückverlegt.

Dann unternahm der Episkopat über eine katholische Lobb im Parlament Anstrengungen zur juristischen Verankerung der katholischen Moral im öffentlichen Leben. Es ging nich mehr um christliche Werte – die sich sowieso nicht verordne lassen –, sondern um die Behauptung von Macht. Am deutlichsten wurde dies in der Kampagne gegen die Schwan gerschaftsunterbrechung. Ganz unchristlich, weil unversöhn lich, begann der Episkopat einen Kreuzzug zum „Schutz de ungeborenen Lebens", in den sich auch der letzte Dorfprieste einreihte. An jedem letzten Donnerstag eines Monats trage nun die Lautsprecher der Stanisław-Kostka-Kirche die Bot schaft weit in den umliegenden Stadtteil: Mord muß bestraf werden! Abtreibung ist Völkermord! Nach dem Willen de Kirche soll die bisherige Fristenlösung von 1956 abgeschaff

und *jede* Abtreibung verboten werden. In Polen liegt die Zah der Abtreibungen mit 600000 Indikationen ungefähr so hoc wie die Zahl der Geburten. Lange Zeit fehlten Verhütungsmit tel, und die Jugend war bestenfalls in den Städten und in de Familien der Intelligenz aufgeklärt. Noch vor wenigen Jahre mußte auf Intervention der Kirche ein Sexualkundebuch fü die Schulen wieder eingestampft werden, weil es angeblic „obszöne" Zeichnungen enthielt. Sexualität soll an di Zeugung gebunden bleiben und die Zeugung nur mit natürli chen Mitteln, das heißt der Kalender-Methode, regulie werden dürfen.

Diese Norm versuchen Priester nicht selten mit Drohungen z erpressen. Bei einer Warschauer Gynäkologin erbaten zwe Frauen eine Bescheinigung, daß sie keine Spirale tragen. Sons würde der Priester ihren Kindern keine Kommunion erteilen In einer südostpolnischen Provinzstadt erklärte der Prieste

WARSCHAU

1	Altstadtmarkt (Rynek Starego Miasta)	B1
2	Augustinerkirche und Kloster	B2
3	Barbakane und Schutzmauern	B1/2
4	Belvedere	E2
5	Chopin-Denkmal	E1/2
6	Dominikanerkirche	B1
7	Erzbistum-Kathedrale St. Johannes	B/C1
8	Evangelisch-Augsburgische Kirche	B4
9	Finanzpaläste	A3
10	Grab des Unbekannten Soldaten	B3
11	Großes Theater (Teatr Wielki)	B3
12	Hauptstadtamt Warschau	A3
13	Heilig-Kreuz-Kirche	C4
14	Jesuitenkirche	B1
15	Karmeliterkirche und Kloster	C3
16	Kirche St. Alexander	D6
17	Kirche und Kloster der Sakramentsschwestern	B1
18	Königsschloß (Zamek Królewski)	C2
19	Lazienkipalast	F1
20	Nationalmuseum	D5
21	Neustadtmarkt (Rynek Nowego Miasta)	B1
22	Palais Krasiński	A1
23	Palast der Kultur und Wissenschaft	A/B5
24	Palast unter dem Blechdach	C2
25	Paulinerkirche	B1
26	Potocki-Palais	B/C3
27	Schloßplatz (Plac Zamkowy)	B/C2
28	Sigismundsäule (Kolumna Zygmunta III.)	B2
29	St.-Anna-Kirche	C2
30	St. Josephkirche der Visitandinnen	C3
31	Staszic-Palais und Nikolaus-Kopernikus-Denkmal	C4
32	Synagoge	A4
33	Universität	C3
34	Warenhäuser „Centrum“	B5

- Sehenswürdigkeiten
- Grün- und Parkanlagen
- bebaute Flächen
- Gleisanlagen

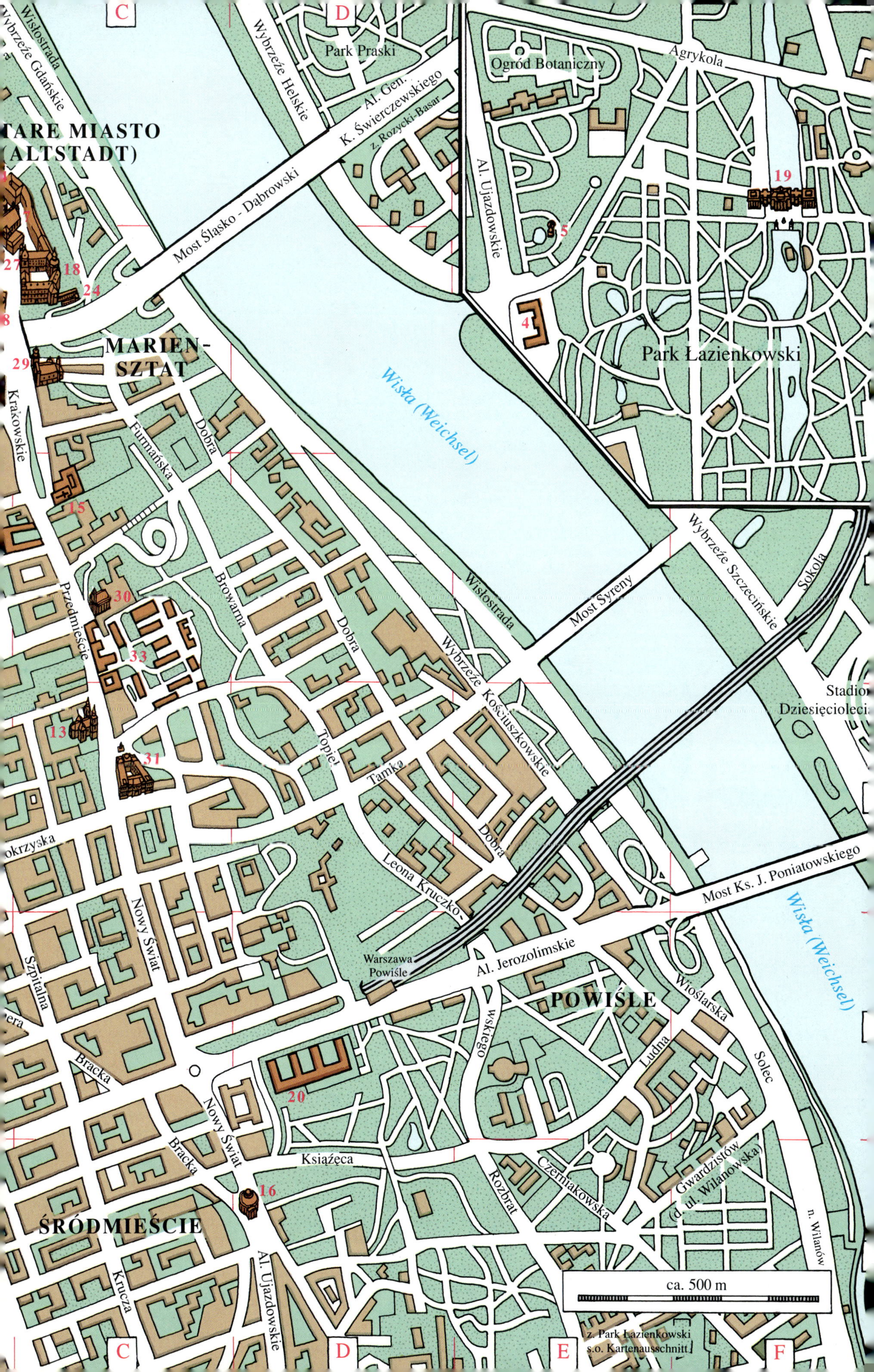

C
D
E
F
Wisłostrada
Wybrzeże Gdańskie
STARE MIASTO (ALTSTADT)
Wybrzeże Helskie
Park Praski
Al. Gen. K. Świerczewskiego
z. Rozyki-Basar
Most Śląsko - Dąbrowski
Ogród Botaniczny
Agrykola
Al. Ujazdowskie
Park Łazienkowski
MARIEN-SZTAT
Krakowskie
Furmańska
Dobra
Wisła (Weichsel)
Przedmieście
Browarna
Wisłostrada
Most Syreny
Wybrzeże Szczecińskie
Sokola
Stadion Dziesięciolecia
Wybrzeże Kościuszkowskie
Topiel
Tamka
Dobra
Leona Kruczkowskiego
Most Ks. J. Poniatowskiego
Warszawa Powiśle
Al. Jerozolimskie
POWIŚLE
Wioślarska
Nowy Świat
Szpitalna
Bracka
Ludna
Solec
Książęca
Rozbrat
Czerniakowska
Gwardzistów (d. ul. Wilanowska)
ŚRÓDMIEŚCIE
Krucza
Al. Ujazdowskie
ca. 500 m
z. Park Łazienkowski s.o. Kartenausschnitt
4
5
13
15
16
18
19
20
24
27
29
30
31
33

die gotische Kirche St. Jakob, das Schloß der Herzöge von Pommern aus dem 14. Jh. (mehrmals umgebaut), das Hafentor (Brama Portowa) und die Hakenterrasse (Wały Chrobrego) an der Oder. (A 2)

Tatry (Tatra) Die höchste Gebirgskette zwischen den Alpen und dem Kaukasus liegt an der polnisch-tschechoslowakischen Grenze. Sie nimmt auf der polnischen Seite eine Fläche von 750 km² ein; der Rysy ist mit 2499 m ihr höchster Gipfel in Polen. Die Panoramen dieses noch nicht überlaufenen Gebirges sind eindrucksvoll. In der Tatra leben viele vom Aussterben bedrohte Pflanzen- und Tierarten, darunter Luchse, Wölfe und Braunbären. (D 6, S. 124)

Toruń (Thorn) (197000 Ew.) am Unterlauf der Weichsel hat sein gotisches Stadtbild weitgehend bewahrt. Als Hansestadt (von 1280 an) gewann die Stadt schnell an Bedeutung. Der Deutsche Ritterorden baute 1233 eine Burg und betrieb von hier aus die Christianisierung der Pruzzen. Weltberühmt wurde Thorn als Geburtsort von Nikolaus Kopernikus. Vor dem gotischen Rathaus (14. Jh.) am Markt steht ein Denkmal des berühmten Astronomen (Friedrich Tieck, 1853). Sehenswert sind die Marienkirche (13. Jh.), die Kirchen St. Johannes und St. Jakobi (beide 14. Jh.), die Wehranlagen und Stadttore sowie viele alte Gassen und Häuser. Bei polnischen Kindern ist Thorn besonders beliebt: als Herstellungsort von Lebkuchen *(pierniki toruńskie)* (C 2)

Zamość: Renaissancebauten prägen das Stadtbild

Wałbrzych (Waldenburg) (141000 Ew.) ist die zweitgrößte Stadt des ehemaligen Niederschlesien und liegt 70 km südwestlich von Breslau. Die barocke Marienkirche (1714 errichtet) ist der älteste Kirchenbau der Stadt, eine klassizistische Kirche (1785–1788) wurde nach Plänen von Carl Gotthard Langhans, dem späteren Direktor des Oberhofbauamts in Berlin, gebaut. Den Markt säumen Bürgerhäuser aus dem 18. Jh. Nur 8 km nördlich liegt das Kurbad Szczawno Zdrój (Bad Salzbrunn), das für Mineralquellen und als Geburtsort (Obersalzbrunn) von Gerhart Hauptmann bekannt ist. Eine Gedenktafel an „Hauptmanns Hotel zur Krone", heute Sanatorium „Piasten-Krone", erinnert daran. (B 4/5)

Wieliczka (17700 Ew.) Schon im 11. Jh. begann hier der Abbau von Salz. Heute ist die Saline ein sehenswertes Museum mit aus Salz gemeißelten Skulpturen und Kapellen. (D 5)

Wrocław (Breslau) (640200 Ew.) war einst der Sitz der Piasten-Herzöge. Wegen ihrer günstigen Lage an der Kreuzung wichtiger Handelswege wurde sie schon im 10. Jh. zu einem wichtigen Handelszentrum und im Jahr 1000 zum Bischofssitz. 1335 kam die Stadt unter böhmische, 1526 unter österreichische und 1741 unter preußische Herrschaft. Im Zweiten Weltkrieg wurde die Stadt stark zerstört. Ihr ältester Teil ist die Dominsel, Ostrów Tumski. Die Johannes-Kathedrale stammt aus der Mitte des 13. Jhs. In der Nähe befinden sich die Peter-und-Paul-Kirche (15. Jh.) und die Heilig-Kreuz-Kirche (13. bis 14. Jh.). Das Rathaus auf dem Altstadtmarkt zählt zu den schönsten gotischen Bauwerken in Polen. (B 4)

Zakopane (31300 Ew.) ist Polens größter Wintersportort. Die Stadt liegt an den Nordhängen der Hohen Tatra. (D 6, S. 124)

Zamość (58400 Ew.) wurde im 16. Jh. vom damaligen polnischen Kanzler Jan Zamoyski gegründet. Die prächtige Renaissancestadt ist fast vollständig erhalten. Die schönsten Gebäude sind das Rathaus mit einer Freitreppe zum Markt und die Kollegiatskirche, in deren Südschiff sich die Grabkapelle der Familie Zamoyski befindet. (F 4, S. 60)

Żelazowa Wola Im Geburtshaus von Frédéric Chopin (1810–1849) wurde ein Museum eingerichtet. Jeden Sonntag von Mai bis Oktober finden hier öffentliche Klavierkonzerte statt. (D 3)

Zielona Góra (Grünberg) (113300 Ew.) ist ein wichtiges Industriezentrum. (A 3)

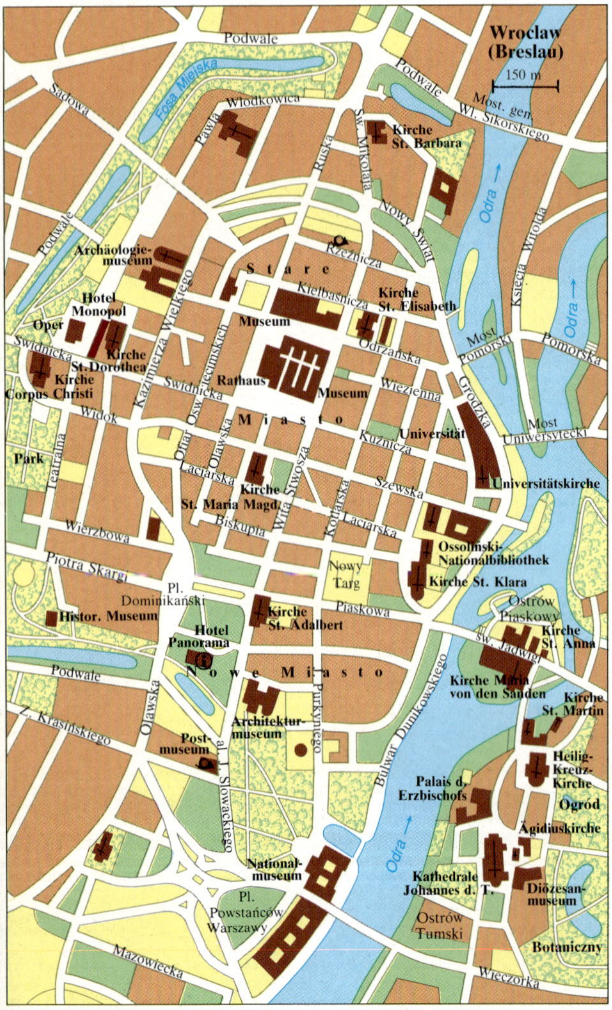

Ob Papstmesse oder Wallfahrt: Mobil ist die Kirche nur auf der Straße. Ihre starre Haltung aber treibt die Gläubigen aus den Messen

von der Kanzel herunter, Frauen, die eine Spirale trügen, brauchten zukünftig zu ihm nicht mehr zur Beichte zu kommen.

Für die meisten Geistlichen, besonders auf dem Land, bedeutet „christlich" ausschließlich „katholisch", und „katholisch" setzen sie mit kirchenkonform gleich. Ein Katholik verhält sich eben so, wie der Episkopat es vorgibt. Das gilt selbstverständlich auch für die Parteipolitik.

Schon bei den Präsidentschaftswahlen im Herbst 1990 hatten viele Priester keinen Hehl aus ihrer Sympathie für den Arbeiterführer Lech Wałęsa gemacht, der seine patriotisch-katholische Gesinnung mit der Gottesmutter am Revers demonstrativ vor sich herträgt. Dem liberalen Rivalen Tadeusz Mazowiecki hingegen, obwohl seit 30 Jahren in der katholischen Opposition aktiv, wurde eine jüdische Abstammung angedichtet. Selbst das detaillierte katholische Stammbuch, mit dem ihn Anhänger entlasten wollten, konnte die Zweifel nicht zerstreuen: „Weiß man denn so genau, wie's in der Seele aussieht?"

Bei den Parlamentswahlen im Herbst 1991 versicherte der Episkopat zunächst zwar, „Staat und Kirche sind aufgrund ihres Charakters voneinander unabhängige und autonome Gemeinschaften", und untersagte den Priestern, für irgendeine Partei oder irgendeinen Kandidaten zu werben. Doch da sammelte die Katholische Wahlaktion vor der Stanisław-Kostka-Kirche längst Unterschriften für ihre Kandidaten, und der Priester machte drinnen die notwendigen Anspielungen. Liberale Katholiken seien verdächtige Katholiken, ließ sich daraus schließen, und echte Katholiken seien eben national. Bei den meisten Gläubigen im Land aber siegte Staatsverdrossenheit über den Gehorsam gegenüber der Kirche: Sie gingen erst gar nicht zur Parlamentswahl. Von den übrigen handelte nur jeder vierte in Übereinstimmung mit der Empfehlung, die die Bischöfe schließlich doch noch für christliche Parteien herausgegeben hatten. War also die ganze Offensive kontraproduktiv gewesen?

Die polnische Kirche reagiert nach altem Muster mit verstärkter politischen Tätigkeit, wo die Menschen eigentlich mehr seelsorgerischen Zuspruch benötigten. Doch die Priester sind auf die neuen Herausforderungen nicht im mindesten vorbereitet. Solange die Kirche im Kommunismus als „belagerte Festung" galt, mußte Kritik wie ein Dolchstoß von hinten erscheinen. Die Einheit nach außen war wichtiger als der Dialog nach innen. So erhielten sich in der polnischen Kirche trotz des II. Vatikanischen Konzils hierarchische Strukturen und autoritäre Führungsmethoden. Wichtiger als das Wort, wichtiger als die Predigt waren das Ritual, die Zeremonie, waren Prozessionen und Wallfahrten. Religiosität zeigt sich nach wie vor als unreflektierter Volksglauben, in dem die Menschen die Rituale befolgen, ohne sich im Alltag an die christliche Ethik zu halten: Die Frauen besuchen regelmäßig die Messen und treiben dennoch massenhaft ab. Die Männer beichten am Morgen ihre Alkoholsucht und greifen am Nachmittag wieder zur Flasche.

Und Johannes Paul II., der polnische Papst in Rom? Der scheint mit administrativen und juristischen Mitteln den geistigen Einfluß sichern zu wollen, den die Botschaft der Kirche längst verloren hat. Während seiner vierten Polen-Reise im Sommer 1991 wich Johannes Paul II. mehrfach erregt vom vorbereiteten Text ab. Neben Konzentrationslagern, den Deportationen, neben dem Holocaust kennzeichne dieses Jahrhundert ein weiterer „großer Friedhof", rief er mühsam beherrscht in Radom, „der Friedhof der Ungeborenen, der Friedhof der Hilflosen". Wird sich Polen, sein Polen, wenn es demokratisch und kapitalistisch wie der Westen wird, ebenso vom Glauben abwenden und das Gebot „Du sollst nicht töten!" bei der Abtreibung mißachten? Wahrscheinlich sind die Befürchtungen einiger Intellektueller, Polen könne ein klerikaler Staat werden, übertrieben. Doch mit solchen und ähnlichen Ausfällen haben der Papst und gleichgesinnte Bischöfe und Priester der Kirche einen schlechten Dienst erwiesen. Ein Klerus, der seinen Kritikern droht und sie denunziert, statt mit ihnen den Dialog aufzunehmen, wird zunehmend Gläubige aus den eigenen Reihen und aus anderen Konfessionen gegen sich aufbringen. Es wird nicht lange dauern, dann wird auch der polnische Katholizismus seinen Küng oder Drewermann haben. HELGA HIRSCH

Die Autorin, Jahrgang 1948, ist seit dem Herbst 1989 für Die Zeit *in Warschau tätig.*

EINE URALTE HASSLIEBE: POLEN UND DEUTSCHE

Nationen lieben einander nicht. Das ist auch gar nicht nötig. Friedlich miteinander auskommen, einander achten in der kulturellen Andersartigkeit – das ist notwendig. Deutsche und Polen waren weder immer Feinde noch immer Freunde. Als Helmut Kohl im November 1989 den St. Annaberg (Góra Świętej Anny) nicht besteigen durfte und auf das niederschlesische Gut Kreisau (Krzyżowa) ausweichen mußte, um den Ministerpräsidenten Mazowiecki zu einer Geste der Versöhnung zu treffen, da wurde er freudig von den polnischen Staatsbürgern deutscher Herkunft mit einem Transparent begrüßt: „Helmut Kohl ist auch unser Bundeskanzler“ – eine gewollte Provokation ... Mazowiecki umarmte Kohl mit steinerner Miene. Mit ein paar Gesten ist deutsch-polnische Aussöhnung nicht zu erlangen!

Der Anfang der geschichtlichen Beziehungen zwischen den Polen und uns Deutschen konnte hoffnungsvoller nicht sein. Im Dezember 999 n. Chr. macht sich ein junger deutscher Kaiser auf den Weg. Seine mühselige Pilgerfahrt an das Grab des verehrten Lehrers Bischof Adalbert von Prag geht quer durch das Reich und dann immer weiter nach Osten durch Urwälder und Sümpfe. Endlich ist der Kaiser am Ziel: In Gnesen (Gniezno) wird er von dem christlichen polnischen Herzog Bolesław Chrobry mit großer Pracht empfangen. Dies ist in der Geschichte die erste offizielle Begegnung zwischen einem deutschen und einem polnischen Fürsten. Der Kaiser des Heiligen Römischen Reiches Deutscher Nation, der erst 19jährige Otto III., stiftet das Erzbistum Gnesen mit den Bistümern Kolberg (Kołobrzeg), Breslau (Wrocław) und Krakau (Kraków). Damit kräftigt Otto das Christentum im Piastenland und betrachtet Bolesław als seinen Bruder. Otto III. bringt europäische Politik in Schwung: Ein Imperium, in dem Germania, Gallia, Italia und Sclavinia, also der Staat des Bolesław, ihren eigenen, allgemein respektierten Platz finden.

Die Deutschen haben in den folgenden Jahrhunderten die Westgebiete des heutigen Polen im wesentlichen friedlich durchdrungen, Ausnahme: Ostpreußen. Allerdings war dieses friedliche Nebeneinander zwischen Deutschen und Polen schon früh von einer Überheblichkeit deutschen Sendungsbewußtseins und einer Geringschätzung der einheimischen Slawen überschattet, für die deutsche Kirchenfürsten verantwortlich waren. Tatsächlich konnte von einem „Kulturgefälle“ zwischen Deutschen und Slawen keineswegs die Rede sein. Einen Feind gab es da allerdings, der für den polnischen Staat zu einer tödlichen Bedrohung heranwuchs, und den die polnische Geschichtsschreibung zu Unrecht mit dem deutschen Volk gleichsetzt: den Deutschen Orden, den Herzog Konrad von Masowien 1225/26 zur friedlichen Christianisierung des baltischen Stammes der Pruzzen ins Land rief. Der Orden aber errichtete einen eigenen Staat, baute eine Kette von Burgen, kurbelte die Wirtschaft an, beutete die Pruzzen und auch die deutschen Ansiedler aus, trieb Handel und war aggressiv nach allen Seiten. Der Traum von einem baltischen Ordensgroßreich scheiterte an den Russen. Nach 1440 unterstützten zahlreiche preußische Städte mit deutschen Kaufleuten Polen gegen den Orden, dessen Macht nach langen blutigen Kämpfen 1466 mit dem Zweiten Frieden von Thorn (Toruń) im wesentlichen gebrochen wurde. In den folgenden Jahren nahm Nikolaus Ko-

POLEN IM SPIEGEL DER GESCHICHTE

15. Jahrhundert: Als die stärkste Macht Osteuropas erreicht Polen-Litauen in dieser Zeit seine größte Ausdehnung. Die litauische Ostgrenze verläuft nur 150 Kilometer westlich von Moskau, im Süden stößt sie ans Schwarze Meer

18. Jahrhundert: Bei der ersten polnischen Teilung 1772 annektiert Rußland 93000 km², Österreich rund 85000 km² und Preußen 36500 km². Bei der zweiten Teilung 1793 kassiert Rußland 247000 km², Preußen 57000 km²

1795: Österreich, Preußen und Rußland verleiben sich die restlichen 215000 km² Polens ein. Nach der dritten Teilung besitzt Rußland nun 63 Prozent des Territoriums, Österreich 17,5 Prozent und Preußen 19,5 Prozent

1815: Auf dem Wiener Kongreß werden das Königreich Polen, der Freistaat Krakau und das Herzogtum Posen geschaffen. Die ehemals polnischen Gebiete im Osten sind jetzt russische Gouvernements; Galizien untersteht Österreich

1923 bis 1939: In dieser Zeit ist die Republik Polen ein Großstaat mit einer Fläche von fast 400000 km². In seinen Grenzen leben allerdings neben 19 Millionen Polen rund acht Millionen Angehörige nationaler Minderheiten

September 1939: Nach dem deutschen Einmarsch in Polen am 1. September besetzt auch die Sowjetunion ihr im Hitler-Stalin-Pakt festgelegtes Interessengebiet in Polen (die dicke Linie markiert die sowjetisch-deutsche Grenze)

Der Adler der Piasten (hier in einer frühen Variante) war Polens Hoheitszeichen auch zur Zeit der Volksrepublik. Neuerdings hat er seine Krone wieder

pernikus aktiv an den Kämpfen gegen den Ritterorden teil. 1520 organisierte er erfolgreich die Verteidigung von Allenstein (Olsztyn). Kopernikus war nämlich zu allen Zeiten ein treuer Anhänger des polnischen Königs.

Im Lauf der Jahrhunderte kamen dann immer neue Wellen deutscher Ansiedler in das ursprünglich rein slawisch besiedelte Land. In den Städten, die sie in oder neben den slawischen Ansiedlungen gründeten, lebten Deutsche und Polen nebeneinander, oft aber in verschiedenen Stadtteilen. So erhielten diese Ansiedlungen neben den slawischen eingedeutschte Namen. Beide Stadtnamen „Świdnica" und „Schweidnitz" sind von dem Gewässernamen „Świdnica" abgeleitet. Unterscheiden muß man von diesen Städtenamen jene, die jahrhundertelang ausschließlich slawische Namen trugen und erst in jüngster Zeit aus nationalpolitischen Gründen deutsche Namen erhielten, wie zum Beispiel das um 1300 gegründete Zabrze in Oberschlesien, das nach dem Sieg Hindenburgs über das russische Heer 1915 in „Hindenburg" umbenannt wurde oder der eingangs erwähnte Góra Świętej Anny (Sankt Annaberg), der von 1941 bis 1945 „Annaberg" hieß. Die von den Deutschen in Polen gegründeten Städte erhielten deutsches (Magdeburger oder Lübecker) Stadtrecht. Nationalistische Kreise haben daraus freudig geschlossen, die Polen seien unfähig gewesen, ein eigenes Stadtrecht zu bilden. Das ist schlichtweg Unsinn. In der europäischen Rechts- und Kulturentwicklung, im Finanzwesen zum Beispiel, wurde ohne nationale Scheuklappen immer *das* übernommen, was sich bewährt hatte. Weder das Bankwesen noch die Gotik oder das besondere Recht der Städte waren deutsche Erfindungen. Das deutsche Stadtrecht fußt wesentlich auf flämischem Kodex.

Die Städtegründungen in Polen trugen zur Konsolidierung des Staates bei. Und wenn wir nun alle diese Städte durchwandern, werden wir hervorragende deutsche und polnische Kunstdenkmäler nebeneinander finden – einen Ausdruck des friedlichen Miteinanders.

123 Jahre lang – von 1795 bis 1918 – gab es keinen polnischen Staat. Die heroischen Aufstände von 1830, 1846, 1848 und 1863 wurden von Russen und preußischen Deutschen blutig niedergeschlagen. Gleichzeitig schlug den polnischen Freiheitshelden vor allem in Deutschland und in Frankreich eine Welle der Sympathie und Hilfsbereitschaft entgegen. Die langen Traditionen deutsch-polnischen Miteinanders – Literatur, bildende Kunst, Musik, Handel und Gewerbe – erlebten einen neuen Höhepunkt. Der deutsche (und als Reaktion darauf der polnische) Nationalismus zerstörten die Freundschaft zwischen beiden Völkern in der zweiten Hälfte des 19. Jahrhunderts schon nachhaltig. Und das 20. Jahrhundert wurde zum grausigen Tiefpunkt der Beziehungen. Nach den blutigen Kämpfen um Oberschlesien 1921 feierte deutsches Herrenmenschentum zwischen 1939 und 1944 furchtbare Triumphe. Die Hölle, die Polen erlebte, war eine deutsche. Sechs Millionen Menschen wurden ermordet, darunter drei Millionen polnische Juden. Keine polnische Familie blieb ohne Opfer. Jahrzehnte hat es gedauert, bis sich das Verhältnis wieder etwas besserte. 45 Jahre dauerte es, bis Deutschland Polen in seinen jetzigen Grenzen anerkannte. Bis zur echten Aussöhnung ist es noch weit.

WOLFGANG PLAT

Der Autor, Jahrgang 1923, Dr. jur., ist Publizist und Dokumentarfilmer. Er lebt in Hamburg.

DATEN ZUR GESCHICHTE

Mitte 10. Jh. Westslawische Stämme schließen sich unter dem Herrschergeschlecht der Piasten eng zusammen

966 Herzog Mieszko I. (960–992) aus dem Geschlecht der Piasten läßt sich nach lateinischem Kirchen-Ritus taufen

992–1025 Bolesław I. Chrobry (der Tapfere) erobert Pommerellen, Schlesien, Krakau, die Oberlausitz und die Ukraine und krönt sich 1025 zum polnischen König

13. Jh. Herzog Konrad von Masowien ruft 1225/26 gegen die Pruzzen den Deutschen Orden zu Hilfe. Förderung der deutschen Besiedlung durch die schlesischen Piastenherzöge

1333–1370 Kazimierz III. Wielki (der Große) konsolidiert wieder den Gesamtstaat

1364 Gründung der Universität Krakau. Mit dem Tod Kazimierz' erlischt das Herrscherhaus der Piasten in Polen

1370–1386 Kazimierz' Neffe Ludwig von Anjou (1370–1382) aus dem ungarischen Herrscherhaus besteigt den Thron und gesteht dem Adel fast vollständige Steuerbefreiung zu

1386 Großfürst Władysław Jagiełło von Litauen läßt sich taufen und heiratet Jadwiga. Personalunion Polens und Litauens. Beginn der Jagiellonen-Dynastie

1410 Bei Tannenberg und Grunwald schlägt ein polnisch-litauisches Heer den Deutschen Orden

1466 Zweiter Friede von Thorn: Westpreußen und das Ermland werden polnisch. Danzig wird Freie Stadt unter der polnischen Krone

1572 Mit Zygmunt II. August endet die Jagiellonen-Dynastie

16./17. Jh. Beginn der Zeit des Wahlkönigtums (1573–1795). Polnische Magnatenfamilien und ausländische Herrscher machen ihren Einfluß geltend

1655–1660 Schwedisch-polnischer Krieg auf dem Gebiet Polens

1674–1696 Jan III. Sobieski, König von Polen, kommt dem Kaiser 1683 bei Wien zu Hilfe und schlägt die Türken vernichtend

1772 Erste Teilung Polens: Die Großmächte Preußen, Rußland und Österreich annektieren ein Drittel des Landes

1793 Zweite Teilung Polens zwischen Rußland und Preußen, 1794 Aufstand unter Tadeusz Kościuszko

1795 Dritte, diesmal völlige Teilung Polens (bis 1918)

1807 Napoleon schafft das Herzogtum Warschau

1815 Nach dem Wiener Kongress wird das Herzogtum Warschau ein russisches „Königreich Polen" (Kongreßpolen, bis 1863)

1830/31 Novemberaufstand gegen Rußland, der militärisch niedergeschlagen wird

1918 Gründung der Republik Polen

1919 Posen, Westpreußen und das östl. Oberschlesien kommen aufgrund des Versailler Vertrags an Polen

1919/20 Polnisch-sowjetischer Krieg: Marschall Józef Piłsudski stoppt die sowjetische Offensive kurz vor Warschau. 1921 wird im Frieden von Riga die Ostgrenze Polens festgelegt

1920 Danzig wird Freistaat unter dem Schutz des Völkerbundes

1926 Staatsstreich Piłsudskis

1939 Am 1. September, 4.45 Uhr, Beginn des deutschen Angriffs auf Polen und damit Beginn des Zweiten Weltkriegs, vom 17. September an Besetzung Ostpolens durch die Sowjetunion. Gründung einer Exilregierung in Paris und einer „Heimatarmee" in Polen

1943 Aufstand im Warschauer Getto (19. 4.–16. 5.)

1944 Der Warschauer Aufstand, am 1. 8. begonnen, endet, da die sowjetische Armee nicht zu Hilfe kommt, mit der Kapitulation am 2. Oktober

bis 1945 6 Mill. polnische und jüdische Bürger Polens kommen durch die Nazis um, außerdem werden etwa 3 Mill. Juden aus ganz Europa nach Polen deportiert und ermordet

1945 In Potsdam Festsetzung der Westgrenze Polens an Oder und Neiße. Bildung der Regierung der „Nationalen Einheit"

1948 Kampagne gegen den Nationalkommunismus, Görlitzer Abkommen: Vertrag zwischen der DDR und Polen über die Anerkennung der Grenze an Oder und Neiße

1952 Neue „volksdemokratische" Verfassung

1955 Unterzeichnung des Warschauer Militärpaktes

1956 Arbeiteraufstand in Posen

1970 Vertragliche Normalisierung des Verhältnisses zur Bundesrepublik Deutschland. Ein Streik der Werftarbeiter weitet sich zum landesweiten Aufstand aus

1978 Am 16. Oktober wird Karol Kardinal Wojtyła, Erzbischof von Krakau, zum Papst gewählt

1979 Papst Johannes Paul II. zum ersten Mal in Polen

1980 Eine landesweite Streikwelle im August führt zur Gründung der unabhängigen Gewerkschaft Solidarność

1981 Verhängung des Kriegsrechts am 12./13. Dezember (bis zum 22. Juli 1983). Verbot der Solidarność

1983 Lech Wałęsa erhält den Friedensnobelpreis

1984 Entführung und Ermordung des Priesters Jerzy Popiełuszko

1989 Wiederzulassung der Solidarność

1990 Auflösung der KP, Spaltung der Solidarność. Lech Wałęsa wird Staatspräsident

1991 Der deutsch-polnische „Vertrag über gute Nachbarschaft und freundschaftliche Zusammenarbeit" wird unterzeichnet

DAVID MACHT GOLIATH IMMER MEHR ZU SCHAFFEN

Beim Stand von 65 Milliarden Mark Auslandsschulden und annähernd 1000 Prozent Inflation mußten die Kommunisten ihre Therapieversuche am geschwächten Körper der polnischen Volkswirtschaft wegen Unfähigkeit einstellen. Der erste nichtkommunistische Ministerpräsident Tadeusz Mazowiecki übergab das wirtschaftspolitische Operationsbesteck im September 1989 an den damals 42 Jahre alten Leszek Balcerowicz. Von dem neuen Finanzminister wußte man seinerzeit nur, daß er Ende der siebziger Jahre als Jungakademiker und Parteimitglied an Eigentums- und Mitbestimmungsmodellen mitgestrickt hatte, die jedoch von den Hütern der reinen Lehre in die Schubladen verbannt worden waren. Diese Erfahrung und studienbedingte Auslandsaufenthalte scheinen bei Balcerowicz eine Wandlung vom sozialistischen Saulus zum erzliberalen Paulus des Monetarismus verursacht zu haben. Er verließ die Partei und stellte sich in den Dienst der Solidarność, die auch kein Wirtschaftsprogramm hatte.

Seiner Feder entstammte das am 1. Januar 1990 in Kraft gesetzte Reformprogramm, das mit geringfügigen Korrekturen den Regierungswechsel von Mazowiecki zu Jan Krzysztof Bielecki (Januar 1991) überstand und das wohl auch von jedem neuen Premierminister zähneknirschend anerkannt werden muß, weil nicht nur Staatspräsident Wałęsa, sondern auch die Weltbank dahinterstand. Obwohl der parteilose Balcerowicz der neuen Koalitionsregierung nicht mehr angehört, bleibt er dennoch der Vater der polnischen Wirtschaftsreform.

Den Weg von der Kommandowirtschaft zum freien Markt, den vor Polen kein anderes sozialistisches Land gegangen war, nahm Balcerowicz über die Geldpolitik. Eine stabile Währung sollte die Grundlage aller wirtschaftlichen Einzelentscheidungen werden und die Flucht aus der inflationären Landeswährung in sinnlose Warenkäufe und Devisenspekulationen unterbinden. Balcerowicz ließ den Preisen freien Lauf und zwang gleichzeitig die Staatsbetriebe durch drastische Steuern, den Lohnanstieg zu begrenzen. Unter diesen Voraussetzungen gaben die westlichen Industrienationen einen Kredit zur Abstützung der polnischen Währung in Höhe von zwei Milliarden Dollar. Die Folge: Fast über Nacht verschwanden die Devisenschwarzhändler und die Käuferschlangen aus dem Straßenbild, weil auf einmal nicht mehr die Waren knapp waren, sondern das Geld. Dafür kann man aber seither den polnischen Złoty in jeder Wechselstube ganz offiziell in harte Währung eintauschen. Die Senkung der Ausfuhrzölle brachte im ersten Reformjahr einen Handelsüberschuß von 3,8 Milliarden Dollar ein. Den Binnenhandel kurbelte Balcerowicz an, indem er die bürokratischen Hürden für Existenzgründer beiseite räumte und es durchgehen ließ, daß kleine Handels- und Dienstleistungsbetriebe zunächst überhaupt keine Steuern mehr abführten. Die oft beklagte Passivität der Bevölkerung verwandelte sich damit in ungeahnte Aktivitäten außerhalb der Staatswirtschaft. 80 Prozent der Einzelhandelsumsätze wurden zwei Jahre nach dem Startschuß in privaten Geschäften getätigt. Bei der Industrieproduktion hielten die freien Unternehmer einen Anteil von 20 Prozent mit rasch wachsender Tendenz.

Marktwirtschaft: Die kleinen Händler werden immer erfolgreicher, und sei es nur mit Erdbeeren

Besonders in der Anfangsphase hatten freilich auch zwielichtige Elemente Konjunktur, die sich die Unsicherheit des Übergangs zunutze machten. Mit frisierten Zollpapieren verdienten findige Jungunternehmer ausgerechnet im Lande des Wodka Unsummen an importiertem Alkohol. Andere stießen sich an wertlosen Transferrubeln

Die großen Industriekomplexe schmelzen dahin; auch in Nowa Huta gehen die Öfen aus

und ungedeckten Wechseln gesund. Unter dem Deckmantel der Privatisierung rissen sich die alten Seilschaften die Filetstücke aus dem Staatseigentum heraus und überließen dem Fiskus den unrentablen Rest. Bevor Regierung und Gesetzgeber ihnen auf die Schliche kamen und reagieren konnten, hatten viele ihre Schäfchen schon im trockenen. Solche Affären, an denen der Staat mehrfach dreistellige Millionenbeträge in Dollar verlor, haben auch das Vertrauenskapital aufgezehrt, über das Mazowiecki und Balcerowicz unmittelbar nach der Wende reichlich verfügten.

Vor dem Sprung ins kalte Wasser war klar: Es würde Arbeitslosigkeit geben, Betriebsschließungen und soziale Härten. Das tatsächliche Ausmaß der Rezession übertraf jedoch alle Befürchtungen. Die Realeinkommen sanken beträchtlich, was allerdings dadurch gemildert wird, daß man – im Gegensatz zu früher – jetzt für sein Geld jederzeit etwas kaufen kann. Beim polnischen Normalverbraucher, der nur Preise und Löhne vergleicht, ist dieser feine Unterschied freilich schnell in Vergessenheit geraten. Die Einnahmen der öffentlichen Haushalte blieben während der Rezession regelmäßig hinter den Erwartungen zurück mit der Folge, daß die Ausgaben für Gesundheit, Bildung, Soziales und Kultur immer weiter zusammengestrichen werden mußten. Und das traf wiederum die ärmsten Bevölkerungskreise am härtesten. Für die dringend notwendige Privatisierung war weder staatliches noch privates Kapital da. Der Staat wurde die Betriebe nicht los, die ihn immer tiefer in die roten Zahlen ziehen. Das Ausland kann Polens Investitionsbedarf nicht annähernd decken, zumal westliche Großunternehmen direkte Unternehmensbeteiligungen bis zur Klärung der politischen Lage zurückstellten. Staatspräsident Wałęsa hat die Aufgabe, der sich die polnische Führung gegenübersieht, mit dem Handicap eines Rennfahrers verglichen, der in voller Fahrt den Motor auswechseln soll. Genauso unmöglich ist es, einer Volkswirtschaft gleichzeitig ein neues Steuersystem, eine neue Sozialversicherung, ein modernes Bankensystem, Tarifautonomie und viele andere neue Spielregeln überzustülpen und dazu noch die Manager und Verwaltungsfachleute und Juristen aus dem Hut zu zaubern, die das alles ins Werk setzen sollen. Daß Balcerowicz mit seiner Reform frühzeitig ins Schleudern geraten ist, kann bei solchem Handlungsbedarf nicht verwundern. Mit einer Politik des knappen Geldes allein konnte man die fehlenden Teile einer funktionierenden Marktwirtschaft nicht ersetzen. Noch weniger vermögen das Konjunkturprogramme, Schutzzölle, Agrarsubventionen und soziale Wohltaten, wie sie Balcerowiczs Gegner auf der linken und der rechten Seite des Parlaments gefordert haben.

Diese Rezepte laufen alle auf eines hinaus: die Schmerzbetäubung durch Geld, das der Staat derzeit nicht hat. Ein Herumreißen des Steuers würde Wałęsas schlingerndes Gefährt unweigerlich gegen die Mauer der wirtschaftlichen Realitäten prallen lassen.

STEFAN DIETRICH

GRUNDDATEN

Staatsname Republik Polen, polnisch: Polska Rzeczpospolita

Administrative Gliederung	
Wojewodschaften	49
Städte	830
Gemeinden	2121
Fläche	312683 km²
davon Ackerland	46%
Obstanlagen	0,9%
Wiesen	7,9%
Weiden	5,1%
Forste	28,0%
Sonstige Fläche	12,1%
Größte Nord-Süd-Ausdehnung	649 km
Größte Ost-West-Ausdehnung	689 km
Einwohner	37,9 Mill.
Bevölkerungsdichte	122,4 je km²
Bevölkerungsstruktur	98,4% Polen
Nationale Minderheiten	
Deutsche	200000
Ukrainer	180000
Weißrussen	170000
Slowaken	21000
Russen	19000
Griechen, Mazedonier	10000
Litauer	10000
Roma und Sinti	12000
Tschechen	2000
Lebenserwartung	
Männer	66,8 Jahre
Frauen	75,5 Jahre
Konfessionen	
Römische Katholiken	über 90%
Orthodoxe	500000
Protestanten	280000
Polnische Katholiken	60000
Altkatholiken	30000
Juden	etwa 10000
Muslime	2500
Erwerbstätige	17,245 Mill.
davon Land- und Forstwirtschaft, Fischerei	5,018 Mill.
Produzierendes Gewerbe	6,255 Mill.
Handel	1,486 Mill.
Verkehr und Nachrichtenwesen	1,049 Mill.
Bildung und Erziehung	917000
Gesundheits- und Sozialwesen	774000
Öffentliche Verwaltung	270000
Sonstige	1,476 Mill.
Verkehr und Nachrichtenwesen (1988)	
Eisenbahnen	26637 km
Straßen	340191 km
Pkw (je 1000 Ew.)	112,1
(absolut)	4,232 Mill.
Telefonanschlüsse (je 1000 Ew.)	82
Telefonanschlüsse (absolut)	2,774 Mill.

BÜCHER

BELLETRISTIK

Karl Dedecius (Hrsg.): Das Junge Polen. Literatur der Jahrhundertwende. Frankfurt: Suhrkamp Verlag, 1982; 28 DM
Karl Dedecius (Hrsg.): Die Dichter Polens. Hundert Autoren vom Mittelalter bis heute. Frankfurt: Suhrkamp Verlag, 1990; 28 DM
Alfred Döblin: Reise in Polen. München: Deutscher Taschenbuch Verlag, 1987; 19,80 DM
Marion Gräfin Dönhoff: Bilder, die langsam verblassen. Ostpreußische Erinnerungen. Berlin: Wolf Jobst Siedler Verlag, 1989; 48 DM
Marion Gräfin Dönhoff: Kindheit in Ostpreußen. Berlin: Wolf Jobst Siedler Verlag, 1990; 34 DM
Marion Gräfin Dönhoff: Namen, die keiner mehr nennt. Ostpreußen – Menschen und Geschichte. München: Eugen Diederichs Verlag, 1991; 19,80 DM
Günter Grass: Die Blechtrommel. Danziger Trilogie 1. Hamburg: Luchterhand Literaturverlag, 1988; 19,80 DM
Günter Grass: Katz und Maus. Danziger Trilogie 2. Hamburg: Luchterhand Literaturverlag, 1988; 6,80 DM
Günter Grass: Hundejahre. Danziger Trilogie 3. Hamburg: Luchterhand Literaturverlag, 1989; 19,80 DM
Jarosław Iwaszkiewicz: Die Fräulein von Wilko. Drei Novellen. Frankfurt: Suhrkamp Verlag, 1985; 32 DM
Hanna Krall: Die Untermieterin. Frankfurt: Verlag Neue Kritik, 1986; 28 DM
Christian Graf von Krockow: Die Reise nach Pommern. München: Deutscher Taschenbuch Verlag, 1987; 12,80 DM
Erich Kuby: Als Polen deutsch war. 1939–1945. Frankfurt: Nymphenburger Verlag, 1986; 36 DM
Siegfried Lenz: Heimatmuseum. Hamburg: Hoffmann & Campe Verlag, 1987; 20 DM
Siegfried Lenz: So zärtlich war Suleyken. Masurische Geschichten. Hamburg: Hoffmann & Campe Verlag, 1979; 24 DM
Leonie Ossowski: Weichselkirschen. München: Wilhelm Heyne Verlag, 1989; 9,80 DM
Leonie Ossowski: Wolfsbeeren. Hamburg: Hoffmann & Campe Verlag, 1987; 39,80 DM
Leonie Ossowski: Holunderzeit. Hamburg: Hoffmann & Campe Verlag, 1991; 39,80 DM
Bruno Schulz: Die Mannequins und andere Erzählungen. Frankfurt: Suhrkamp Verlag, 1987; 32 DM
Isaac Bashevis Singer: Eine Kindheit in Warschau. München: Deutscher Taschenbuch Verlag, 1983; 6,80 DM
Andrzej Szczypiorski: Die schöne Frau Seidenman. Zürich: Diogenes Verlag, 1988; 29,80 DM
Andrzej Szczypiorski: Nacht, Tag und Nacht. Zürich: Diogenes Verlag, 1991; 34 DM
Krystyna Zywulska: Leeres Wasser. Roman nach authentischen Erlebnissen der Autorin in den Warschauer Gettos. Darmstadt: Darmstädter Blätter Schwarz & Co, 1980; 28,50 DM
Krystyna Zywulska: Wo vorher Birken waren – Überlebensbericht einer jungen Frau aus Auschwitz-Birkenau. Darmstadt: Darmstädter Blätter Schwarz & Co, 1980; 28,50 DM

BILDBÄNDE

Ela und Uwe Ahrens: Traumstraßen in Polen. Reisen in einem unbekannten Land. München: Süddeutscher Verlag, 1989; 78 DM
Klaus Bednarz, Peter Hirth: Polen. München: C. J. Bucher Verlag, 1989; 98 DM
Rudolf Braunburg, Michael Engler: Danzig. Das Werder und die Kaschubische Schweiz. Hamburg: Ellert & Richter Verlag, 1990; 49,80 DM
Karl Dedecius, Bruno Barbey: Polen. Hamburg: Hoffmann & Campe Verlag, 1982; 125 DM
Jakub Forst-Battaglia: Polen. Landschaft, Geschichte, Kunst. Innsbruck: Steiger Verlag, 1984; 58 DM
Konstanty Kalinowski: Barock in Schlesien. München: Deutscher Kunstverlag, 1990; 68 DM
Christian Graf von Krockow, Dirk Reinartz: Die Reise nach Pommern in Bildern. Stuttgart: Deutsche Verlags-Anstalt, 1990; 78 DM
Andrzej Polec, Janusz Plonski: Kreuzwege in Polen. Zürich: U. Bär Verlag, 1988; 48 DM
Michael Pratt und Gerhard Trumler: Die schönsten Schlösser und Herrensitze in Osteuropa. München: Wilhelm Heyne Verlag, 1991; 198 DM

KARTEN

Polen 1: 750000. Wien: Kartographische Anstalt Freytag & Berndt, 1991; 12,80 DM
Polen 1: 750000. Ostfildern: Mairs Geographischer Verlag, 1991; 12,80 DM

REISEFÜHRER

Danzig/Gdańsk. Ein illustriertes Reisehandbuch. Bremen: Edition Temmen, 1990; 19,80 DM
Polen. APA Guides. München: RV Reise- und Verkehrsverlag, 1991; 39,80 DM
Polen. Super Reisen! Hamburg: Hoffmann & Campe Verlag, 1992; 9,80 DM
Polen. Walter-Reiseführer. Olten und Freiburg im Breisgau: Walter-Verlag, 1991; 38 DM
Polen – Krakau und Südostpolen. Bildhandbuch der Kunstdenkmäler. München: Deutscher Kunstverlag, 1984; 16,80 DM
Conrad Stein: Touren in den Masuren. Kiel: Conrad Stein Verlag, 1992; 19,80 DM

SACHBÜCHER

Lothar Dralle: Die Deutschen in Ostmittel- und Osteuropa. Darmstadt: Wissenschaftliche Buchgesellschaft, 1991; 56 DM
Rainer W. Fuhrmann: Polen. Geschichte, Politik, Wirtschaft. Hannover: Fackelträger Verlag, 1990; 20 DM
Jochen Kirchhoff: Nikolaus Kopernikus. rowohlts monographien. Reinbek bei Hamburg: Rowohlt Taschenbuch Verlag, 1985; 9,80 DM
Wolfgang Maderthaner, Hans Schafranek, Berthold Unfried: Ich habe den Tod verdient. Schauprozesse und politische Verfolgung in Mittel- und Osteuropa. Wien: Verlag für Gesellschaftskritik, 1991; 36 DM
Enno Meyer: Grundzüge der Geschichte Polens. Darmstadt: Wissenschaftliche Buchgesellschaft, 1990; 29,80 DM
Andrzej Micewski: Kirche, Solidarność und Kriegszustand in Polen. Mainz und München: Grünewald und Kaiser Verlag, 1988; 28 DM
Andrzej Micewski: Stefan Kardinal Wyszyński. Primas von Polen. Mainz und München: Grünewald und Kaiser Verlag, 1990; 48 DM
Ortsnamenverzeichnis der Ortschaften jenseits von Oder und Neiße: Leer: Verlag Gerhard Rautenberg, 1988; 29,80 DM
Osteuropa-Perspektiven. Polen, Tschechoslowakei, Ungarn. Frankfurt: Frankfurter Allgemeine Zeitung, Informationsdienste, 1991; 60 DM
Polen. Länderanalyse (Hauptbericht und Aktualisierung). Frankfurt: Frankfurter Allgemeine Zeitung, Informationsdienste, 1991; 120 DM
Günther Schwarberg: Das Getto. Geburtstagsspaziergang in die Hölle. Göttingen: Steidl Verlag, 1989; 48 DM
Günther Schwarberg: Der Juwelier von Majdanek. Göttingen: Steidl Verlag, 1991; 9,80 DM
Staaten Mittel- und Osteuropas 1991. Länderbericht. Wiesbaden: Statistisches Bundesamt und Metzler und Poeschel Verlag, 1991; 36 DM
Andrzej Szczypiorski: Notizen zum Stand der Dinge. Zürich: Diogenes Verlag, 1990; 29,80 DM
Lipman Sznajder: Wladek war ein falscher Name. München: Sznajder Lipman Verlag, 1991; 34,80 DM
Lech Wałęsa: Ein Weg der Hoffnung. Autobiographie. Wien und Hamburg: Paul Zsolnay Verlag, 1987; 39,80 DM

BEMERKUNGEN

Dr. Klaus Staemmler übersetzte die Texte von Andrzej Szczypiorski (S. 30), Krzysztof T. Toeplitz (S. 34) und Tadeusz Slobodzianek (S. 96), Grażyna Strzelecka den Text von Adam Michnik (S. 56) und Hubert Schumann den Text von Bożena Kowalska (S. 120) aus dem Polnischen. Das Gedicht „Die Polen" von Maciej Kazimierz Sarbiewski entnahmen wir mit freundlicher Genehmigung des Suhrkamp-Verlages dem Band „Polnische Bibliothek: Die Dichter Polens", einige Aphorismen von Stanisław Jerzy Lec dem bei Hanser 1988 in der 4. Auflage erschienenen Sammelband „Alle unfrisierten Gedanken".

BEILAGENHINWEIS

ILLUSTRATIONEN UND KARTEN

Die Zeichnung auf S. 3 stammt von Antoni Chadrowski. Den Corso illustrierte Stasys Eidrigevičius. Die Getto-Karte und das Schlußzeichen entwarf Heinz Schultchen. Martina Blume zeichnete die Seiten 56–59. Die folgenden Karten stammen von Annelies Dallmer/Steffen Faust (S. 135/136); Hilda Körner/Lothar Walter (S. 140); Kartografie Huber (S. 112); Karl Baedeker GmbH (S. 130 o, 131 u, 137 u) und Jürgen Weißig (S. 133/134).

BILDNACHWEIS

Anordnung im Layout: l = links, r = rechts, o = oben, u = unten, m = Mitte. Titel: Jan Riephoff; S. 3 l von o. n. u.: Erika Schmied, Isolde Ohlbaum, Igor Snieciński, Kazimierz Nowakowski; S. 4 l, r Guido Mangold, m Tomasz Tomaszewski; S. 5 l Michael Engler/Bilderberg, r Hans Madej; S. 8 m AKG; S. 12 l u DPA; S. 13 u Jaroslaw Stachowicz; S. 14 u Steve Liss/Time Magazine; S. 16/17 Krzysztof Pawela; S. 18/19 Engler/BB; S. 20 o, 21 u Pawela; S. 20 u Peter Arkell/Impact, o Tomaszewski; S. 22/23 Michal Glinicki; S. 24 o Tomaszewski, u Gerhard Oberzill; S. 25 o Gérard Sioen/Ag. Anzenberger, u. Pawela; S. 26/27 Engler/BB; S. 28 o Paul Langrock/Zenit, u Glinicki; S. 29 o Pawela, u Tomaszewski; S. 34–53 Mangold; Historische Fotos: S. 44/45, 48/49, 51 Heinz Jöst/Günther Schwarberg; S. 46/47 Ullstein; S. 50, 52, 53 AKG; S. 61–65 Tomaszewski; S. 66 Mangold; S. 68 o Tom Haley/Sipa, u Ryszard Wesolowski; S. 69, 71, 73, 75 J. Radkiewicz/CAF; S. 70 o, 72 Erazm Ciolek; S. 70 u CAF; S. 74 Jürgens Photo; S. 78–83 Witold Krassowski; S. 86–89 Madej; S. 90/91 Pawela; S. 92 o Piotr Jaxa, m Madej; S. 93 o Sioen/Anzenberger, m Tomaszewski; S. 94–109 Madej; S. 111 Br. Barbey/Magnum/Focus; S. 114 o G. Boutin/Explorer; S. 114 u, 115 Mangold; S. 116, 117 o Pawela; S. 117 u Chr. Sattlberger/Anzenberger; S. 118 Konrad Pollesch; S. 120 u Peter Hirth; S. 120/121, 121 o Mark MacLoren; S. 124/125 Peter Krempin; S. 126 u Che Seibert; S. 126/127, 130 u Engler/BB; S. 128 Mangold; S. 129 o, 131 o MacLoren; S. 129 u, 137 o Hirth; S. 132 o Ralf Freyer, u Engler/BB; S. 138/139 Pawela; S. 141 Barbey/Magnum/Focus; S. 142 I. Eshraghi/Scope; S. 142/143 Madej; S. 146 o, u r Timm Rautert, u l J. E. Pasquier/Rapho.

DAS NÄCHSTE MERIAN

Zeitzeichen: Blick vom Dach des exklusiven Cocktail-Clubs Torres de Avila auf Bar-Bar-Barcelona

Zeitlos: die Liebe zum Gran Teatre del Liceu

Zeitgeist: Javier Mariscal, Kultfigur des Designs

Barcelona ist der Shooting-Star unter den europäischen Metropolen. Durch die bevorstehende Olympiade ist die „Stadt der Wunder", wie sie der Schriftsteller Eduardo Mendoza genannt hat, wieder einmal dem Rausch des Kosmopolitischen und Modernen verfallen. Dennoch ist alles Neue in Barcelona nur ein Flirt mit der eigenen Tradition. Architektur, Skulptur und Malerei waren hier schon immer zu Hause, haben einander gegenseitig befruchtet und sowohl das Monumentale als auch das scheinbar Nebensächliche gestaltet. Gaudí, Miró, Picassco, Tàpies – Barcelona liebte die Moderne zu allen Zeiten. Das schrille Barcelona, das Barcelona der Bars und Barris, war auch immer eine Stadt hinter den Türen. Es war die Stadt des Widerstandes, der Arbeiterbewegung und der Anarchisten. Über Barcelona infiltrierte sich unter Franco alles, was offiziell verboten war. Dieses kreative Potential verwandelte die Stadt in eine blühende Kultur, hier wurde die geistige Öffnung Spaniens vorbereitet. Und hier wird sie heute gefeiert. Tagtäglich und überall.

Die folgenden fünf MERIAN-Hefte: Umbrien; Amsterdam; Budapest und Ungarn; Kopenhagen und Dänemark; Bayern. Die letzten sechs Hefte: Stuttgart; Thailand; Rom; Elsaß; Brüssel; Kanarische Inseln

IMPRESSUM

MERIAN – das Monatsheft der Städte und Landschaften

Herausgeber: Dr. Will Keller

Chefredakteur: Manfred Bissinger

Stellvertretende Chefredakteure: Dr. Erwin Brunner, Brigitte Anna Mikula (Text), Christiane Gehner (Bild)

Art Director: Astrid Borowski

Chef vom Dienst: Tibor M. Ridegh

Redakteurin dieser Ausgabe: Sabine Rosenbladt

Redakteure: Dirk C. Fleck, Matthias Horx, Oliver Lehmann, Dr. Rainer Pöschl, Sabine Rosenbladt, Erika Schmied, Helga Thiessen

Layout: Dora Reale, Ina Reineke
Schlußgrafik: Rüdiger Mohrdieck

Bildredaktion: Eva M. Ohms, Hanni Rapp

Dokumentation: Thomas Gebhardt, Jochen Köchling, Dr. Franklin Kopitzsch (Leitung)

Beratung: Max Scheler

Verlagsleitung: Peter Haenchen

Herstellung: Gerlinde Hullmann

Anzeigenleitung: Jörg Schlenger

Anzeigenstruktur: Bernd Knospe

Leser-Service: Evelyn-Chr. Nagel

MERIAN erscheint monatlich im Hoffmann und Campe Verlag, Harvestehuder Weg 40 · 2000 Hamburg 13 · Tel. 44188-0 · Telefon Bildredaktion 44188-330 · Telefax: 44188-310 · Tel. Leserservice: 27170 · Anzeigen-Abteilung: Poßmoorweg 5, 2000 Hamburg 60, Tel. 2717-0, FS 0213214 · Zur Zeit gültige Anzeigenpreisliste Nr. 29 · Das vorliegende Heft Februar 1992 ist die 2. Nummer des 45. Jahrgangs · Preis im Abonnement monatlich 10,95 DM, plus 1,50 DM Versandkosten bei Zustellung frei Haus · Der Bezugspreis enthält 7% Mehrwertsteuer · Kündigungen 6 Wochen zum Ende des Bezugsquartals · Postgirokonto Hamburg 299453-202 (BLZ 200 100 20) · Vereins- und Westbank AG, Hamburg, Konto-Nr. 2/16739 (BLZ 200 300 00) · Führen in Lesemappen nur mit Genehmigung des Verlages · Printed in Germany · Gesamtherstellung: U. E. Sebald Druck und Verlag GmbH, Nürnberg □